《史记》选本丛书　主编　丁德科　凌朝栋

史记选

（汉）司马迁　原著
（清）储　欣　选评
　　凌朝栋　编

2018年·北京

图书在版编目（CIP）数据

史记选 /（汉）司马迁原著；（清）储欣选评；凌朝栋编.
—北京：商务印书馆，2014（2018.4重印）
（《史记》选本丛书）
ISBN 978－7－100－10037－3

Ⅰ.①史… Ⅱ.①司… ②储… ③凌… Ⅲ.①中国历史－古代史－纪传体 Ⅳ.①K204.2

中国版本图书馆CIP数据核字（2013）第130273号

权利保留，侵权必究。

史记选

（汉）司马迁　原著
（清）储　欣　选评
凌朝栋　编

商　务　印　书　馆　出　版
（北京王府井大街36号　邮政编码 100710）
商　务　印　书　馆　发　行
三河市尚艺印装有限公司印刷
ISBN 978－7－100－10037－3

2014年7月第1版　　　　开本 640×960　1/16
2018年4月第4次印刷　　印张 15 1/4

定价：48.00元

中央财政支持地方高校建设资金项目
陕西省重点扶持学科渭南师范学院中国古代文学学科建设项目
陕西省哲学社会科学研究基地——秦东历史文化研究中心项目

《史记》选本丛书

顾　问：张大可　张新科
主　编：丁德科　凌朝栋
编委会：（按姓氏笔画排序）　丁德科　马雅琴
　　　　韦爱萍　王麦巧　王晓红　王炳社
　　　　王双喜　高军强　党大恩　党旺旺
　　　　凌朝栋　梁建邦　蔡静波

"《史记》选本丛书"序言
张岂之

西汉史学家、文学家、思想家司马迁（前145或前135—前87？）所撰纪传体作品《史记》被誉为"史家之绝唱，无韵之离骚"，这句话揭示了《史记》的历史学和文学价值，实际上，《史记》也具有重要的思想文化价值。多元性是《史记》这部经典文献的根本属性，这促使人们可以从多个角度对《史记》及《史记》学史展开广泛而深入的研究。

中国史记研究会和陕西省司马迁研究会等研究团体及学人对《史记》进行了多方面的研究，成果丰硕；《史记》及其传播影响，也引起海外学者的重视，产生了一系列的作品。这些都是中华文明传承和弘扬中可喜可贺的现象。

在历史上，《史记》产生后，历朝历代对《史记》多有注疏、索隐、编选的工作，这些工作进一步增进了《史记》作为文化典籍的影响力。特别是《史记》选文，虽然大多从文学作品角度着手，但因为选本背后隐藏着一定的历史、文学、审美及思想文化观念，某种意义上选本不仅具有文学审美的功能，也具有思想文化的功能，更可以作为把握选文者思想观念的史料之一。《史记》及《史记》选本在历史编纂学、散文史以及思想文化史上都占有重要的地位。

司马迁故里云集着一批从事《史记》及《史记》学研究的学者和研究团队。渭南师范学院《史记》研究团队就承担着国家社科基金研究项目，成员多年来一直从事《史记》选本的调研与整理工作，并在此基础上尝试探讨《史记》一百三十篇中被广泛认可的文学精华、编选原则与学术价值。

近年来，《史记》选本有的已被整理，如南宋吕祖谦撰《史记详

Ⅱ 史记选

节》(完颜绍元整理，上海古籍出版社2007年版)、清人姚苎田编选《史记菁华录》(王兴康等整理，上海古籍出版社2007年版)，但还有相当一部分没有被整理，也不方便读者检索阅览。

渭南师范学院《史记》研究者们尝试编选"《史记》选本丛书"，用以弥补这个不足，努力为《史记》研究做些扎实细致的基础工作。他们多年兢兢业业，四处奔波，搜集和校点整理《史记》选本文献，为推动《史记》研究的深化和细化作出了贡献。

这套"《史记》选本丛书"主要包括：明代凌稚隆《史记纂》(马雅琴教授整理)、茅坤《史记抄》(王晓红副教授整理)，清代王又朴《史记七篇读法》(凌朝栋教授整理)、汤谐《史记半解》(韦爱萍教授整理)、储欣《史记选》(凌朝栋教授整理)，民国时期王有宗《分段详注评点史记菁华录》(高军强讲师与凌朝栋教授整理)、中华书局1933年版《史记精华》(王麦巧副教授整理)、周宇澄《广注史记精华》(梁建邦教授、张晶讲师整理)。

凌稚隆《史记纂》，编刻于明万历年间。全书分为二十四卷，从《史记》中选文一百零二篇，附《报任少卿书》一篇。此书最大的特色是：采用节选加评点的形式，掇取《史记》精华；所选篇章节奏鲜明，条理清晰，内容集中，首尾照应，与天头批注、正文批点的形式相辅相成；编选者学习、研究《史记》，知人论世，折射出不凡的见解；全书兼容并包，博览众采，资料丰富。整理底本为凌稚隆《史记纂》二十四卷，明万历己卯本。

茅坤《史记抄》共九十二卷，明万历三年自刻。编选者从《史记》中选文九十八篇进行评点。此书最大的特点是：每篇作品皆施圈点和批评；用心独到，评论扼要，且多发明。编选者的评论，代表了明代学者评价《史记》的总倾向，诸如赞赏、推崇《史记》文章的审美价值，高度评价《史记》写人的艺术价值，肯定《史记》以风神取胜的艺术风格等。整理底本为茅坤《史记抄》九十一卷，明万历乙亥本，参校国图《史记抄》九十一卷、首一卷，《四库存目丛书》影印明万历三年自刻本。

王又朴《史记七篇读法》共二卷，从《史记》中选录《项羽本纪》、《外戚世家》、《萧相国世家》、《曹相国世家》、《淮阴侯列传》、《李将军列传》、《魏其武安侯列传》等七篇。此书最大的特色在于：编选者既有对阅读方法的提示，又有对所选篇目艺术风格的鉴赏；提出了"一气读"、"分段细读"的阅读技巧；深入分析了司马迁写人的高超技艺及所蕴含的深刻用意。整理底本为王又朴选评《史记读法》（又名《史记七篇读法》），诗礼堂藏版，1754年刊本，清华大学图书馆藏书。

汤谐《史记半解》，对《史记》中的六十八篇文章进行了注解。编选者深谙太史公用意，主要从叙事、人物形象刻画、细节、段落、语言等方面探讨《史记》文法笔力，为后人做了很好的导读；评析言论精辟老到，妙趣横生，引人深思，注重文脉，语言简洁明了，充满诗情画意，给读者留下深刻的印象。整理底本为汤谐《史记半解》（不分卷），清康熙慎余堂1713年刻本。

储欣《史记选》，从《史记》中选录作品五十七篇。此选本最大的特色是：所选篇目以记载秦以后历史人物为主；重视选取《史记》中的书、表；编选者对于精彩部分用不同的符号加以圈点，并有大量的精彩评点。用语长短不一，恰到好处，或指出词句作用，或评点章法布局，或揭示史公深意，或探讨前后关联等；所选篇章末多有评语，盛赞史公文章精彩处，与文中评语形成照应。整理底本为储欣《史记选》六卷，乾隆癸巳（1773年）同文堂刻本，每页十行，每行十五字。

王有宗《分段详注评点史记菁华录》，完成于1924年。此版本优胜之处在于：大部分选文前均加"解题"部分，有助于读者对正文的理解；对所选篇章进行分段，便于读者较清楚地了解选文的层次；通过注释，疏通了文字注音、词义等障碍，以方便阅读。整理底本为王有宗《分段详注评点史记菁华录》六册，浙江达文印书馆1924年版。

《史记精华》是中华书局1914年辑校的《史记》选本。全书共选录《史记》一百零二篇。这些篇目的取舍原则为具有历史性、思想性、文学性。此书收录了多家评点，侧重对人物、历史事件、文章艺术手法、思想倾向等进行详尽的评论和说明；对同一人物、历史事件的点评，则以文采、语言、思想为主要内容，尽可能为读者提供精华性的评语。中华书局《史记精华》，1914年第一版，本次整理依据1937年版，西北大学图书馆藏书影印本，参校1933年版。

周宇澄《广注史记精华》，是民国时期出版的《史记》读本中重要的一部。全书共选录《史记》本纪、表、世家、列传中三十二篇文章，分为三十四个题目。此选本最大的特点是：选取《史记》中文学色彩浓烈、偏重于人物、事件和描写精彩的篇章；对所选文章进行"划分段落，将难字注以音义，其有典故疑义者，一律注释，使读者一目了然"；注释详尽，有很强的可读性；编选者根据自己的理解进行了明晰的段落划分和断句，体现了编选者对《史记》的理解和思想观点。整理底本选用周宇澄《广注史记精华》，世界书局1943年版。

这些选本，均是影响较大、流传较广的《史记》选本，内容丰富，各具特色，具有较高的学术研究和参考价值。

在整理过程中，整理者尽可能搜集多种版本，认真选择工作底本，并主要参考中华书局1982年版点校本《史记》进行整理，包括段落划分与标点，文字出入较大者则予以注释。忠于原作、方便当代读者阅读是整理者坚持的主要原则，比如改竖排版为横排版，繁体字为简化字，便考虑到读者的阅读习惯与需要。选本评点中的总评、评注、行批、夹批等，则尽量标注在原作相应的位置，以尽可能反映底本的原貌。底本中明显的错字，则采用加"按"的形式标明。难能可贵的是，整理者在点校整理的同时，还对《史记》选本所折射的思想文化精神进行了研读，并在简介中作了扼要论述。

当然，古籍的点校整理是一项科学严谨、费时费力的工作，而且往往难以避免讹误乖错，在这方面，欢迎读者朋友在阅读中对该丛书的版本甄别以及具体点校整理工作，提出积极的合理化建议，以使我们不断推陈出新，力臻完善。

该研究团队原本设想还要进一步选编和整理日本、韩国、美国等学者的《史记》选本，我们乐观其成。希望"《史记》选本丛书"的编校整理工作为进一步系统研究司马迁的思想学术、《史记》及《史记》学作出积极贡献，为推介和弘扬中华优秀传统文化增砖添瓦。

是为序。

2013 年 3 月

于西北大学中国思想文化研究所

《史记选》前言

《史记》是史学经典,为史学家司马迁(约公元前145年—约前87年)编撰的我国第一部纪传体史书,记载了上自上古传说中的黄帝时代,下至汉武帝太初元年的历史;《史记》又是文学名著,在中国文学史上占有重要地位,影响着其后的一代代文学家及其文学创作。因此被鲁迅誉为"史家之绝唱,无韵之《离骚》"。然而由于《史记》篇幅巨大,故事丰富,全书一百三十篇,五十多万字,对一般读者而言,通读全篇确实不易。根据《汉书》记载,早在汉代就有推荐篇目阅读的做法。唐宋以后便出现了多种依据不同的选录标准而编选的《史记》选本。

《史记选》是清初著名学者储欣(1631—1706)所编选。储欣,字同人,为清初教育家、散文家和古文选家,曾辟"在陆草堂"教读其中,人称在陆先生。储欣的家塾文学选本口碑很好,在当时学界影响很大。当时有学者评价"惟储氏选本多得作者真诠"(秦跃龙《唐宋八大家文选》,乾隆十八年刻本),甚至为"外国贡使宝购以归"(储长文《云溪文集》)。储欣以一个教育家的眼光,剔除了真德秀《文章正宗》以来以载道相标榜的选文风气,恢复了文学选本的文学教育本位。他既编选有《唐宋八大家类选》、《唐宋十大家全集录》,又编选有《左传选》、《谷梁传选》、《公羊传选》、《国语选》、《战国策选》、《史记选》、《西汉文选》。后七种合称"七种古文选",其中《史记选》是较为优秀的古文选本。

该书选录作品五十七篇,其本纪包括五帝本纪赞、项羽本纪、高祖本纪节录等三篇;表序包括三代世表序、十二诸侯年表序、六国表序、秦楚之际月表序、汉兴以来诸侯王年表序、高祖功臣侯者年表序、建元以来侯者年表序等七篇;世家除萧相国世家、留侯世家、陈

VIII 史记选

丞相世家选录全文之外，另行节录九篇世家赞文；列传选录伯夷、管晏、老庄申韩、商君、孟子荀卿、信陵君、廉颇蔺相如、张耳陈馀、淮阴侯、季布栾布、张释之冯唐、魏其武安侯、李将军、司马相如、游侠、货殖（全文），太史公自序等十六篇只是节选赞序。

选文遵循以下几个方面的原则：一是选文范围"兹选载秦以前十之二，秦以后十之八"。对于高祖等"只选大旨"，以有利于科举考试而选文，有所节录。二是认为《项羽本纪》具有"才情法度，种种卓绝"的特色，因此予以全录。三是较为重视序表之书，十篇选录八篇，八书只录其二，认为封禅、平准二书是史公所撰，因此予以选录。四是对太史公论赞选取了大量的篇章，而对传记中作品另有成书的如《怀沙》、《离骚》等则从略。五是编选者对于文章精彩部分用不同的符号加以圈点，并有大量的评点，用语繁简不一，恰到好处，或指出词句作用，或评点章法布局，或揭示史公深意，或探讨前后关联性等。所选篇章之末亦多有评语，阐幽发微，与文中评语形成照应。该书编者最初只选了十九篇，晚年在家教习孙辈读书，方扩充为这么大的篇幅，并以乾隆癸巳（1773年）同文堂新镌刻本为底本，重新进行刻印。该书是清康乾时代较为有影响的《史记》选本之一。

该书前有储欣门生吴振乾于乾隆癸卯年（1783年）所写的刊刻题记，吴振乾、徐永勋、董南纪于乾隆壬寅年（1782年）撰写的例言。这两篇文字分别对《史记选》的编选缘起与选目情况作了更为清楚的介绍。

此外，在整理《史记选》时，我们出于阅读上的便利，又考虑到印刷与节省篇幅，对《史记选》原有的评点符号与标记方法做了适当的调整，因而形成了《史记选》点校用例，加在正文之前。

欠妥之处，还望方家学者批评指正。

《史记选》点校用例

1. 本书底本选用的是乾隆癸巳（1773年）刻本，每页十行，每行十五字。时间虽久远，但版本基本清晰，具有较高的选本价值。

2. 选文基本维持原貌，忠实于编选者的本意，只是段落与层次的划分，参照中华书局通行本加以处理。

3. 有些标记符号字库中没有找到，只能用其他符号代替，按照《史记纂》标示符号说明，不同符号标识不同的含义：凡精华则为〇。例如：<u>立以为楚怀王，从民所望也，平畏谗之就，因固请得宿卫中</u>。（〇）表示底划线使用的是小圆圈；凡文采则为实心逗点，<u>刘季乃书帛射城上，后十年，</u>（▼）表示底划线部分使用的是实心逗点；凡纲领则为空心逗点，<u>少君者，孔子曰</u>：（△）表示底划线使用的是空心逗点；但《史记选》中标记符号与《史记纂》的标记符号多少又不完全一致。

4. 有极个别部分文字很清楚，但前后语句却显得不通。

5. 所选文章共五十七篇，顺序号为点校者所加。所选文章有删节，如《司马相如列传》中删除了相关赋作等。

6. 原书批评用语在行文中采用夹批的形式，为阅读方便和节省篇幅，将夹批的文字用小号楷体排在正文语句之后。

7. 每篇选文之后多有原编选者的总评语，却无"总评"二字，因此，我们添加"【总评】"，以便与正文区分，并将总评语用小号楷体文字排印。

8. 原书选篇只有卷数，篇目序号为我们校勘时所添加。

乾隆癸巳新镌　宜兴储同人先生评
史记选
同文堂梓行

先曾大父庶子葵葊公，在陆先生丈人行也，公与先生先人交最善。尝见先生批公文，纸尾云："葵葊丈，吾邑盛德君子也。与先人称耐久交，垂悯诸孤，时与论说文字，盖先友之绝可念者矣。"及公没，而家君远山又与先生订为忘年交，相得无所间，每遇暇日，辄过从，饮酒赋诗，从容谈笑。时乾方垂髫，侍侧，听其言，虽不尽解，然而意豁如也。稍长，性颇嗜古，知先生于古学为最深，凡负笈来从游者，一经指授，文章便高出辈流，皆稽古之力也。私心向往，方欲执贽草堂，希参弟子之末坐，而先生已奄忽与世辞矣。于是，力求草堂古文遗选于友人家，奉为科律；而传写失真，其中鲁鱼亥豕之讹往往多有。厥后师事先生令嗣，并携其孙越渔游，始尽出其家藏，手批真本，乃得校正焉。伏念先生去今才几易寒暑耳，遗选具在，手泽犹新，而讹谬相仍，鲁莫之辨则。夫自今以往，或更数十年，且更数百年……怅哲人之益渺，悲旧籍之散亡，将并求其讹谬者而不可得。此不特先生诲人之苦心悉为湮没，而后之学者闻声相思，复何所窥而寻耶？以乾与先生既笃世好，又积向往之，诚所为惕然惧，愀然思，有以留之也。窃不自量，欲悉梓手披诸本，以赠遗天下嗜古之徒，俾家藏一卷，人习一编，即未经指授于先生者如亲指授。区区之心，诚不胜大愿而仓猝，顾未之逮也。爰与同学数君子，先取《国策》、《史记》及西汉文锓诸梨枣，传诸通邑大都。呜呼！观于此者，不可见先生之大凡欤？癸卯春正上元前一日，门下后学吴振乾识。

例　言

一、《史记》百三十篇，周秦以前类皆取材经传，学者耳目所熟，兹选载秦以前十之二；秦以后十之八。如范、蔡、穰、张、刺客等传，描画特工，以其文多散见左氏《春秋》及《战国策》，先生另有评本，故不录。

二、高、文、景诸本纪，例用编年，班史总之，成一代全书，为后来诸史之祖，兹选大旨；在有裨举业，录文，非录史也。《项羽纪》才情法度，种种卓绝，得先生拈出一字一句，莫非制艺准绳，故仍全载。

三、年表诸序，见史公学识独绝千古，兹已十登其八。若八书，半属伪造，其系龙门手定者并结撰高古，兹编载封禅、平准二首，亦可略见一斑。

四、史公论赞，是非不谬于圣人，而俯仰抑扬，神味无尽。韩、欧阳并心慕手追，学者稍能濡染便已跨越流俗。兹于世家、列传不无割爱，独赞语足发人神智者，则亦载存篇末，以便揣摩。

五、读古人书，当窥全豹。一篇中存某段，去某段，不无因陋就简之讥，然取便初学，实有不得已者，如《怀沙》、《服鸟》、《上林》、《大人》等赋，《离骚》、《文选》，别有成书，概从删节。

六、先生初选《史记》十九篇，授门下士。识者实之，传写之余，浸失真本。及晚年课孙，稍扩之而有是选，文简而淡，评点精当，实为初学指南，读者幸勿以挂漏为诮。

壬寅冬日，后学吴振乾、徐永勳、董南纪谨识。

目 录

史记选 卷一

第一　五帝本纪 赞 ………………………………………………… 3
第二　项羽本纪 …………………………………………………… 4
第三　高祖本纪 节录 ……………………………………………… 21

史记选 卷二

第四　三代世表 序 ………………………………………………… 27
第五　十二诸侯年表 序 …………………………………………… 28
第六　六国表 序 …………………………………………………… 30
第七　秦楚之际月表 序 …………………………………………… 32
第八　汉兴以来诸侯王年表 序 …………………………………… 33
第九　高祖功臣侯者年表 序 ……………………………………… 35
第十　建元以来侯者年表 序 ……………………………………… 36
第十一　封禅书 …………………………………………………… 37
第十二　平准书 …………………………………………………… 58

史记选 卷三

第十三　齐太公世家 赞 …………………………………………… 71

第十四　鲁周公世家 赞 ·· 72

第十五　燕召公世家 赞 ·· 73

第十六　郑世家 赞 ·· 74

第十七　魏世家 赞 ·· 75

第十八　孔子世家 赞 ··· 76

第十九　陈涉世家 节录 ··· 77

第二十　外戚世家序 录窦太后 ······································· 79

第二十一　萧相国世家 ··· 81

第二十二　曹相国世家 赞 ··· 85

第二十三　留侯世家 ·· 86

第二十四　陈丞相世家 ··· 94

第二十五　绛侯周勃世家 节录条侯 赞 ·························· 101

史记选　卷四

第二十六　伯夷列传 ·· 105

第二十七　管晏列传 ·· 107

第二十八　老子韩非列传 ·· 109

第二十九　孙子吴起列传 赞 ··· 114

第三十　伍子胥列传 赞 ·· 115

第三十一　商君列传 ·· 116

第三十二　苏秦列传 赞 ·· 121

第三十三　张仪列传 赞 ·· 122

第三十四　白起王翦列传 赞 ··· 123

第三十五　孟子荀卿列传 ·· 124

第三十六　孟尝君列传 赞 ··· 127

第三十七　平原君虞卿列传 录平原君 ···························· 128

第三十八　信陵君列传 ……………………………………………… 131

第三十九　范雎蔡泽列传　赞 …………………………………… 136

史记选　卷五

第四十　　廉颇蔺相如列传 ……………………………………… 139

第四十一　屈原贾生列传　录屈原　赞 ………………………… 147

第四十二　李斯列传　赞 ………………………………………… 150

第四十三　蒙恬列传　赞 ………………………………………… 151

第四十四　张耳陈馀列传 ………………………………………… 152

第四十五　魏豹彭越列传　赞 …………………………………… 160

第四十六　淮阴侯列传 …………………………………………… 161

第四十七　刘敬叔孙通列传　赞 ………………………………… 173

第四十八　季布栾布列传 ………………………………………… 174

第四十九　张释之冯唐列传 ……………………………………… 177

史记选　卷六

第五十　　魏其武安侯列传 ……………………………………… 183

第五十一　李将军传 ……………………………………………… 191

第五十二　司马相如列传 ………………………………………… 197

第五十三　儒林列传　序 ………………………………………… 201

第五十四　酷吏列传　序　赞 …………………………………… 204

第五十五　游侠列传 ……………………………………………… 205

第五十六　货殖列传 ……………………………………………… 209

第五十七　太史公自序 …………………………………………… 219

史记选 卷一

宜兴　储　欣同人　评
　　　男　芝五采参　述
　　门下后学　吴振乾文岩、徐永勳公逊、
　　　　　　董南纪宗少、孙男　掌文曰虞　　　校订

第一　五帝本纪 赞

太史公曰：学者多称五帝，尚矣。<u>然《尚书》独载尧以来；而百家言黄帝，</u>（○）_{大疑} 其文不雅驯，抑。<u>荐绅先生难言之。</u>（▼）孔子所传宰予问、再抑。《五帝德》及《帝系姓》，<u>儒者或不传。</u>（▼）忽纵。余尝西至空桐，北过涿鹿，东渐于海，南浮江淮矣，至长老皆各往往称黄帝、尧、舜之处，_{大信}。风教固殊焉，<u>总之不离古文者近是。</u>（○）黏上古文。予观《春秋》、《国语》，_转 。其发明《五帝德》、_转。《帝系姓》章矣，_转。顾弟弗深考，其所表见皆不虚。《书》缺有间矣，其轶乃时时见于他说。非好学深思，心知其意，（○）_{总断}。固难为浅见寡闻道也。余并论次，<u>择其言尤雅者，</u>（○）故著为本纪书首。

【总评】"古文"并指《春秋》、《国语》，非止《帝德》、《帝系》二书也。《尚书》独载尧以来，故百家之言举可疑。《春秋》、《国语》及他古文，时时发明《帝德》、《帝系》，故可信。此是：一部《史记》，无非尊六经而绌百家。

第二　项羽本纪

项籍者，下相人也，字羽。初起时，年二十四。其季父项梁，叔父，出项梁。梁父即楚将项燕，为秦将王翦所戮者也。项氏世世为楚将，伏。封于项，故姓项氏。项籍少时，学书不成，去学剑，又不成。（〇）写籍。项梁怒之。籍曰："书足以记名姓而已。剑一人敌，不足学，学万人敌。"于是项梁乃教籍兵法，籍大喜，略知其意，又不肯竟学。（〇）传神。项梁尝有栎阳逮，乃请蕲狱掾曹咎书抵栎阳狱掾司马欣，（▼）伏。以故事得已。项梁杀人，与籍避仇于吴中。吴中贤士大夫皆出项梁下。每吴中有大繇役及丧，项梁常为主办，阴以兵法部勒宾客及子弟，以是知其能。（〇）写梁。秦始皇帝游会稽，渡浙江，梁与籍俱观。籍曰："彼可取而代也。"梁掩其口，曰："毋妄言，族矣！"梁以此奇籍。籍长八尺馀，力能扛鼎，才气过人，虽吴中子弟皆已惮籍矣。（〇）奇籍、惮籍，两层顿挫。

秦二世元年七月，陈涉等起大泽中。其九月，会稽守通谓梁曰："江西皆反，此亦天亡秦之时也。吾闻先即制人，后则为人所制。吾欲发兵，使公及桓楚将。"是时桓楚亡在泽中。梁曰："桓楚亡，人莫知其处，独籍知之耳。（▼）梁乃出，诫籍持剑居外待。梁复入，与守坐，曰："请召籍，使受命召桓楚。"守曰："诺。"梁召籍入。须臾，梁眴籍曰："可行矣！"于是籍遂拔剑斩守头。项梁持守头，佩其印绶。门下大惊，扰乱，籍所击杀数十百人。一府中皆慴伏，莫敢起。（〇）梁乃召故所知豪吏，谕以所为起大事，遂举吴中兵。使人收下县，得精兵八千人。（〇）三字首尾呼应。梁部署吴中豪杰为校尉、候、司马。有一人不得用，自言于梁。梁曰："前时某丧，使公主某事，不能办，以此不任用公。"众乃皆伏。（〇）为兵法部勒生色。于是梁为会稽守，籍为裨将，徇下县。

广陵人召平（▼）于是为陈王徇广陵，未能下。闻陈王败走，秦兵又且至，乃渡江矫陈王命，拜梁为楚王上柱国。（△）曰："江东已定，急引兵西击秦。"项梁乃以八千人渡江而西。"西"字分明。闻陈婴已下东阳，使使欲与连和俱西。陈婴者，（○）接。故东阳令史，居县中，素信谨，称为长者。东阳少年杀其令，相聚数千人，欲置长，无适用，乃请陈婴。婴谢不能，遂强立婴为长，县中从者得二万人。少年欲立婴便为王，异军苍头特起。陈婴母谓婴曰："自我为汝家妇，未尝闻汝先古之有贵者。今暴得大名，不祥。不如有所属，事成犹得封侯，事败易以亡，非世所指名也。"婴乃不敢为王。谓其军吏曰："项氏世世将家，有名于楚。（▼）今欲举大事，将非其人，不可。我倚名族，亡秦必矣。"于是众从其言，以兵属项梁。（▼）项梁渡淮，黥布、蒲将军亦以兵属焉。（▼）凡六七万人，军下邳。（○）照"八千人"。

当是时，（▼）秦嘉已立景驹为楚王，军彭城东，欲距项梁。（▼）项梁谓军吏曰："陈王先首事，战不利，未闻所在。今秦嘉倍陈王而立景驹，逆无道。"乃进兵击秦嘉。秦嘉军败走，追之至胡陵。嘉还战一日，嘉死，军降。景驹走死梁地。项梁已并秦嘉军，军胡陵，将引军而西。章邯军至栗，（○）项梁使别将朱鸡石、馀樊君与战。馀樊君死。朱鸡石军败，亡走胡陵。项梁乃引兵入薛，（○）诛鸡石。项梁前使项羽别攻襄城，襄城坚守不下。已拔，皆阬之。（▼）还报项梁。项梁闻陈王定死，照"未闻所在"。召诸别将会薛计事。此时沛公亦起沛，往焉。（△）入沛公，冷妙。

居鄛人范增，年七十，素居家，好奇计，（○）往说项梁曰："陈胜败固当。夫秦灭六国，楚最无罪。自怀王入秦不反，楚人怜之至今，故楚南公曰'楚虽三户，亡秦必楚'也。今陈胜首事，不立楚后而自立，其势不长。今君起江东，楚蜂午之将皆争附君者，以君世世楚将，为能复立楚之后也。"于是项梁然其言，乃求楚怀王孙心民间，为人牧羊，立以为楚怀王，（△）从民所望也。（〇）陈婴为楚上柱国，（△）封五县，与怀王都盱台。项梁自号为武信君。（△）

居数月，引兵攻亢父，（〇）与齐田荣、司马龙且军救东阿，大破秦军于东阿。（〇）田荣即引兵归，逐其王假。别叙二田始末，为后张本。假亡走楚。假相田角亡走赵。角弟田间故齐将，居赵不敢归。田荣立田儋子市为齐王。项梁已破东阿下军，遂追秦军。数使使趣齐兵，欲与俱西。（〇）田荣曰："楚杀田假，赵杀田角、田间，乃发兵。"齐楚相仇之案。项梁曰："田假为与国之王，穷来从我，不忍杀之。"赵亦不杀田角、田间以市于齐。齐遂不肯发兵助楚。（▼）项梁使沛公及项羽别攻城阳，屠之。叙梁功。西破秦军（〇）濮阳东，秦兵收入濮阳。沛公、项羽乃攻定陶。定陶未下，去，西略地至雝丘，大破秦军，（〇）斩李由。还攻外黄，外黄未下。

项梁起东阿，西，至定陶，再破秦军，项羽等又斩李由，益轻秦，有骄色。（〇）总上，立下定陶败死之案。宋义（△）乃谏项梁曰："战胜而将骄卒惰者败。今卒少惰矣，秦兵日益，臣为君畏之。"项梁弗听。乃使宋义使于齐。道遇齐使者高陵君显，曰："公将见武信君乎？"曰："然。"曰："臣论武信君军必败。公徐行即免死，疾行则及祸。"秦果悉起兵益章邯，击楚军，大破之定陶，项梁死。（△）沛公、项羽去外黄攻陈留，（▼）接"外黄未下"。陈留坚守不能下。沛公、项羽相与谋曰：（▼）"今项梁军破，士卒恐。"乃与吕臣军俱引兵而东。"东"字分明。吕臣军彭城东，项羽军彭城西，沛公军砀。

章邯已破项梁军，接项梁死。则以为楚地兵不足忧，乃渡河击赵，大破之。当此时，赵歇为王，陈馀为将，张耳为相，皆走入钜鹿城。章邯令王离、涉间围钜鹿，章邯军其南，筑甬道而输之粟。陈馀为将，将卒数万人而军钜鹿之北，此所谓河北之军也，（〇）提起。定陶一败，梁以此终；巨鹿一战，羽以此始。此段接梁之败局，开羽之胜局，重叙击赵之势，正以涉大救赵之功，此史法也。

楚兵已破于定陶，怀王恐，（▼）明接定陶，暗接沛公军砀。从盱台之彭城，并项羽、吕臣军自将之。以吕臣为司徒，以其父吕青为令尹。以沛公为砀郡长，封为武安侯，将砀郡兵。

初，宋义所遇齐使者高陵君显在楚军，见楚王曰：（▼）续接宋义事，不暗接章邯击赵，渡入救赵之师。"宋义论武信君之军必败，居数日，军果败。兵未战而先见败徵，此可谓知兵矣。"王召宋义与计事而大说之，因置以为上将军，项羽为鲁公，为次将，范增为末将，救赵。（〇）诸别将皆属宋义，号为卿子冠军。行至安阳，留四十六日不进。（〇）罪状。项羽曰："吾闻秦军围赵王钜鹿，疾引兵渡河，楚击其外，赵应其内，破秦军必矣。"宋义曰："不然。夫搏牛之虻不可以破虮虱。今秦攻赵，战胜则兵罢，我承其敝；不胜，则我引兵鼓行而西，必举秦矣。故不如先斗秦赵。夫被坚执锐，义不如公；坐而运策，公不如义。"因下令军中曰："猛如虎，很如羊，贪如狼，彊不可使者，皆斩之。"乃遣其子宋襄相齐，身送之至无盐，饮酒高会。天寒大雨，士卒冻饥。（〇）罪状。项羽曰："将戮力而攻秦，久留不行。今岁饥民贫，士卒食芋菽，军无见粮，乃饮酒高会，不引兵渡河因赵食，（▼）兵法。与赵并力攻秦，乃曰'承其敝'。夫以秦之彊，攻新造之赵，其势必举赵。赵举而秦彊，何敝之有（承）！（〇）造极。且国兵新破，王坐不安席，埽境内而专属于将军，国家安危，在此一举。今不恤士卒而徇其私，非社稷之臣。"项羽晨朝上将军宋义，即其帐中斩宋义头，（▼）出令军中曰："宋义与齐谋反楚，楚王阴令羽诛之。"当是时，诸将皆慴服，莫敢枝梧。皆曰："首立楚者，将军家也。今将军诛乱。"（〇）乃相与共立羽为假上将军。使人追宋义子，及之齐，杀之。使桓楚报命于怀王。怀王因使项羽为上将军，（△）当阳君、蒲将军皆属项羽。

项羽已杀卿子冠军，威震楚国，名闻诸侯。（〇）提。乃遣当阳君、蒲将军将卒二万渡河，救钜鹿。战少利，陈馀复请兵。项羽乃悉引兵渡河，皆沈船，破釜甑，烧庐舍，持三日粮，以示士卒必死，无一还心（○）。渡河，凡四见。于是至则围王离，与秦军遇，九战，绝其甬道，大破之，杀苏角，虏王离。涉间不降楚，自烧杀。（○）只此九字是大战正文，其馀皆从四面描写，故生动绝伦。当是时，楚兵冠诸侯。诸侯军救钜鹿下者十馀壁，莫敢纵兵。及楚击秦，诸将皆从壁上观。楚战士无不一以当十，楚兵呼声动天，诸侯军无不人人惴恐。（○）叙毕再提。于是已破秦军，项羽召见诸侯将，入辕门，无不膝行而前，莫敢仰视。（○）项羽由是始为诸侯上将军，（△）诸侯皆属焉。

　　章邯军棘原，项羽军漳南，相持未战。（▼）秦军数却，二世使人让章邯。章邯恐，使长史欣请事。至咸阳，留司马门三日，赵高不见，有不信之心。长史欣恐，还走其军，不敢出故道，（▼）赵高果使人追之，不及。欣至军，报曰："赵高用事于中，下无可为者。今战能胜，高必疾妒吾功；战不能胜，不免于死。愿将军孰计之。"陈馀亦遗章邯书曰：（▼）"白起为秦将，南征鄢郢，北阬马服，攻城略地，不可胜计，而竟赐死。蒙恬为秦将，北逐戎人，开榆中地数千里，竟斩阳周。何者？功多，秦不能尽封，因以法诛之。今将军为秦将三岁矣，所亡失以十万数，而诸侯并起滋益多。彼赵高素谀日久，今事急，亦恐二世诛之，故欲以法诛将军以塞责，使人更代将军以脱其祸。（▼）夫将军居外久，多内隙，有功亦诛，无功亦诛。（○）且天之亡秦，无愚智皆知之。今将军内不能直谏，外为亡国将，孤特独立而欲常存，岂不哀哉！将军何不还兵与诸侯为从，约共攻秦，分王其地，南面称孤；此孰与身伏铁质，妻子为僇乎？"章邯狐疑，阴使候始成使项羽，欲约。约未成，（▼）兵法。项羽使蒲将军日夜引兵度三户，军漳南，与秦战，再破之。（▼）项羽悉引兵击秦军汙水上，大破之。（▼）

　　章邯使人见项羽，欲约。项羽召军吏谋（▼）细。曰："粮少，欲听其约。"军吏皆曰："善。"（▼）项羽乃与期洹水南殷虚上。已盟，章邯见项羽而流涕，为言赵高。（○）妙。项羽乃立章邯为雍王，置楚军中。使长史欣为上将军，将秦军为前行。

到新安。（▼）诸侯吏卒异时故繇使屯戍过秦中，秦中吏卒遇之多无状，及秦军降诸侯，诸侯吏卒乘胜多奴虏使之，轻折辱秦吏卒。原委详明。秦吏卒多窃言曰："章将军等诈吾属降诸侯，今能入关破秦，大善；即不能，诸侯虏吾属而东，秦必尽诛吾父母妻子。"诸侯微闻其计，以告项羽。项羽乃召黥布、蒲将军计曰："秦吏卒尚众，其心不服，至关中不听，事必危，不如击杀之，而独与章邯、长史欣、都尉翳入秦。"于是楚军夜击阬秦卒二十馀万人新安城南。

行略定秦地。函谷关有兵守关，不得入。（▼）又闻沛公已破咸阳，项羽大怒，（○）沛公破秦。使当阳君等击关。项羽遂入，至于戏西。沛公军霸上，未得与项羽相见。（▼）伏谢项王案。沛公左司马曹无伤使人言于项羽曰："沛公欲王关中，使子婴为相，珍宝尽有之。"项羽大怒，曰："旦日飨士卒，为击破沛公军！"当是时，项羽兵四十万，在新丰鸿门，沛公兵十万，在霸上。（○）提，明。范增（▼）说项羽曰："沛公居山东时，贪于财货，好美姬。今入关，财物无所取，妇女无所幸，此其志不在小。吾令人望其气，皆为龙虎，成五采，此天子气也。急击勿失。"

楚左尹项伯者，项羽季父也，素善留侯张良。张良是时从沛公，项伯乃夜驰之沛公军，私见张良，具告以事，欲呼张良与俱去。（○）曰："毋从俱死也。"张良曰："臣为韩王送沛公，沛公今事有急，亡去不义，不可不语。"良乃入，具告沛公。沛公大惊，曰："为之奈何？"（○）传神。张良曰："谁为大王为此计者？"曰："鲰生说我曰'距关，毋内诸侯，秦地可尽王也'。故听之。"良曰："料大王士卒足以当项王乎？"沛公默然，传神。曰："固不如也，且为之奈何？"（○）传神。张良曰："请往谓项伯，言沛公不敢背项王也。"沛公曰："君安与项伯有故？"（○）张良曰："秦时与臣游，项伯杀人，臣活之。今事有急，故幸来告良。"沛公曰："孰与君少长？"（○）良曰："长于臣。"沛公曰："君为我呼入，吾得兄事之。"张良出，要项伯。项伯即入见沛公。沛公奉卮酒为寿，约为婚姻，曰："吾入关，秋豪不敢有所近，籍吏民，封府库，而待将军。所以遣将守关者，备他盗之出入与非常也。日夜望将军至，岂敢反乎！愿伯具言臣之不敢倍德也。"项伯许诺。（▼）谓沛公曰："旦日不可不蚤自来谢项王。"沛公曰："诺。"于是项伯复夜去，至军中，具以沛公言报项王。（○）解着妙，且项王大悲。悲沛公也，不为己下耳，一自谢项王，已无恶于沛公矣。因言曰："沛公不先破关中，公岂敢入乎？今人有大功而击之，不义也，不如因善遇之。"项王许诺。（▼）

沛公旦日从百馀骑来见项王，至鸿门，谢曰："臣与将军戮力而攻秦，将军战河北，臣战河南，然不自意能先入关破秦，得复见将军于此。"（○）情欲语。今者有小人之言，令将军与臣有隙。"项王曰："此沛公左司马曹无伤言之；（▼）足见粗直。不然，籍何以至此。"项王即日因留沛公与饮。（○）项王、项伯东向坐。（○）亚父南向坐。（○）亚父者，范增也。沛公北向坐，张良西向侍。（○）范增数目项王，举所佩玉玦以示之者三，（▼）项王默然不应。（○）一结。范增起，（▼）出召项庄，（▼）谓曰："君王为人不忍，若入前为寿，寿毕，请以剑舞，因击沛公于坐，杀之。不者，若属皆且为所虏。"（▼）庄则入为寿，寿毕，（▼）曰："君王与沛公饮，军中无以为乐，请以剑舞。"项王曰："诺。"项庄拔剑起舞，项伯亦拔剑起舞，常以身翼蔽沛公，（▼）庄不能（得）击。（○）一结。于是张良至军门，见樊哙。（▼）樊哙曰："今日之事何如？"良曰："甚急。（○）今者项庄拔剑舞，其意常在沛公也。"哙曰："此迫矣，臣请入，与之同命。"（○）哙即带剑拥盾入军门。交戟之卫士欲止不内，樊哙侧其盾以撞，卫士仆地，（○）哙遂入，披帷西向立，瞋目视项王，头发上指，目眦尽裂。（○）巨鹿写羽，鸿门写哙，两人生气与天地相终始。项王按剑而跽曰："客何为者？"张良曰："沛公之参乘樊哙者也。"（〇）项王曰："壮士，（〇）赐之卮酒。"则与斗卮酒。哙拜谢，起，立而饮之。（〇）项王曰："赐之彘肩。"则与一生彘肩。樊哙覆其盾于地，加彘肩上，拔剑切而啗之。（〇）项王曰："壮士，能复饮乎？"（〇）句妙，乃知从前期次绝不可省。樊哙曰："臣死且不避，卮酒安足辞！（〇）夫秦王有虎狼之心，杀人如不能举，刑人如恐不胜，天下皆叛之。怀王与诸将约曰'先破秦入咸阳者王之'。今沛公先破秦入咸阳，毫毛不敢有所近，封闭宫室，还军霸上，以待大王来。故遣将守关者，备他盗出入与非常也。劳苦而功高如此，未有封侯之赏，而听细说，欲诛有功之人。此亡秦之续耳，窃为大王不取也。"项王未有以应，传神。曰："坐。"樊哙从良坐。（〇）一结。坐须臾，沛公起如厕，因招樊哙出。（▼）

沛公已出，项王使都尉陈平召沛公。沛公曰："今者出，未辞也，为之奈何？"樊哙曰："大行不顾细谨，大礼不辞小让。如今人方为刀俎，我为鱼肉，何辞为。"于是遂去。乃令张良留谢。（▼）良问曰："大王来何操？"曰："我持白璧一双，欲献项王，玉斗一双，欲与亚父，会其怒，不敢献。公为我献之。"张良曰："谨诺。"当是时，项王军在鸿门下，沛公军在霸上，相去四十里。（〇）复说，分明。沛公则置车骑，脱身独骑，（〇）与樊哙、夏侯婴、靳强、纪信等四人持剑盾步走，从郦山下，道芷阳间行。沛公谓张良曰："从此道至吾军，不过二十里耳。度我至军中，公乃入。（〇）"沛公已去，间至军中，张良入谢，曰："沛公不胜桮杓，不能辞。谨使臣良奉白璧一双，再拜献大王足下；玉斗一双，再拜奉大将军足下。"项王曰："沛公安在？"良曰："闻大王有意督过之，脱身独去，已至军矣。"项王则受璧，置之坐上。亚父受玉斗，置之地，拔剑撞而破之，曰："唉！竖子不足与谋。夺项王天下者，必沛公也，吾属今为之虏矣。"（〇）沛公至军，立诛杀曹无伤。（▼）

居数日，项羽引兵西屠咸阳，杀秦降王子婴，烧秦宫室，火三月不灭；收其货宝妇女而东（△）数语结羽入关之局，引羽分封寄东归之策。"东"字分明。人或说项王曰："关中阻山河四塞，地肥饶，可都以霸。"项王见秦宫皆以烧残破，又心怀思欲东归，（〇）曰："富贵不归故乡，如衣绣夜行，谁知之者！"说者曰："人言楚人沐猴而冠耳，（▼）果然。"项王闻之，烹说者。（▼）

项王使人致命怀王。怀王曰："如约。"乃尊怀王为义帝。项王欲自王，先王诸将相。（〇）史笔。谓曰："天下初发难时，假立诸侯后以伐秦。分王一段极错综，极整齐，笔笔传神。然身被坚执锐首事，暴露于野三年，灭秦定天下者，皆将相诸君与籍之力也。义帝虽无功，故当分其地而王之。"（〇）诸将皆曰："善。"乃分天下，立诸将为侯王。（▼）项王、范增疑沛公之有天下，业已讲解，又恶负约，恐诸侯叛之，乃阴谋（〇）摹神。曰："巴、蜀道险，秦之迁人皆居蜀。"乃曰："巴、蜀亦关中地也。"此段公私轻重只在虚字选接处。故立沛公为汉王，王巴、蜀、汉中，都南郑。摹写。而三分关中，王秦降将以距塞汉王。（〇）提下黏上。项王乃立章邯为雍王，王咸阳以西，都废丘。长史欣者，故为栎阳狱掾，尝有德于项梁；应。都尉董翳者，本劝章邯降楚。（〇）私恩私怨，写得尽情。故立司马欣为塞王，王咸阳以东至河，都栎阳；立董翳为翟王，王上郡，都高奴。徙魏王豹为西魏王，王河东，都平阳。瑕丘申阳者，张耳嬖臣也，先下河南，迎楚河上，（〇）故立申阳为河南王，都雒阳。韩王成因故都，都阳翟。赵将司马卬定河内，数有功，（〇）故立卬为殷王，王河内，都朝歌。徙赵王歇为代王。赵相张耳素贤，又从入关，（〇）故立耳为常山王，王赵地，都襄国。当阳君黥布为楚将，常冠军，（〇）故立布为九江王，都六。鄱君吴芮率百越佐诸侯，又从入关，（〇）故（▼）立芮为衡山王，都邾。义帝柱国共敖将兵击南郡，功多，（〇）因立敖为临江王，都江陵。徙燕王韩广为辽东王。燕将臧荼从楚救赵，（〇）

因从入关，故立荼为燕王，都蓟。徙齐王田市为胶东王。齐将田都从共救赵，因从入关，(○)故立都为齐王，都临菑。故秦所灭齐王建孙田安，项羽方渡河救赵，田安下济北数城，引其兵降项羽，(○)故立安为济北王，都博阳。田荣者，数负项梁，又不肯将兵从楚击秦，以故不封。田荣不封，项氏之祸始此。成安君陈馀弃将印去，不从入关，然素闻其贤，有功于赵，闻其在南皮，故因环封三县。番君将梅鋗功多，故封十万户侯。不封、封三县、封十万户，都写得错综。项王自立为西楚霸王，(○)史法。王九郡，都彭城。

　　汉之元年(△)四月，诸侯罢戏(○)下，各就国，(△)项王出之国，(▼)以下节节次羽收局。使人徙义帝，曰："古之帝者地方千里，必居上游。"乃使使徙义帝长沙郴县。趣义帝行，其群臣稍稍背叛之，乃阴令衡山、临江王击杀之江中。罪状。韩王成无军功，项王不使之国，与俱至彭城，废以为侯，已又杀之。(▼)罪状。臧荼之国，因逐韩广之辽东，广弗听，荼击杀广无终，并王其地。(▼)田荣闻项羽徙齐王市胶东，而立齐将田都为齐王，乃大怒，(○)一敌。不肯遣齐王之胶东，因以齐反，迎击田都。田都走楚。齐王市畏项王，乃亡之胶东就国。田荣怒，追击杀之即墨。荣因自立为齐王，(○)而西杀击济北王田安，并王三齐。荣与彭越将军印，令反梁地。一敌。陈馀阴使张同、夏说说齐王田荣(○)一敌。曰："项羽为天下宰，不平。今尽王故王于丑地，而王其群臣诸将善地，逐其故主赵王，乃北居代，馀以为不可。闻大王起兵，且不听不义，原大王资馀兵，请以击常山，以复赵王，请以国为扞蔽。"齐王许之，因遣兵之赵。陈馀悉发三县兵，与齐并力击常山，大破之。张耳走归汉。陈馀迎故赵王歇于代，反之赵。赵王因立陈馀为代王。(○)

　　是时，汉还定三秦。(○)简笔，妙。项羽闻汉王皆已并关中，且东，齐、赵叛之，大怒。(○)总。乃以故吴令郑昌为韩王，以距汉。(○)令萧公角等击彭越。彭越败萧公角等。汉使张良徇韩，乃遗项王书曰："汉王失职，欲得关中，如约即止，不敢东。"又以齐、梁反书遗项王曰：(○)汉得力在此。"齐欲与赵并灭楚。"楚以此故无西意，而北击齐。(○)徵兵九江王布。布称疾不往，使将将数千人行。项王由此怨布也。(○)又树一敌。汉之二年冬，(△)项羽遂北至城阳，应"北击"。田荣亦将兵会战。田荣不胜，走至平原，平原民杀之。遂北烧夷齐城郭室屋，皆阬田荣降卒，系虏其老弱妇女。罪状。徇齐至北海，多所残灭。齐人相聚而叛之。于是田荣弟田横收齐亡卒得数万人，反城阳。项王因留，连战未能下。

春，汉王部五诸侯兵，凡五十六万人，东伐楚。(○)"东"字分明。项王闻之，即令诸将击齐，而自以精兵三万人南从鲁出胡陵。(○)"南"与扣击相应。四月，汉皆已入彭城，收其货宝美人，日置酒高会。项王乃西从萧，晨击汉军而东，至彭城，日中，大破汉军。汉军皆走，相随入谷、泗水，杀汉卒十馀万人。汉卒皆南走山，楚又追击至灵壁东睢水上。汉军卻，为楚所挤，多杀，汉卒十馀万人皆入睢水，睢水为之不流。围汉王三匝。于是大风从西北而起，折木发屋，扬沙石，窈冥昼晦，逢迎楚军。楚军大乱，坏散，而汉王乃得与数十骑遁去，(○)天也。欲过沛，收家室而西；"西"字与"东伐楚"相应。楚亦使人追之沛，取汉王家；家皆亡，不与汉王相见。汉王道逢得孝惠、鲁元，乃载行。楚骑追汉王，汉王急，推堕孝惠、鲁元车下，滕公常下收载之。如是者三。曰："虽急不可以驱，奈何弃之？"于是遂得脱。求太公、吕后不相遇。审食其从太公、吕后间行，求汉王，反遇楚军。(▼)楚军遂与归，报项王，项王常置军中。(▼)

是时吕后兄周吕侯为汉将兵居下邑，汉王间往从之，稍稍收其士卒。至荥阳，诸败军皆会，萧何亦发关中老弱未傅悉诣荥阳，复大振。(○)楚起于彭城，常乘胜逐北，与汉战荥阳南京、索间，汉败楚，楚以故不能过荥阳而西。(○)汉得力在此，"西"字分明。

项王之救彭城，追汉王至荥阳，田横亦得收齐，立田荣子广为齐王。接连战未下，结田氏案。汉王之败彭城，诸侯皆复与楚而背汉。（〇）句提。汉军荥阳，筑甬道属之河，以取敖仓粟。（〇）汉之三年，（◣）项王数侵夺汉甬道，汉王食乏，恐，请和，割荥阳以西为汉。

项王欲听之。历阳侯范增曰：（〇）"汉易与耳，今释弗取，后必悔之。"项王乃与范增急围荥阳。汉王患之，乃用陈平计间项王。项王使者来，为太牢具，举欲进之。见使者，佯惊愕曰："吾以为亚父使者，乃反项王使者。"更持去，以恶食食项王使者。（◣）使者归报项王，项王乃疑范增与汉有私，稍夺之权。（◣）范增大怒，（〇）曰："天下事大定矣，君王自为之。原赐骸骨归卒伍。"项王许之。行未至彭城，疽发背而死。结范增。

汉将纪信说汉王曰："事已急矣，请为王诳楚为王，王可以间出。"于是汉王夜出女子荥阳东门被甲二千人，楚兵四面击之。纪信乘黄屋车，傅左纛，曰："城中食尽，汉王降。"（◣）楚军皆呼万岁。汉王亦与数十骑从城西门出，走成皋。（〇）项王见纪信，问："汉王安在？"曰："汉王已出矣。"项王烧杀纪信。

汉王使御史大夫周苛、枞公、魏豹守荥阳。周苛、枞公谋曰："反国之王，难与守城。"乃共杀魏豹。楚下荥阳城，（〇）生得周苛。项王谓周苛曰："为我将，我以公为上将军，封三万户。"周苛骂曰："若不趣降汉，汉今虏若，若非汉敌也。"项王怒，烹周苛，并杀枞公。（◣）

汉王之出荥阳，南走宛、叶，得九江王布，行收兵，复入保成皋。（〇）汉之四年，（△）项王进兵围成皋。汉王逃，独与滕公出成皋北门，渡河走脩武，从张耳、韩信军。诸将稍稍得出成皋，从汉王。楚遂拔成皋，欲西。汉使兵距之巩，令其不得西。（〇）汉得力在此，"西"字分明。

是时，彭越渡河击楚东阿，杀楚将军薛公。（〇）彭越功案。项王乃自东击彭越。(○)疲之。汉王得淮阴侯兵，欲渡河南。郑忠说汉王，乃止壁河内。使刘贾将兵佐彭越，烧楚积聚。(○)兵法。项王东击破之，走彭越。汉王则引兵渡河，复取成皋，军广武，就敖仓食。项王已定东海来，西，与汉俱临广武而军，相守数月。(○)疲之。

当此时，彭越数反梁地，绝楚粮食，项王患之。(○)彭越功案。已下楚心坏矣。为高俎，置太公其上，告汉王曰："今不急下，吾烹太公。"汉王曰："吾与项羽俱北面受命怀王，曰'约为兄弟'，吾翁即若翁，必欲烹而翁，则幸分我一桮羹。"项王怒，欲杀之。项伯曰："天下事未可知，且为天下者不顾家，虽杀之无益，只益祸耳。"项王从之。

楚汉久相持未决，丁壮苦军旅，老弱罢转漕。(○)接"相守数月"。项王谓汉王曰："天下匈匈数岁者，徒以吾两人耳，原与汉王挑战决雌雄，毋徒苦天下之民父子为也。"汉王笑谢曰："吾宁斗智，不能斗力。"项王令壮士出挑战。汉有善骑射者楼烦，楚挑战三合，楼烦辄射杀之。项王大怒(○)，乃自被甲持戟挑战。楼烦欲射之，项王瞋目叱之，楼烦目不敢视，手不敢发，遂走还入壁，不敢复出。(○)写项王，自觉生色。汉王使人间问之，乃项王也。汉王大惊。于是项王乃即汉王相与临广武间而语。汉王数之，项王怒，欲一战。汉王不听，项王伏弩射中汉王。汉王伤，走入成皋。

项王闻淮阴侯已举河北，破齐、赵，且欲击楚，(○)淮阴功案。乃使龙且往击之。淮阴侯与战，骑将灌婴击之，大破楚军，杀龙且。韩信因自立为齐王。项王闻龙且军破，则恐，(○)"则"字峭。使盱台人武涉往说淮阴侯。淮阴侯弗听。是时，彭越复反，下梁地，绝楚粮。(○)彭越功案。项王乃谓海春侯大司马曹咎等曰："谨守成皋，则汉欲挑战，慎勿与战，毋令得东而已。我十五日必诛彭越，定梁地，复从将军。"乃东，行击陈留、外黄。疲之。

外黄不下。数日，已降，项王怒，悉令男子年十五已上诣城东，欲阬之。外黄令舍人儿年十三，(▼)往说项王曰："彭越强劫外黄，外黄恐，故且降，待大王。大王至，又皆阬之，百姓岂有归心？从此以东，梁地十馀城皆恐，莫肯下矣。"项王然其言，乃赦外黄当阬者。东至睢阳，闻之皆争下项王。

汉果数挑楚军战，楚军不出。使人辱之，五六日，大司马怒，渡兵汜水。士卒半渡，汉击之，大破楚军，(△)尽得楚国货赂。大司马咎、长史翳、塞王欣皆自刭汜水上。大司马咎者，故蕲狱掾，长史欣亦故栎阳狱吏，两人尝有德于项梁，是以项王信任之。(▼)又应前，妙甚。当是时，项王在睢阳，闻海春侯军败，则引兵还。(〇)疲之。汉军方围钟离眛于荥阳东，项王至，汉军畏楚，尽走险阻。

是时，汉兵盛食多，项王兵罢食绝。(〇)照上，提下。汉遣陆贾说项王，请太公，项王弗听。汉王复使侯公往说项王，项王乃与汉约，中分天下，割鸿沟以西者为汉，鸿沟而东者为楚。项王许之，即归汉王父母妻子。军皆呼万岁。汉王乃封侯公为平国君。匿弗肯复见。曰："此天下辩士，所居倾国，故号为平国君。"项王已约，乃引兵解而东归。(△)

汉欲西归，(△)张良、陈平说(〇)曰："汉有天下太半，而诸侯皆附之。楚兵罢食尽，此天亡楚之时也，不如因其机而遂取之。今释弗击，此所谓'养虎自遗患'也。"汉王听之。汉五年，(△)汉王乃追项王至阳夏南，止军，与淮阴侯韩信、建成侯彭越期会而击楚军。至固陵，而信、越之兵不会。(△)楚击汉军，大破之。(〇)汉王复入壁，深堑而自守。谓张子房曰："诸侯不从约，为之奈何？"对曰："楚兵且破，信、越未有分地，其不至固宜。君王能与共分天下，今可立致也。即不能，事未可知也。君王能自陈以东傅海，尽与韩信；睢阳以北至谷城，以与彭越：使各自为战，(〇)弄信、越于股掌。则楚易败也。"汉王曰："善。"于是乃发使者告韩信、彭越曰："并力击楚。楚破，自陈以东傅海与齐王，睢阳以北至谷城与彭相国。"使者至，韩信、彭越皆报曰："请今进兵。"（〇）韩信乃从齐往，刘贾军从寿春并行，屠城父，至垓下。（〇）大司马周殷叛楚，以舒屠六，举九江兵，随刘贾、彭越皆会垓下（〇），"垓下"三见。诣项王。

项王军壁垓下，兵少食尽，四字又提。汉军及诸侯兵围之数重。夜闻汉军四面皆楚歌，项王乃大惊曰："汉皆已得楚乎？是何楚人之多也！"项王则夜起，饮帐中。项羽帐中，荆卿易水，写情写景，真传千古心酸。有美人名虞，常幸从；骏马名骓，常骑之。于是项王乃悲歌慷慨，自为诗曰："力拔山兮气盖世，时不利兮骓不逝。骓不逝兮可奈何，虞兮虞兮奈若何！"歌数阕，美人和之。项王泣数行下，左右皆泣，莫能仰视。（〇）于是项王乃上马骑，麾下壮士骑从者八百馀人，（〇）直夜溃围南出，驰走。平明，汉军乃觉之，令骑将灌婴以五千骑追之。（〇）项王渡淮，骑能属者百馀人耳。项王至阴陵，迷失道，问一田父，田父绐曰"左"。左，乃陷大泽中。以故汉追及之。项王乃复引兵而东，至东城，乃有二十八骑。（〇）汉骑追者数千人。（〇）项王自度不得脱。谓其骑曰："吾起兵至今八岁矣，身七十馀战，所当者破，所击者服，未尝败北，遂霸有天下。然今卒困于此，此天之亡我，非战之罪也。今日固决死，愿为诸君快战，必三胜之，为诸君溃围，斩将，刈旗，令诸君知天亡我，非战之罪也。"（〇）乃分其骑以为四队，四向。细写。汉军围之数重。项王谓其骑曰："吾为公取彼一将。"令四面骑驰下，期山东为三处。于是项王大呼驰下，汉军皆披靡，遂斩汉一将。（〇）是时，赤泉侯为骑将，追项王，项王瞋目而叱之，赤泉侯人马俱惊，辟易数里（〇）与其骑会为三处。汉军不知项王所在，乃分军为三，复围之。项王乃驰，复斩汉一都尉，杀数十百人，复聚其骑，亡其两骑耳。乃谓其骑曰："何如？"骑皆伏曰："如大王言。"（〇）

于是项王乃欲东渡乌江。乌江亭长舣船待，谓项王曰："江东虽小，地方千里，众数十万人，亦足王也。原大王急渡。今独臣有船，汉军至，无以渡。"项王笑曰："天之亡我，我何渡为！且籍与江东子弟八千人渡江而西，今无一人还，纵江东父兄怜而王我，我何面目见之？纵彼不言，籍独不愧于心乎？"（○）虚。收拾全篇"东"、"西"二字。乃谓亭长曰："吾知公长者。吾骑此马五岁，所当无敌，尝一日行千里，不忍杀之，以赐公。"乃令骑皆下马步行，持短兵接战。独籍所杀汉军数百人。（○）项王身亦被十馀创。顾见汉骑司马吕马童，曰："若非吾故人乎？"（○）马童面之，指王翳曰："此项王也。"项王乃曰："吾闻汉购我头千金，邑万户，吾为若德。"乃自刎而死。（△）王翳取其头，馀骑相蹂践争项王，相杀者数十人。最其后，郎中骑杨喜，骑司马吕马童，郎中吕胜、杨武各得其一体。五人共会其体，皆是。故分其地为五：封吕马童为中水侯，封王翳为杜衍侯，封杨喜为赤泉侯，封杨武为吴防侯，封吕胜为涅阳侯。

项王已死，楚地皆降汉，独鲁不下。汉乃引天下兵欲屠之，为其守礼义，为主死节，乃持项王头视鲁，鲁父兄乃降。始，楚怀王初封项籍为鲁公，及其死，鲁最后下，故以鲁公礼葬项王谷城（△）。汉王为发哀，泣之而去。诸项氏枝属，汉王皆不诛。（▼）乃封项伯为射阳侯。（△）桃侯、平皋侯、玄武侯皆项氏，赐姓刘。

太史公曰：吾闻之周生曰"舜目盖重瞳子"，又闻项羽亦重瞳子。羽岂其苗裔邪？何兴之暴也！（○）极口赞扬。夫秦失其政，陈涉首难，豪杰蜂起，相与并争，不可胜数。然羽非有尺寸乘埶，起陇亩之中，三年，遂将五诸侯灭秦，分裂天下，而封王侯，政由羽出，号为"霸王"，位虽不终，近古以来未尝有也。（○）及羽背关怀楚，放逐义帝而自立，怨王侯叛己，难矣。自矜功伐，奋其私智而不师古，谓霸王之业，欲以力征经营天下，五年卒亡其国，身死东城，尚不觉寤而不自责，过矣。乃引"天亡我，非用兵之罪也"，岂不谬哉！三句顿挫。

【总评】太史公以怜才好奇自伤之意,发为斯文,忽壮快,忽哀凉,忽喑哑叱咤,忽儿女子呜咽,使千载以下读其文无不怜其人。位虽不终,羽无恨矣。

通篇以"东"、"西"二字作眼目,冗忙中略一拨醒,使读者于楚汉大势如指诸掌。

第三　高祖本纪 节录

高祖，沛丰邑中阳里人，姓刘氏，字季。父曰太公，母曰刘媪。其先刘媪尝息大泽之陂，<u>梦与神遇</u>。是时雷电晦冥，<u>太公往视，则见蛟龙于其上。已而有身，遂产高祖</u>。(▼)

<u>高祖为人，隆准而龙颜，美须髯，左股有七十二黑子。仁而爱人，喜施，意豁如也。常有大度，不事家人生产作业。及壮</u>，(○)仪状与德器并提。试为吏，为泗水亭长，<u>廷中吏无所不狎侮。好酒及色</u>。(○)以狎侮写大度，以酒色写大度。常从王媪、武负贳酒，醉卧，武负、王媪见其上常有龙，怪之。高祖每酤留饮，酒雠数倍。及见怪，岁竟，此两家常折券弃责。

高祖常繇咸阳，纵观，观秦皇帝，<u>喟然太息曰："嗟乎，大丈夫当如此也！"</u>(○)

<u>单父人吕公</u>(▼)善沛令，避仇从之客，因家沛焉。沛中豪杰吏闻令有重客，皆往贺。萧何为主吏，主进，令诸大夫曰："进不满千钱，坐之堂下。"<u>高祖为亭长，素易诸吏，乃绐为谒曰"贺钱万"，实不持一钱</u>。(○)写狎侮如见。谒入，吕公大惊，起，迎之门。<u>吕公者，好相人，见高祖状貌，因重敬之</u>，(○)即注分明。引入坐。萧何曰："刘季固多大言，少成事。"<u>高祖因狎侮诸客，遂坐上坐，无所诎</u>。(○)酒阑，吕公因目固留高祖。(▼)高祖竟酒，后。吕公曰："臣少好相人，相人多矣，无如季相，愿季自爱。臣有息女，愿为季箕帚妾。"酒罢，吕媪怒吕公曰："公始常欲奇此女，与贵人。沛令善公，求之不与，何自妄许与刘季？"吕公曰："此非儿女子所知也。"卒与刘季。<u>吕公女乃吕后也</u>，(▼)生孝惠帝、<u>鲁元公主</u>。(▼)

高祖为亭长时，常告归之田。吕后与两子居田中耨，有一老父过请饮，吕后因餔之。老父相吕后曰："夫人天下贵人。"令相两子，见孝惠，曰："夫人所以贵者，乃此男也。"相鲁元，亦皆贵。老父已去，高祖适从旁舍来，吕后具言客有过，相我子母皆大贵。高祖问，曰："未远。"乃追及，问老父。老父曰："乡者夫人婴儿皆似君，君相贵不可言。"高祖乃谢曰："诚如父言，不改（敢）忘德。"及高祖贵，遂不知老父处。（〇）

高祖为亭长，（▼）乃以竹皮为冠，令求盗之薛治之，时时冠之，及贵常冠，所谓"刘氏冠"乃是也。（〇）一冠写生。

高祖以亭长为县（▼）送徒郦山，徒多道亡。自度比至皆亡之，到丰西泽中，止饮，夜乃解纵所送徒。曰："公等皆去，吾亦从此逝矣！"徒中壮士愿从者十馀人。高祖被酒，夜径泽中，令一人行前。行前者还报曰："前有大蛇当径，愿还。"高祖醉，着一"醉"字神奇满纸。曰："壮士行，何畏！"乃前，拔剑击斩蛇。蛇遂分为两，径开。（〇）行数里，醉，因卧。后人来至蛇所，有一老妪夜哭。人问何哭，妪曰："人杀吾子，故哭之。"人曰："妪子何为见杀？"妪曰："吾，白帝子也，化为蛇，当道，今为赤帝子斩之，故哭。"人乃以妪为不诚，欲告之，妪因忽不见。后人至，高祖觉。（▼）后人告高祖，高祖乃心独喜，自负。诸从者日益畏之。（〇）

秦始皇帝常曰"东南有天子气"，于是因东游以厌之。高祖即自疑，亡匿，隐于芒、砀山泽岩石之间。（〇）吕后与人俱求，常得之。高祖怪问之。吕后曰："季所居上常有云气，故从往常得季。"高祖心喜。沛中子弟或闻之，多欲附者矣。（〇）写神异处，两层形容。

秦二世元年秋，陈胜等起蕲，至陈而王，号为"张楚"。诸郡县皆多杀其长吏以应陈涉。沛令恐，欲以沛应涉。掾、主吏萧何、曹参（▼）乃曰："君为秦吏，今欲背之，率沛子弟，恐不听。愿君召诸亡在外者，可得数百人，因劫众，众不敢不听。"乃令樊哙召刘季。

刘季之众已数十百人矣。(〇)

于是樊哙从刘季来。沛令后悔,恐其有变,乃闭城城守,欲诛萧、曹。萧、曹恐,逾城保刘季。刘季乃书帛射城上,(▼)谓沛父老曰:"天下苦秦久矣。今父老虽为沛令守,诸侯并起,今屠沛。沛今共诛令,择子弟可立者立之,以应诸侯,则家室完。不然,父子俱屠,无为也。"父老乃率子弟共杀沛令,开城门迎刘季,欲以为沛令。刘季曰:"天下方扰,诸侯并起,今置将不善,壹败涂地。吾非敢自爱,恐能薄,不能完父兄子弟。此大事,愿更相推择可者。"(〇)宛而庄。萧、曹等皆文吏,自爱,恐事不就,后秦种族其家,尽让刘季。诸父老皆曰:"平生所闻刘季诸珍怪,当贵,且卜筮之,莫如刘季最吉。"(〇)应段。于是刘季数让。众莫敢为,乃立季为沛公。(〇)祠黄帝,祭蚩尤于沛庭,而衅鼓旗,帜皆赤。由所杀蛇白帝子,杀者赤帝子,故尚赤。(〇)

十二年,十月,高祖已击布军会甀,布走,令别将追之。

高祖还归,过沛,留。置酒沛宫,悉召故人父老子弟纵酒,发沛中儿得百二十人,教之歌。酒酣,高祖击筑,自为歌诗曰:"大风起兮云飞扬,威加海内兮归故乡,安得猛士兮守四方!"令儿皆和习之。高祖乃起舞,慷慨伤怀,泣数行下。谓沛父兄曰:"游子悲故乡。吾虽都关中,万岁后吾魂魄犹乐思沛。(〇)写过沛一段,情致动人。且朕自沛公以诛暴逆,遂有天下,其以沛为朕汤沐邑,复其民,世世无有所与。"沛父兄诸母故人日乐饮极驩,道旧故为笑乐。(〇)十馀日,高祖欲去,沛父兄固请留高祖。高祖曰:"吾人众多,父兄不能给。"乃去。沛中空县皆之邑西献。高祖复留止,张饮三日。(〇)沛父兄皆顿首曰:"沛幸得复,丰未复,唯陛下哀怜之。"高祖曰:"丰吾所生长,极不忘耳,吾特为其以雍齿故反我为魏。"沛父兄固请,乃并复丰,比沛。

太史公曰:夏之政忠。忠之敝,小人以野,故殷人承之以敬。

敬之敝，小人以鬼，故周人承之以文。文之敝，小人以僿，故救僿莫若以忠。<u>三王之道若循环，终而复始。</u>（○）周秦之间，可谓文敝矣。秦政不改，反酷刑法，岂不缪乎？故汉兴，<u>承敝易变，使人不倦，得天统矣。</u>（○）朝以十月。车服黄屋左纛。葬长陵。

【总评】起事前零星叙，史笔写生。过沛一节，尤是着色描画，精神鼓舞。

史记选 卷二

宜兴　储　欣同人　评
　　　男　芝五采参　述
　　　门下后学　吴振乾文岩、徐永勳公逊、
　　　　　　　　董南纪宗少、孙男　掌文曰虞　　校订

第四　三代世表 序

　　太史公曰：五帝、三代之记，尚矣。自殷以前诸侯不可得而谱，周以来乃颇可著。孔子因史文次《春秋》，纪元年，正时日月，盖其详哉。至于序《尚书》则略，无年月；或颇有，然多阙，不可录。故疑则传疑，盖其慎也。（〇）"慎"字骨子。

　　余读谍记，黄帝以来皆有年数。稽其历谱谍终始五德之传，古文咸不同，乖异。夫子之弗论次其年月，岂虚哉！（〇）于是以《五帝系谍》、《尚书》集世纪黄帝以来讫共和为《世表》。

　　【总评】曲折秀洁，数尺有千寻之势。

第五　十二诸侯年表 序

　　太史公读《春秋历谱谍》，至周厉王，未尝不废书而叹也。十二诸侯之势基于厉王。曰：呜呼，师挚见之矣！(▼)纣为象箸而箕子唏。周道缺，诗人本之衽席，《关雎》作。仁义陵迟，《鹿鸣》刺焉。(○)及至厉王，以恶闻其过，公卿惧诛而祸作，厉王遂奔于彘，乱自京师始，(○)封齐、晋、秦、楚。而共和行政焉。是后或力政，强乘弱，兴师不请天子。然挟王室之义，以讨伐为会盟主，政由五伯，诸侯恣行，淫侈不轨，贼臣篡子滋起矣。齐、晋、秦、楚其在成周微甚，封或百里或五十里。(○)即政由五伯提出另演。晋阻三河，齐负东海，楚介江淮，秦因雍州之固，四海迭兴，更为伯主，文武所褒大封，皆威而服焉。是以孔子明王道，(○)接入无痕，明王道所正伯功也。干七十馀君，莫能用，故西观周室，论史记旧闻，兴于鲁而次《春秋》，上记隐，下至哀之获麟，约其辞文，去其烦重，以制义法，王道备，人事浃。(○)七十子之徒口受其传指，为有所刺讥褒讳挹损之文辞不可以书见也。(○)圣人苦心。鲁君子左丘明惧弟子人人异端，各安其意，失其真，(○)贤人苦心。故因孔子史记具论其语，成《左氏春秋》。铎椒为楚威王傅，为王不能尽观《春秋》，采取成败，卒四十章，为《铎氏微》。连类及之。赵孝成王时，其相虞卿上采《春秋》，下观近势，亦著八篇，为《虞氏春秋》。吕不韦者，秦庄襄王相，亦上观尚古，删拾《春秋》，集六国时事，以为八览、六论、十二纪，为《吕氏春秋》。及如荀卿、孟子、公孙固、韩非之徒，各往往捃摭《春秋》之文以著书，不可胜纪。汉相张苍历谱五德，上大夫董仲舒推《春秋》义，颇著文焉。

　　太史公曰：儒者断其义，驰说者骋其辞，不务综其终始；历人取其年月，数家隆于神运，谱谍独记世谥，其辞略，欲一观诸要难。(○)于是谱十二诸侯,自共和讫孔子,表见《春秋》、《国语》学者所讥盛衰大指著于篇,<u>为成学治古文者要删焉</u>。(○)

【总评】京师乱而十二国分,侯伯衰而六国盛,春秋战国之势,具见于两表矣。

第六　六国表 序

　　太史公读《秦记》，继周者秦也，故表六国而独挈秦。至犬戎败幽王，周东徙洛邑，秦襄公始封为诸侯，作西畤用事上帝，僭端见矣。（〇）正论。《礼》曰："天子祭天地，诸侯祭其域内名山大川。"今秦杂戎翟之俗，先暴戾，后仁义，位在藩臣而胪于郊祀，君子惧焉。（〇）及文公逾陇，攘夷狄，尊陈宝，营岐雍之间，而穆公脩政，东竟至河，则与齐桓、晋文中国侯伯侔矣。是后（〇）串渡引六国之线。陪臣执政，大夫世禄，六卿擅晋权，征伐会盟，威重于诸侯。及田常杀简公而相齐国，诸侯晏然弗讨，海内争于战功矣。三国终之卒分晋，田和亦灭齐而有之，六国之盛自此始。（〇）务在强兵并敌，谋诈用而从衡短长之说起。矫称蜂出，誓盟不信，虽置质剖符犹不能约束也。秦始小国僻远，（〇）接入无痕。诸夏宾之，比于戎翟，至献公之后常雄诸侯。（〇）表六国而首尾只论秦，看他离合接铆之妙。论秦之德义不如鲁卫之暴戾者，量秦之兵不如三晋之强也，然卒并天下，非必险固便形执利也，盖若天所助焉。（〇）正断。

　　或曰"东方物所始生，西方物之成孰"。（〇）忽出奇峰。夫作事者必于东南，收功实者常于西北。故禹兴于西羌，汤起于亳，周之王也，以丰镐伐殷，秦之帝用雍州兴，汉之兴自蜀汉。（〇）此即险固形势之说，与天助意相俯仰，而笔阵奇肆不可提接。秦既得意，（〇）又特提，又挑叙。烧天下《诗》、《书》，诸侯史记尤甚，为其有所刺讥也。《诗》、《书》所以复见者，多藏人家，而史记独藏周室，以故灭。惜哉，惜哉！独有秦记，一折。又不载日月，其文略不具。一折。然战国之权变亦有可颇采者，何必上古。一折。秦取天下多暴，然世异变，成功大。传曰"法后王"，何也？以其近己而俗变相类，议卑而易行也。学者牵于所闻，见秦在帝位日浅，不察其终始，因举而笑之，不敢道，此与以耳食无异。悲夫！（〇）议论更端。

　　余于是因《秦记》，踵《春秋》之后，起周元王，表六国时事，讫二世，凡二百七十年，著诸所闻兴坏之端。后有君子，以览观焉。（〇）

　　【总评】风雨合离，波潮上下。

第七　秦楚之际月表　序

　　太史公读秦楚之际，曰：<u>初作难，发于陈涉；虐戾灭秦，自项氏；拨乱诛暴，平定海内，卒践帝祚，成于汉家。五年之间，号令三嬗。自生民以来，未始有受命若斯之亟也。</u>（〇）一"亟"字立论。

　　昔虞、夏之兴，积善累功数十年，德洽百姓，摄行政事，考之于天，然后在位。承上二句而极纵之。汤、武之王，乃由契、后稷脩仁行义十馀世，不期而会孟津八百诸侯，犹以为未可，其后乃放弑。秦起襄公，章于文、缪、献、孝之后，稍以蚕食六国，<u>百有馀载</u>，（◥）至始皇乃能并冠带之伦。<u>以德若彼，用力如此，盖一统若斯之难也。</u>（〇）"难"字与"亟"字比照。

　　秦既称帝，患兵革不休，以有诸侯也，于是无尺土之封，堕坏名城，销锋镝，钼豪杰，维万世之安。<u>然王迹之兴，起于闾巷，合从讨伐，轶于三代，乡秦之禁，适足以资贤者为驱除难耳。</u>论秦事以推原受命之亟是，通篇结断处却渡接无痕。<u>故愤发其所为天下雄，安在无土不王。</u>作本朝文字之体。<u>此乃传之所谓大圣乎？岂非天哉，岂非天哉！非大圣孰能当此受命而帝者乎？</u>

　　【总评】宕逸。

第八　汉兴以来诸侯王年表 序

　　太史公曰：殷以前尚矣。周封五等：公，侯，伯，子，男。然封伯禽、康叔于鲁、卫，地各四百里，亲亲之义，褒有德也；太公于齐，兼五侯地，尊勤劳也。武王、成、康所封数百，而同姓五十五，地上不过百里，下三十里，以辅卫王室。管、蔡、康叔、曹、郑，或过或损。厉、幽之后，王室缺，侯伯强国兴焉，天子微，弗能正。<u>非德不纯，形势弱也</u>。（○）以周立案。

　　<u>汉兴，序二等</u>。（▼）高祖末年，非刘氏而王者，若无功上所不置而侯者，天下共诛之。高祖子弟同姓为王者九国，虽独长沙异姓，而功臣侯者百有馀人。<u>自雁门、太原以东至辽阳，为燕、代国</u>；序次如指上罗纹。常山以南，大行左转，度河、济、阿、甄以东薄海，为齐、赵国；自陈以西，南至九疑，东带江、淮、谷、泗，薄会稽，为梁、楚、淮南、长沙国：皆外接于胡、越。而内地北距山以东尽诸侯地，大者或五六郡，连城数十，置百官宫观，僭于天子。<u>此则诸侯势强，天子势弱</u>。汉独有三河、东郡、颍川、南阳，自江陵以西至蜀，北自云中至陇西，与内史凡十五郡，而公主列侯颇食邑其中。何者？天下初定，骨肉同姓少，<u>故广强庶孽，以镇抚四海</u>，用承卫天子也。（○）

　　汉定百年之间，亲属益疏，诸侯或骄奢，忕邪臣计谋为淫乱，大者叛逆，小者不轨于法，以危其命，殒身亡国。<u>天子观于上古</u>，（○）庄甚。然后加惠，使诸侯得推恩分子弟国邑，<u>故齐分为七，赵分为六，梁分为五，淮南分三</u>，及天子支庶子为王，王子支庶为侯，百有馀焉。（○）吴楚时，前后诸侯或以适削地，是以燕、代无北边郡，吴、淮南、长沙无南边郡，齐、赵、梁、楚支郡名山陂海咸纳于汉。诸侯稍微，大国不过十馀城，小侯不过数十里，上足以奉贡职，下足以供养祭祀，以蕃辅京师。<u>此则诸侯势弱，天子势强</u>。而汉郡八九十，

形错诸侯间，犬牙相临，秉其阸塞地利，强本干，弱枝叶之势，尊卑明而万事各得其所矣。

　　臣迁谨记（〇）庄甚。高祖以来至太初诸侯，谱其下益损之时，令后世得览。形势虽强，要之以仁义为本。（〇）正论。

　　【总评】汉家形势强弱，摹写各极工妙。其于转弱为强处尤着精神，盖吴楚七国之后以侵削诸侯为得计，故史公写之不遗馀力也。此事必参看孟坚所著《诸侯王表》，然后得失利害之际可得而议云。气古，法古，笔古，十表序中此为第一。

第九　高祖功臣侯者年表 序

　　太史公曰：古者人臣功有五品，以德立宗庙定社稷曰勋，以言曰劳，用力曰功，明其等曰伐，积日曰阅。封爵之誓曰："使河如带，泰山若厉。国以永宁，爰及苗裔。"始未尝不欲固其根本，而枝叶稍陵夷衰微也。（〇）

　　余读高祖侯功臣，（〇）总挈。察其首封，所以失之者，曰：异哉所闻！（〇）一句开波澜。书曰"协和万国"，迁于夏商，或数千岁。盖周封八百，幽厉之后，见于《春秋》。《尚书》有唐虞之侯伯，历三代千有馀载，自全以蕃卫天子，岂非笃于仁义，奉上法哉？（〇）汉兴，功臣受封者百有馀人。天下初定，故大城名都散亡，户口可得而数者十二三，是以大侯不过万家，小者五六百户。后数世，民咸归乡里，户益息，萧、曹、绛、灌之属或至四万，小侯自倍，富厚如之。子孙骄溢，忘其先，淫嬖。至太初百年之间，见侯五，馀皆坐法陨命亡国，耗矣。罔亦少密焉，然皆身无兢兢于当世之禁云。（〇）三句，每句一转。

　　居今之世，志古之道，所以自镜也，未必尽同。帝王者各殊礼而异务，要以成功为统纪，岂可绲乎？（〇）总论古今，吞吐尽致。观所以得尊宠及所以废辱，亦当世得失之林也，何必旧闻？（〇）纵。于是谨其终始，表其文，颇有所不尽本末；著其明，疑者阙之。后有君子，欲推而列之，得以览焉。

　　【总评】低回曲折，其褒贬处于言外得之。

第十　建元以来侯者年表 序

　　太史公曰：匈奴绝和亲，攻当路塞；闽越擅伐，东瓯请降。二夷交侵，当盛汉之隆，<u>以此知功臣受封侔于祖考矣。何者？</u>（○）提。自《诗》、《书》称三代"戎狄是膺，荆荼是徵"，有识之论。齐桓越燕伐山戎，武灵王以区区赵服单于，秦缪用百里霸西戎，吴楚之君以诸侯役百越。<u>况乃以中国一统，明天子在上，兼文武，席卷四海，内辑亿万之众，岂以晏然不为连境征伐哉！自是后，遂出师北讨强胡，南诛劲越，将卒以次封矣。</u>（○）只一二虚字，藏许多感慨。用笔之妙，不可言传。

　　【总评】武帝穷兵四夷，海内虚耗。然其推陷廓清之功，不可没也。以解说为颂扬，写得有声有色。

第十一　封禅书

　　<u>自古受命帝王，曷尝不封禅？</u>此段总谓；通篇转折处，数处字最用意。<u>盖有无其应而用事者矣，未有睹符瑞见而不臻乎泰山者也。</u>"符瑞"二字，妖妄之本。<u>虽受命而功不至，至梁父矣而德不洽，洽矣而日有不暇给，是以即事用希。</u>（▼）《传》曰："三年不为礼，礼必废；三年不为乐，乐必坏。"每世之隆，则封禅答焉，及衰而息。厥旷远者千有馀载，近者数百载，故其仪阙然堙灭，其详不可得而记闻云。

　　《尚书》曰，妙接妙起。舜在璇玑玉衡，以齐七政。遂类于上帝，禋于六宗，望山川，遍群神。诸时事，生根。辑五瑞，择吉月日，见四岳诸牧，还瑞。岁二月，东巡狩，至于岱宗。岱宗，泰山也。封禅硬证。柴，望秩于山川。遂觐东后。东后者，诸侯也。合时月正日，同律度量衡，修五礼，五玉三帛二生一死贽。五月，巡狩至南岳。南岳，衡山也。八月，巡狩至西岳。西岳，华山也。十一月，巡狩至北岳。北岳，恒山也。皆如岱宗之礼。中岳，嵩高也。列五岳，生根。五载一巡狩。

　　禹遵之。后十四世，至帝孔甲，淫德好神，神渎，二龙去之。其后三世，汤伐桀，欲迁夏社，不可，作《夏社》。插入神怪，生根。后八世，至帝太戊，有桑谷生于廷，一暮大拱，惧。伊陟曰："妖不胜德。"太戊修德，桑谷死。伊陟赞巫咸，巫咸之兴自此始。插入巫觋，生根。后十四世，帝武丁得傅说为相，殷复兴焉，称高宗。有雉登鼎耳雊，武丁惧。祖己曰："修德。"武丁从之，位以永宁。后五世，帝武乙慢神而震死。后三世，帝纣淫乱，武王伐之。<u>由此观之，始未尝不肃祗，后稍怠慢也。</u>（○）一关一锁。

　　《周官》曰，冬日至，祀天于南郊，迎长日之至；夏日至，祭地祇。照类帝禋宗。皆用乐舞，而神乃可得而礼也。天子祭天下名山大川，五岳视三公，四渎视诸侯，诸侯祭其疆内名山大川。<small>照柴望山川。</small>四渎者，江、河、淮、济也。天子曰明堂、辟雍，诸侯曰泮宫。

周公既相成王，郊祀后稷以配天，宗祀文王于明堂以配上帝。自禹兴而修社祀，后稷稼穑，故有稷祠，<u>郊社所从来尚矣</u>。（〇）一类。

<u>自周克殷后十四世，世益衰，礼乐废，诸侯恣行，而幽王为犬戎所败，周东徙雒邑。秦襄公攻戎救周，始列为诸侯。</u>（▼）<small>周秦遇峡，正经典俚俗分略处。由典礼而入机祥，由机祥而入符瑞，由符瑞而入方怪，由方怪而入神仙，节节相生，种种入化。</small><u>秦襄公既侯，居西垂，自以为主少皞之神，作西畤，祠白帝，其牲用骝驹黄牛羝羊各一云</u>（〇）。其后十六年，（▼）一类。秦文公东猎汧渭之间，卜居之而吉。文公梦黄蛇自天下属地，其口止于鄜衍。文公问史敦，敦曰："此上帝之徵，君其祠之。"<u>于是作鄜畤，用三牲郊祭白帝焉</u>。（▼）二类。

<u>自未作鄜畤也，而雍旁故有吴阳武畤，雍东有好畤，皆废无祠。</u><small>波澜。</small>或曰："自古以雍州积高，神明之隩，故立畤郊上帝，诸神祠皆聚云。盖黄帝时尝用事，虽晚周亦郊焉。"其语不经见，缙绅者不道。（〇）

作鄜畤后九年，文公获若石云，于陈仓北阪城祠之。<small>石鸡也。</small><u>其神或岁不至，岁数来，来也常以夜，光辉若流星，从东南来集于祠城，则若雄鸡，其声殷云，野鸡夜雊。</u>（〇）<small>描写。</small><u>以一牢祠，命曰陈宝。</u>

<u>作鄜畤后七十八年，</u>（▼）三类。秦德公既立，卜居雍，"后子孙饮马于河"，遂都雍。雍之诸祠自此兴。用三百牢于鄜畤。<u>作伏祠。</u>（▼）四类。磔狗邑四门，以御蛊灾。

德公立二年卒。<u>其后六年，秦宣公作密畤于渭南，祭青帝。</u>帝命<u>其后十四年，</u>（▼）五类。秦缪公立，病卧五日不寤；寤，乃言梦见上帝，上帝命缪公平晋乱。<small>机祥。</small>史书而记藏之府。而后世皆曰秦缪公上天。

秦缪公即位九年，线。齐桓公既霸，会诸侯于葵丘，而欲封禅。（〇）忽入齐，忽入封禅，奇妙。管仲曰："古者封泰山禅梁父山名。者七十二家，而夷吾所记者十有二焉。昔无怀氏封泰山，山名。禅云云；虙羲封泰山，禅云云；神农封泰山，禅云云；炎帝封泰山，禅云云；黄帝封泰山，禅亭亭；颛顼封泰山，禅云云；帝俈封泰山，禅云云；尧封泰山，禅云云；舜封泰山，禅云云；禹封泰山，禅会稽；汤封泰山，禅云云；周成王封泰山，山名。禅社首：应。皆受命然后得封禅。"桓公曰："寡人北伐山戎，过孤竹；西伐大夏，涉流沙，束马悬车，上卑耳之山；南伐至召陵，登熊耳山以望江汉。兵车之会三，而乘车之会六，九合诸侯，一匡天下，诸侯莫违我。昔三代受命，亦何以异乎？"于是管仲睹桓公不可穷以辞，因设之以事，符瑞。曰："古之封禅，鄗上之黍，北里之禾，所以为盛；江淮之间，一茅三脊，所以为藉也。东海致比目之鱼，西海致比翼之鸟，然后物有不召而自至者十有五焉。今凤皇麒麟不来，嘉谷不生，而蓬蒿藜莠茂，鸱枭数至，而欲封禅，毋乃不可乎？"于是桓公乃止。是岁，秦缪公内晋君夷吾。其后三置晋国之君，平其乱。缴平晋乱。缪公立三十九年而卒。

其后百有馀年，（▼）而孔子论述六艺，传略言易姓而王，封泰山禅乎梁父者七十馀王矣，其俎豆之礼不章，盖难言之。（〇）应管仲之说。或问禘之说，孔子曰："不知。知禘之说，其于天下也视其掌。"诗云纣在位，文王受命，政不及泰山。武王克殷二年，天下未宁而崩。爰周德之洽维成王，成王之封禅则近之矣。及后陪臣执政，季氏旅于泰山，仲尼讥之。

是时苌弘以方事周灵王，（〇）奇接，方怪，诸侯莫朝周，周力少，苌弘乃明鬼神事，设射狸首。狸首者，诸侯之不来者。依物怪欲以致诸侯。诸侯不从，而晋人执杀苌弘。周人之言方怪者自苌弘。（〇）

其后百馀年,(▼)秦灵公作吴阳上畤,(▼)祭黄帝;作下畤,(▼)祭炎帝。六类。

后四十八年,(▼)周太史儋见秦献公曰:"秦始与周合,合而离,五百岁当复合,合十七年而霸王出焉。"栎阳雨金,(▼)符瑞。秦献公自以为得金瑞,故作畦畤栎阳而祀白帝。(▼)入。

其后百二十岁而秦灭周,(△)周之九鼎入于秦。或曰宋太丘社亡,而鼎没于泗水彭城下。(〇)伏案。

其后百一十五年而秦并天下。(△)提一句起,着精神。

秦始皇既并天下而帝,(△)或曰:"黄帝得土德,黄龙地螾见。夏得木德,青龙止于郊,草木畅茂。殷得金德,银自山溢。周得火德,有赤乌之符。今秦变周,水德之时。昔秦文公出猎,获黑龙,此其水德之瑞。"(▼)于是秦更命河曰"德水",以冬十月为年首,色上黑,度以六为名,音上大吕,事统上法。

即帝位三年,(▼)东巡郡县,祠驺峄山,颂秦功业。于是徵从齐鲁之儒生博士七十人,至乎泰山下。(〇)诸儒生或议曰:"古者封禅为蒲车,恶伤山之土石草木;埽地而祭,席用菹秸,言其易遵也。"始皇闻此议各乖异,难施用,由此绌儒生。而遂除车道,上自泰山阳至巅,立石颂秦始皇帝德,明其得封也。从阴道下,禅于梁父。其礼颇采太祝之祀雍上帝所用,而封藏皆祕之,世不得而记也。(〇)波澜。

始皇之上泰山,中阪遇暴风雨,休于大树下。(〇)立案。诸儒生既绌,不得与用于封事之礼,(〇)缴诸儒。闻始皇遇风雨,则讥之。(〇)

于是始皇遂东游海上,行礼祠名山大川及八神,求仙人羡门之属。(〇)封禅求仙,俱以"于是"二字突接,极状始皇之妄。提结。八神将自古而有之,注八神。或曰太公以来作之。齐所以为齐,以天齐也。其祀绝莫知起时。八神:一曰天主,祠天齐。天齐渊水,居临菑南郊山下者。二曰地主，祠泰山梁父。盖天好阴，祠之必于高山之下，小山之上，命曰"畤"；地贵阳，祭之必于泽中圜丘云。三曰兵主，祠蚩尤。蚩尤在东平陆监乡，齐之西境也。四曰阴主，祠三山。五曰阳主，祠之罘。六曰月主，祠之莱山。皆在齐北，并勃海。七曰日主，祠成山。成山斗入海，最居齐东北隅，以迎日出云。八曰四时主，祠琅邪。琅邪在齐东方，盖岁之所始。皆各用一牢具祠，而巫祝所损益，珪币杂异焉。结。

自齐威、宣之时，驺子之徒论著终始五德之运，及秦帝而齐人奏之，故始皇采用之。（○）注仙人羡门，史有封禅，是汉武求仙书耳。故于神仙见端处美哉其言之。而宋毋忌、正伯侨、充尚、羡门高最后皆燕人，为方仙道，形解销化，依于鬼神之事。驺衍以阴阳主运显于诸侯，而燕齐海上之方士传其术不能通，然则怪迂阿谀苟合之徒自此兴，不可胜数也。（○）

自威、宣、燕昭使人入海求蓬莱、方丈、瀛洲。此三神山者，其傅在勃海中，去人不远；患且至，则船风引而去。盖尝有至者，诸仙人及不死之药皆在焉。其物禽兽尽白，而黄金银为宫阙。未至，望之如云；及到，三神山反居水下。临之，风辄引去，终莫能至云。世主莫不甘心焉。及至秦始皇并天下，至海上，则方士言之不可胜数。始皇自以为至海上而恐不及矣，（○）秦皇汉武前后一辙，故史公数次处每关照。使人乃赍童男女入海求之。船交海中，皆以风为解，趣。曰未能至，望见之焉。（○）妙。其明年，（▼）始皇复游海上，至琅邪，过恒山，从上党归。后三年，（▼）游碣石，考入海方士，从上郡归。后五年，（▼）始皇南至湘山，遂登会稽，并海上，冀遇海中三神山之奇药。不得，还至沙丘崩。（○）求仙结案。

二世元年，（▼）东巡碣石，并海南，历泰山，至会稽，皆礼祠之，而刻勒始皇所立石书旁，以章始皇之功德。其秋，诸侯畔秦。三年而二世弑死。（▼）

始皇封禅之后十二岁，秦亡。独取封禅。诸儒生疾秦焚《诗》、《书》，诛僇文学，百姓怨其法，天下畔之，皆讹曰："始皇上泰山，为暴风雨所击，不得封禅。"此岂所谓无其德而用事者邪？（○）应得。有意无意，入妙。

昔三代之皆在河洛之间，故嵩高为中岳，而四岳各如其方，四渎咸在山东。至秦称帝，都咸阳，则五岳、四渎皆并在东方。自五帝以至秦，轶兴轶衰，名山大川或在诸侯，或在天子，其礼损益世殊，不可胜记。及秦并天下，令祠官所常奉天地名山大川鬼神可得而序也。（△）秦汉遇峡处，将祠祀重序一遍。

于是自殽以东，名山五，大川祠二。（○）曰太室。太室，嵩高也。恒山，泰山，会稽，湘山。水曰济，曰淮。春以脯酒为岁祠，因泮冻，秋涸冻，冬塞祷祠。其牲用牛犊各一，牢具珪币各异。

自华以西，名山七，名川四。（○）曰华山，薄山。薄山者，衰山也。岳山，岐山，吴岳，鸿冢，渎山。渎山，蜀之汶山。水曰河，祠临晋；沔，祠汉中；湫渊，祠朝；江水，祠蜀。亦春秋泮涸祷塞，如东方名山川；而牲牛犊牢具珪币各异。而四大冢鸿、岐、吴、岳，皆有尝禾。

陈宝节来祠。其河加有尝醪。此皆在雍州之域，近天子之都，故加车一乘，骝驹四。

霸、产、长水、沣、涝、泾、渭皆非大川，以近咸阳，尽得比山川祠，而无诸加。

汧、洛二渊，鸣泽、蒲山、岳崤山之属，为小山川，亦皆岁祷塞泮涸祠，礼不必同。

而雍有日、月、参、辰、南北斗、荧惑、太白、岁星、填星、二十八宿、风伯、雨师、四海、九臣、十四臣、诸布、诸严、诸逑之属，百有馀庙。西亦有数十祠。一"而"字转下数十句。于湖有周天子祠。于下邽有天神。沣、滈有昭明、天子辟池。于杜、亳有三社主之

祠、寿星祠；而雍菅庙亦有杜主。杜主，故周之右将军，其在秦中，最小鬼之神者。各以岁时奉祠。（〇）

唯雍四畤上帝为尊，其光景动人民唯陈宝。（〇）一句绾上数十几条。故雍四畤，（▼）春以为岁祷，因泮冻，秋涸冻，冬塞祠，五月尝驹，及四仲之月月祠，陈宝节来一祠。（▼）春夏用骍，秋冬用騮。畤驹四匹，木禺龙栾车一驷，木禺车马一驷，各如其帝色。黄犊羔各四，珪币各有数，皆生瘗埋，无俎豆之具。三年一郊。秦以冬十月为岁首，故常以十月上宿郊见，通权火，拜于咸阳之旁，而衣上白，其用如经祠云。（〇）西畤、畦畤，祠如其故，上不亲往。（〇）

诸此祠皆太祝常主，以岁时奉祠之。（〇）整肃。至如他名山川诸鬼及八神之属，上过则祠，去则已。郡县远方神祠者，民各自奉祠，不领于天子之祝官。祝官有祕祝，即有菑祥，辄祝祠移过于下。（〇）

汉兴（△），高祖之微时，尝杀大蛇。有物曰："蛇，白帝子也，而杀者赤帝子。"高祖初起，祷丰枌榆社。徇沛，为沛公，则祠蚩尤，衅鼓旗。遂以十月至灞上，与诸侯平咸阳，立为汉王。因以十月为年首，而色上赤。应赤符。

二年，东击项籍而还入关，问："故秦时上帝祠何帝也？"对曰："四帝，有白、青、黄、赤帝之祠。"高祖曰："吾闻天有五帝，而有四，何也？"莫知其说。于是高祖曰："吾知之矣，乃待我而具五也。"乃立黑帝祠，命曰北畤。（▼）有司进祠，上不亲往。悉召故秦祝官，复置太祝、太宰，如其故仪礼。因令县为公社。（▼）下诏曰："吾甚重祠而敬祭。今上帝之祭及山川诸神当祠者，各以其时礼祠之如故。"

后四岁，（▼）天下已定，诏御史，令丰谨治枌榆社，常以四时春以羊彘祠之。应。令祝官立蚩尤之祠于长安。长安置祠祝官、女巫。（▼）句领。其梁巫，（▼）祠天、地、天社、天水、房中、堂上之属；晋巫，(▼)祠五帝、东君、云中、司命、巫社、巫祠、族人、先炊之属；秦巫，(▼)祠社主、巫保、族累之属；荆巫，(▼)祠堂下、巫先、司命、施糜之属；九天巫，(▼)祠九天：皆以岁时祠宫中。其河巫(▼)祠河于临晋，而南山巫(▼)祠南山秦中。秦中者，二世皇帝。各有时月。(▼)

其后二岁，(▼)或曰周兴而邑邰，立后稷之祠，至今血食天下。于是高祖制诏御史："其令郡国县立灵星祠，常以岁时祠以牛。"

高祖十年春，有司请令县常以春三月及时腊祠社稷(▼)以羊豕，民里社各自财以祠。(▼)制曰："可。"

其后十八年，孝文帝即位。即位十三年，下诏曰："今祕祝移过于下，朕甚不取。自今除之。"知。

始名山大川在诸侯，诸侯祝各自奉祠，天子官不领。及齐、淮南国废，令太祝尽以岁时致礼如故。(△)不祀。

是岁，制曰：(▼)"朕即位十三年于今，赖宗庙之灵，社稷之福，方内艾安，民人靡疾。间者比年登，朕之不德，何以飨此？皆上帝诸神之赐也。盖闻古者飨其德必报其功，欲有增诸神祠。有司议增雍五畤路车各一乘，驾被具；西畤畦畤禺车各一乘，禺马四匹，驾被具；其河、湫、汉水加玉各二；及诸祠，各增广坛场，珪币俎豆以差加之。而祝釐者归福于朕，百姓不与焉。自今祝致敬，毋有所祈。"

鲁人公孙臣上书曰：(△)"始秦得水德，今汉受之，推终始传，则汉当土德，土德之应黄龙见。宜改正朔，易服色，色上黄。"是时丞相张苍好律历，以为汉乃水德之始，故河决金隄，其符也。年始冬十月，色外黑内赤，与德相应。如公孙臣言，非也。罢之。后三岁，黄龙见成纪。幸而中。文帝乃召公孙臣，拜为博士，与诸生草改历服色事。其夏，下诏曰："异物之神见于成纪，无害于民，岁以有年。朕祈郊上帝诸神，礼官议，无讳以劳朕。"有司皆曰"古者天子夏亲郊，祀上帝于郊，故曰郊"。于是夏四月，文帝始郊见雍五畤祠，(▼)

衣皆上赤。

其明年，(▼)赵人新垣平以望气见上(△)，方怪矣。言"长安东北有神气，成五采，若人冠统焉。"上"后叠下四"言"字，见方士以口舌播弄人主，无所不至。或曰东北神明之舍，西方神明之墓也。天瑞下，宜立祠上帝，以合符应"。于是作渭阳五帝庙，(▼)同宇，帝一殿，面各五门，各如其帝色。祠所用及仪亦如雍五畤。

夏四月，文帝亲拜霸渭之会，以郊见渭阳五帝。(▼)五帝庙南临渭，北穿蒲池沟水，权火举而祠，若光辉然属天焉。于是贵平上大夫，赐累千金。而使博士诸生刺六经中作王制，谋议巡狩封禅事。(△)采也。

文帝出长门，若见五人于道北，遂因其直北立五帝坛，(▼)祠以五牢具。

其明年，(▼)新垣平使人持玉杯，上书阙下献之。平言上曰："阙下有宝玉气来者。"已视之，果有献玉杯者，刻曰"人主延寿"。(▼)骎骎乎神仙矣。平又言"臣候日再中"。居顷之，日却复中。于是始更以十七年为元年，(▼)令天下大酺。

平言曰：(▼)"周鼎亡在泗水中，今河溢通泗，臣望东北汾阴直有金宝气，(▼)应。意周鼎其出乎？兆见不迎则不至。"于是上使使治庙汾阴南，临河，欲祠出周鼎。(▼)

人有上书告新垣平所言气神事皆诈也。下平吏治，诛夷新垣平。自是之后，文帝怠于改正朔服色神明之事，而渭阳、长门五帝使祠官领，以时致礼，不往焉。(○)

明年，匈奴数入边，兴兵守御。后岁少不登。(△)

数年而孝景即位。十六年，祠官各以岁时祠如故，无有所兴(△)，至今天子。笔力。

今天子初即位，尤敬鬼神之祀。(○)大关键。

元年，(▼)汉兴已六十馀岁矣，天下艾安，搢绅之属皆望天子封禅（〇）改正度也，而上乡儒术，招贤良，赵绾、王臧等以文学为公卿，欲议古立明堂城南，以朝诸侯。草巡狩封禅改历服色事未就。会窦太后治黄老言，不好儒术，使人微伺得赵绾奸利事，召案绾、臧，绾、臧自杀，诸所兴为皆废。

后六年，(▼)窦太后崩。其明年，(▼)徵文学之士公孙弘等。

明年，今上初至雍，郊见五畤。后常三岁一郊。(▼)是时上求神君，提。舍之上林中蹏音啼。氏观。（〇）神君者，（△）长陵女子，以子死，见神于先后宛若。宛若祠之其室，民多往祠。平原君往祠，帝外祖母。其后子孙以尊显。及今上即位，则厚礼置祠之内中。闻其言，不见其人云。提。

是时李少君亦以祠灶、谷道、却老方见上，上尊之。（〇）而是时接入妖妄。少君者，（△）方药。故深泽侯舍人，主方。匿其年及其生长，常自谓七十，能使物，却老。其游以方遍诸侯。无妻子。人闻其能使物及不死，更馈遗之，常馀金钱衣食。人皆以为不治生业而饶给，又不知其何所人，愈信，争事之。（〇）少君资好方，善为巧发奇中。尝从武安侯饮，坐中有九十馀老人，少君乃言与其大父游射处，老人为儿时从其大父，识其处，一坐尽惊。（〇）少君见上，上有故铜器，问少君。少君曰："此器齐桓公十年陈于柏寝。"已而案其刻，果齐桓公器。一宫尽骇，以为少君神，数百岁人也。（〇）下一"神"字，写尽惊骇崇奉。

少君言上曰："祠灶则致物，致物而丹沙可化为黄金，黄金成以为饮食器则益寿，益寿而海中蓬莱仙者乃可见，见之以封禅则不死，黄帝是也。（〇）臣尝游海上，见安期生，安期生食巨枣，大如瓜。（〇）安期生仙者，通蓬莱中，合则见人，不合则隐。"于是天子始亲祠灶，遣方士入海求蓬莱安期生之属，而事化丹沙诸药齐为黄金矣。（〇）

居久之，李少君病死。天子以为化去不死，妙。而使黄锤史宽舒受其方。求蓬莱安期生莫能得，而海上燕齐怪迂之方士多更来言神事矣。(〇)上束下提。

亳人谬忌奏祠太一方，曰：(▼)"天神贵者太一，太一佐曰五帝。古者天子以春秋祭太一东南郊，用太牢，七日，为坛开八通之鬼道。"于是天子令太祝立其祠长安东南郊，常奉祠如忌方。(〇)其后人有上书，(▼)言"古者天子三年壹用太牢祠神三一：天一、地一、太一"。天子许之，令太祝领祠之于忌太一坛上，如其方。(〇)后人复有上书，(▼)言"古者天子常以春解祠，祠黄帝用一枭兽名。破镜；冥羊用羊祠；马行用一青牡马；俱神名。太一、泽山君地长用牛；武夷君用乾鱼；阴阳使者以一牛"。令祠官领之如其方，(〇)而祠于忌太一坛旁。

其后，(▼)天子苑有白鹿，以其皮为币，以发瑞应，造白金焉。

其明年，郊雍，(▼)获一角兽，若麃然。有司曰："陛下肃祗郊祀，上帝报享，锡一角兽，盖麟云。"于是以荐五畤，畤加一牛以燎。锡诸侯白金，风符应合于天也。(〇)示也

于是济北王以为天子且封禅，乃上书献太山及其旁邑，天子以他县偿之。(〇)渐过封禅。常山王有罪，迁，天子封其弟于真定，以续先王祀，而以常山为郡，然后五岳皆在天子之邦。(〇)

其明年，(▼)齐人少翁以鬼神方见上。(△)上有所幸王夫人，夫人卒，少翁以方盖夜致王夫人及灶鬼之貌云，天子自帷中望见焉。于是乃拜少翁为文成将军，赏赐甚多，以客礼礼之。文成言曰："上即欲与神通，宫室被服非象神，神物不至。"乃作画云气车，及各以胜日驾车辟恶鬼。又作甘泉宫，中为台室，画天、地、太一诸鬼神，而置祭具以致天神。(〇)居岁馀，其方益衰，神不至。乃为帛书以饭牛，详不知，言曰此牛腹中有奇。杀视得书，书言甚怪。天子识其手书，问其人，果是伪书，于是诛文成将军，隐之。(〇)"诛文成"，快矣！"隐之"，抑何恐也！

48　史记选

　　<u>其后则又作柏梁、铜柱、承露仙人掌之属矣。</u>（○）"其后"云云，妄作又甚矣。三层顿挫入神。

　　文成死明年，天子病鼎湖县名。甚，巫医无所不致，不愈。游水发根言上郡有巫，县名人名。病而鬼神下之。上召置祠之甘泉。及病，使人问神君。即巫神。神君言曰："<u>天子无忧病。病少愈，强与我会甘泉。</u>"（○）于是病愈，遂起，幸甘泉，病良已。大赦，置寿宫神君。寿宫神君最贵者太一，其佐曰大禁、司命之属，皆从之。<u>弗可得见，闻其言，言与人音等。时去时来，来则风肃然。居室帷中。时昼言，然常以夜。</u>（○）天子袚，然后入。因巫为主人，关饮食。所以言，行下。又置寿宫、北宫，张羽旗，设供具，以礼神君。神君所言，上使人受书其言，命之曰"画法"。<u>其所语，世俗之所知也，无绝殊者，而天子心独喜。其事祕，世莫知也。</u>（○）

　　其后三年，（▼）有司言元宜以天瑞命，不宜以一二数。妖妄中又夹入典礼。一元曰"建"，二元以长星曰"光"，三元以郊得一角兽曰"狩"（○）云。

　　其明年冬，天子郊雍，议曰："今上帝朕亲郊，而后土无祀，则礼不答也。"有司与太史公、祠官宽舒议："天地牲角茧栗。今陛下亲祠后土，后土宜于泽中圜丘为五坛，坛一黄犊太牢具，已祠尽瘗，而从祠衣上黄。"于是天子遂东，始立后土祠汾阴脽丘，如宽舒等议。上亲望拜，如上帝礼。礼毕，<u>天子遂至荥阳而还。</u>（▼）过雒阳，下诏曰："<u>三代邈绝，远矣难存。</u>（○）其以三十里地封周后为周子南君，以奉其先祀焉。"是岁，<u>天子始巡郡县，侵寻于泰山矣。</u>（○）紧逼。

　　其春，乐成侯上书言栾大。栾大，胶东宫人，故尝与文成将军同师，已而为胶东王尚方。而乐成侯姊为康王后，无子。康王死，他姬子立为王。而康后有淫行，与王不相中，得也。相危以法。<u>康后闻文成已死，而欲自媚于上，乃遣栾大因乐成侯求见言方。天子既诛文</u>

成，后悔其蚤死，惜其方不尽，及见栾大，大说。大为人长美，言多方略，而敢为大言，处之不疑。（〇）一项复提起，细写汉武受欺，方士栾大为甚，故叙大一段最着精神。大言曰："臣常往来海中，见安期、羡门之属。顾以臣为贱，不信臣。故去。又以为康王诸侯耳，不足与方。臣数言康王，康王又不用臣。臣之师曰：'黄金可成，而河决可塞，不死之药可得，仙人可致也。'（〇）牵"河决"奇。然臣恐效文成，则方士皆奄口，恶敢言方哉！"上曰："文成食马肝死耳。（〇）子诚能修其方，我何爱乎！"一笔开无底要求。大曰："臣师非有求人，人者求之。陛下必欲致之，则贵其使者，令有亲属，以客礼待之，（〇）恶极！勿卑，使各佩其信印，乃可使通言于神人。（〇）妙。神人尚肯邪不邪。致尊其使，然后可致也。"（〇）于是上使验小方，斗棋，棋自相触击。

是时上方忧河决，而黄金不就，（〇）应前。乃拜大为五利将军。居月馀，得四印，佩天士将军、地士将军、大通将军印。制诏御史："昔禹疏九江，决四渎。间者河溢皋陆，隄繇不息。朕临天下二十有八年，天若遗朕士而大通焉。乾称'蜚龙'，'鸿渐于般'，朕意庶几与焉。其以二千户封地士将军大为乐通侯。"责其使者。赐列侯甲第，僮千人。乘舆斥车马帷幄器物以充其家。有亲属。又以卫长公主妻之，赍金万斤，更命其邑曰当利公主。帝姑。天子亲如五利之第。使者存问供给，相属于道。自大主将相以下，皆置酒其家，献遗之。（〇）于是天子又刻玉印曰"天道将军"，使使衣羽衣，夜立白茅上，五利将军亦衣羽衣，夜立白茅上受印，以示不臣。客礼待之。而佩"天道"者，且为天子道天神也。（〇）于是五利常夜祠其家，欲以下神。神未至而百鬼集矣，然颇能使之。（〇）其后装治行，东入海，求其师云。（▼）不了。大见数月，佩六印，贵震天下，而海上燕齐之间，莫不搤捥而自言有禁方，能神仙矣。（〇）综上开下。

其夏六月中，（▼）汾阴巫锦为民祠魏脽后土营旁，见地如钩状,掊视得鼎。(○)鼎事引公众,即促成利禅。鼎大异于众鼎,文镂无款识,怪之,言吏。吏告河东太守胜,胜以闻。天子使使验问巫得鼎无奸诈,乃以礼祠,迎鼎至甘泉,从行,上荐之。至中山,曣<unk>,有黄云盖焉。有麃过,上自射之,因以祭云。至长安,公卿大夫皆议请尊宝鼎。天子曰:"间者河溢,岁数不登,故巡祭后土,祈为百姓育谷。今岁丰庑未报,鼎曷为出哉?"有司皆曰:"闻昔泰帝兴神鼎一,一者壹统,(▼)汉人附会学问。天地万物所系终也。黄帝作宝鼎三,象天地人。(▼)禹收九牧之金,铸九鼎。皆尝亨鬺上帝鬼神。遭圣则兴,(▼)鼎迁于夏商。周德衰,宋之社亡,鼎乃沦没,伏而不见。应。颂云'自堂徂基,自羊徂牛;鼐鼎及鼒,不吴不骜,胡考之休'。今鼎至甘泉,光润龙变,承休无疆。合兹中山,有黄白云降盖,若兽为符,路弓乘矢,集获坛下,报祠大享。唯受命而帝者心知其意而合德焉。鼎宜见于祖祢,藏于帝廷,以合明应。"制曰:"可。"

入海求蓬莱者,言蓬莱不远,而不能至者,殆不见其气。上乃遣望气佐候其气云。(○)

其秋,上幸雍,且郊。或曰:(▼)"五帝,太一之佐也,宜立太一而上亲郊之"。上疑未定。(▼)不了。齐人公孙卿曰:陡接。"今年得宝鼎,其冬辛巳朔旦冬至,与黄帝时等。"(▼)卿有札书曰:"黄帝得宝鼎宛朐,问于鬼臾区。鬼臾区对曰:'帝得宝鼎神策,是岁己酉朔旦冬至,得天之纪,终而复始。'于是黄帝迎日推策,后率二十岁复朔旦冬至,凡二十推,三百八十年,黄帝仙登于天。"歆勋。卿因所忠欲奏之。所忠视其书不经,疑其妄书,(○)谢曰:"宝鼎事已决矣,尚何以为!"(▼)聪明者汉武。卿因嬖人奏之。上大说,乃召问卿。对曰:"受此书申公,申公已死。"上曰:"申公何人也?"卿曰:"申公,齐人。与安期生通,受黄帝言,无书,独有此鼎书。曰'汉兴复当黄帝之时'。曰'汉之圣者在高祖之孙且曾孙也。

宝鼎出而与神通，封禅。封禅七十二王，唯黄帝得上泰山封'。申公曰：'汉主亦当上封，上封能仙登天矣。（〇）猷勋。黄帝时万诸侯，而神灵之封居七千。天下名山八，而三在蛮夷，五在中国。中国华山、首山、太室、泰山、东莱，此五山黄帝之所常游，与神会。黄帝且战且学仙。患百姓非其道也，乃断斩非鬼神者。百馀岁然后得与神通。黄帝郊雍上帝，宿三月。鬼臾区号大鸿，死葬雍，故鸿冢是也。其后黄帝接万灵明廷。明廷者，甘泉也。所谓寒门者，谷口也。黄帝采首山铜，铸鼎于荆山下。鼎既成，有龙垂胡髯下迎黄帝。黄帝上骑，群臣后宫从上者七十馀人，龙乃上去。馀小臣不得上，乃悉持龙髯，龙髯拔，堕，堕黄帝之弓。百姓仰望黄帝既上天，乃抱其弓与胡髯号，故后世因名其处曰鼎湖，其弓曰乌号。'"痛写方士浮诞，俱在语语浮诞，寔语语鄙俚，以此知史公状物亦具铸鼎手段。于是天子曰："嗟乎！吾诚得如黄帝，吾视去妻子如脱躧耳。"（〇）慕神。乃拜卿为郎，东使候神于太室。（▼）不了。

上遂郊雍，（▼）接且郊。至陇西，西登崆峒，幸甘泉。令祠官宽舒等具太一祠坛，祠坛放薄忌太一坛，坛三垓。五帝坛环居其下，各如其方，黄帝西南，除八通鬼道。太一，其所用如雍一畤物，而加醴枣脯之属，杀一狸牛以为俎豆牢具。而五帝独有俎豆醴进。其下四方地，为醊食群神从者及北斗云。已祠，胙馀皆燎之。其牛色白，鹿居其中，彘在鹿中，水而洎之。祭日以牛，祭月以羊彘特。太一祝宰则衣紫及绣。五帝各如其色，日赤，月白。

十一月辛巳朔旦冬至，昧爽，天子始郊拜太一。朝朝日，夕夕月，则揖；而见太一如雍郊礼。其赞飨曰："天始以宝鼎神策授皇帝，朔而又朔，终而复始，皇帝敬拜见焉。"（〇）而衣上黄。其祠列火满坛，坛旁亨炊具。有司云"祠上有光焉"。公卿言"皇帝始郊见太一云阳，有司奉瑄玉嘉牲荐飨。是夜有美光，及昼，黄气上属天"。太史公、祠官宽舒等曰："神灵之休，祐福兆祥，宜因此地光域立太畤坛以明应。令太祝领，秋及腊间祠。三岁天子一郊见。"鼎事粗定。

其秋，为伐南越，告祷太一。以牡荆画幡日月北斗登龙，以象太一三星，为太一锋，命曰"灵旗"。为兵祷，则太史奉以指所伐国。而五利将军使不敢入海，之泰山祠。上使人随验，实毋所见。陡转接前入海求师。五利妄言见其师，其方尽，多不雠。上乃诛五利。（〇）结案。

其冬，公孙卿候神河南，接前候神太室。言见仙人迹缑氏城上，有物如雉，往来城上。天子亲幸缑氏城视迹。问卿："得毋效文成、五利乎？"卿曰："仙者非有求人主，人主者求之。其言一辙。其道非少宽假，神不来。言神事，事如迂诞，积以岁乃可致也。"于是郡国各除道，缮治宫观名山神祠所，以望幸也。（〇）

其春，既灭南越，应伐越。上有嬖臣李延年以好音见。上善之，下公卿议，曰："民间祠尚有鼓舞乐，今郊祠而无乐，岂称乎？"公卿曰："古者祠天地皆有乐，而神祇可得而礼。"或曰："太帝使素女鼓五十弦瑟，悲，帝禁不止，故破其瑟为二十五弦。"于是塞南越，祷祠太一、后土，始用乐舞，益召歌儿，作二十五弦及箜篌琴瑟自此起。

其来年冬，（◥）上议曰："古者先振兵泽旅，然后封禅。"乃遂北巡朔方，勒兵十馀万，还祭黄帝冢桥山，释兵须如。封禅先事一。上曰："吾闻黄帝不死，今有冢，何也？"（〇）呆语。或对曰：（◥）"黄帝已仙上天，群臣葬其衣冠。"既至甘泉，为且用事泰山，先类祠太一。封禅先事二。

自得宝鼎，（〇）提。上与公卿诸生议封禅。封禅用希旷绝，莫知其仪礼，而群儒采封禅尚书、周官、王制之望祀射牛事。齐人丁公年九十馀，曰：（◥）"封禅者，合不死之名也。一语投机。秦皇帝不得上封，陛下必欲上，稍上即无风雨，遂上封矣？"（〇）上于是乃令诸儒习射牛，草封禅仪。数年，至且行。（〇）续。天子既闻公孙卿及方士之言，黄帝以上封禅，皆致怪物与神通，欲放黄帝以上接神仙人蓬莱士，高世比德于九皇，而颇采儒术以文之。群儒既已不能辨明封禅事，又牵拘于诗书古文而不能骋。（〇）上为封禅祠器示群儒，群儒或曰"不与古同"，徐偃又曰"太常诸生行礼不如鲁善"，周霸属图封禅事，于是上绌偃、霸，而尽罢诸儒不用。（▼）

三月，遂东幸缑氏，已下记月记日最详。礼登中岳太室。先事三。从官在山下闻若有言"万岁"云。"若"字妙。问上，上不言；问下，下不言。于是以三百户封太室奉祠，命曰崇高邑。东上泰山，泰山之草木叶未生，乃令人上石立之泰山巅。

上遂东巡海上，行礼祠八神。先事四。齐人之上疏言神怪奇方者以万数，然无验者。乃益发船，令言海中神山者数千人求蓬莱神人。公孙卿持节常先行候名山，至东莱，言夜见大人，长数丈，就之则不见，见其迹甚大，类禽兽云。群臣有言见一老父牵狗，言"吾欲见巨公"，已忽不见。上即见大迹，未信，及群臣有言老父，则大以为仙人也。宿留海上，予方士传车及间使求仙人以千数。（〇）一时上下若经十载历历。

四月（〇），还至奉高。上念诸儒及方士言封禅人人殊，不经，难施行。天子至梁父，礼祠地主。乙卯，（〇）令侍中儒者皮弁荐绅，射牛行事。正叙封禅。封泰山（▼）下东方，如郊祠太一之礼。封广丈二尺，高九尺，其下则有玉牒书，书祕。礼毕，天子独与侍中奉车子侯上泰山，（▼）亦有封。其事皆禁。明日，（〇）下阴道。丙辰，（〇）禅泰山（▼）下阯东北肃然山，如祭后土礼。天子皆亲拜见，衣上黄而尽用乐焉。江淮间一茅三脊为神藉。应。五色土益杂封。纵远方奇兽蜚禽及白雉诸物，颇以加礼。兕牛犀象之属不用。皆至泰山祭后土。封禅祠；其夜若有光，昼有白云起封中。（〇）

天子从禅还，坐明堂，群臣更上寿。（〇）于是制诏御史："朕以眇眇之身承至尊，兢兢焉惧不任。维德菲薄，不明于礼乐。脩祠太一，若有象景光，屑如有望，震于怪物，欲止不敢，遂登封太山，至于梁父，而后禅肃然。自新，嘉与士大夫更始，赐民百户牛一酒十石，加年八十孤寡布帛二匹。复博、奉高、蛇丘、历城，无出今年租税。其大赦天下，如乙卯赦令。行所过毋有复作。事在二年前，皆勿听治。"又下诏曰：(▼)"古者天子五载一巡狩，用事泰山，诸侯有朝宿地。其令诸侯各治邸泰山下。"

天子既已封泰山，无风雨灾，而方士更言蓬莱诸神若将可得，于是上欣然庶几遇之，乃复东至海上望，冀遇蓬莱焉。(〇)奉车子侯暴病，一日死。上乃遂去，并海上，北至碣石，巡自辽西，历北边至九原。五月，(▼)反至甘泉。有司言宝鼎出为元鼎，以今年为元封元年。

其秋，(▼)有星茀于东井。后十馀日，有星茀于三能。望气王朔言："候独见填星出如瓜，食顷复入焉。"有司皆曰："陛下建汉家封禅，天其报德星云。"(〇)

其来年冬，(▼)郊雍五帝。还，拜祝祠太一。赞飨曰：两赞词俱简古"德星昭衍，厥维休祥。寿星仍出，渊耀光明。信星昭见，皇帝敬拜太祝之享。"(〇)

其春，(▼)公孙卿言见神人东莱山，若云"欲见天子"。天子于是幸缑氏城，拜卿为中大夫。遂至东莱，宿留之数日，无所见，见大人迹云。(〇)复遣方士求神怪，采芝药，以千数。是岁旱。于是天子既出无名，乃祷万里沙，过祠泰山。还至瓠子，自临塞决河，留二日，沈祠而去。使二卿将卒塞决河，徙二渠，复禹之故迹焉。(〇)应"方忧河头"。

是时既灭两越，越人勇之乃言(▼)晚出一奇。"越人俗鬼，而其祠皆见鬼，数有效。昔东瓯王敬鬼，寿百六十岁。后世怠慢，故衰耗"。乃令越巫立越祝祠，安台，无坛，亦祠天神上帝百鬼，而以鸡卜。上信之，越祠鸡卜始用。(〇)愈趋愈下。

公孙卿曰（▼）:"仙人可见，而上往常遽，以故不见。今陛下可为观如缑城，置脯枣，神人宜可致也。且仙人好楼居。"于是上令长安则作蜚廉桂观，甘泉则作益延寿观，使卿持节设具而候神人。乃作通天茎台，置祠具其下，将招来仙神人之属。于是甘泉更置前殿，始广诸宫室。（○）夏，有芝生殿房内中。天子为塞河，兴通天台，若见有光云，乃下诏（▼）:"甘泉房中生芝九茎，赦天下，毋有复作。"

其明年，（▼）伐朝鲜。夏，旱。（▼）公孙卿曰：已下诸方士言称黄帝，俱幻鄙可玩。"黄帝时封则天旱，乾封三年。"上乃下诏曰："天旱，意乾封乎？（○）其令天下尊祠灵星焉。"

其明年，（▼）上郊雍，通回中道，巡之。春，至鸣泽，从西河归。

其明年冬，（▼）上巡南郡，至江陵而东。登礼潜之天柱山，号曰南岳。浮江，自寻阳出枞阳，过彭蠡，礼其名山川。北至琅邪，并海上。四月中，（▼）至奉高修封（△）焉。

初，天子封泰山，泰山东北址古时有明堂处，处险不敞。上欲治明堂奉高旁，未晓其制度。济南人公玉带（▼）上黄帝时明堂图。（○）明堂图中有一殿，四面无壁，以茅盖，通水，圜宫垣为复道，上有楼，从西南入，命曰昆仑，天子从之入，以拜祠上帝焉。于是上令奉高作明堂汶上，如带图。及五年修封，则祠太一、五帝于明堂上坐，令高皇帝祠坐对之。祠后土于下房，以二十太牢。天子从昆仑道入，始拜明堂如郊礼。礼毕，燎堂下。而上又上泰山，（▼）自有祕祠其巅。而泰山下祠五帝，各如其方，黄帝并赤帝，而有司侍祠焉。山上举火，下悉应之。

其后二岁，十一月甲子朔旦冬至，（▼）推历者以本统。天子亲至泰山，以十一月甲子朔旦冬至日祠上帝明堂，毋修封禅。其赞飨曰："天增授皇帝太元神策，周而复始。皇帝敬拜太一。"东至海上，

考入海及方士求神者，莫验，然益遣，冀遇之。（〇）

十一月乙酉，（▼）柏梁灾。十二月甲午朔，（▼）上亲禅高里，祠后土。临勃海，将以望祀蓬莱之属，冀至殊廷焉。

上还，以柏梁灾故，朝受计甘泉。公孙卿曰（▼）："黄帝（〇）就青灵台，十二月烧，黄帝乃治明廷。明廷，甘泉也。"（〇）方士多言古帝王有都甘泉者。其后天子又朝诸侯甘泉，甘泉作诸侯邸。勇之乃曰：（▼）"越俗有火灾，复起屋必以大，用胜服之。"（〇）于是作建章宫，度为千门万户。前殿度高未央。其东则凤阙，高二十馀丈。其西则唐中，度也，数十里虎圈。其北治大池，渐台高二十馀丈，命曰太液池，中有蓬莱、方丈、瀛洲、壶梁，象海中神山龟鱼之属。其南有玉堂、璧门、大鸟之属。乃立神明台、井干楼，度五十丈，辇道相属焉。

夏，（▼）汉改历，以正月为岁首，（▼）而色上黄，官名更印章以五字，为太初元年。是岁，（▼）西伐大宛。蝗大起。丁夫人、雒阳虞初等以方祠诅匈奴、大宛焉。（〇）

其明年，（▼）有司上言雍五畤无牢熟具，芬芳不备。乃令祠官进畤犊牢具，色食所胜，而以木禺马代驹焉。独五月尝驹，行亲郊用驹。及诸名山川用驹者，悉以木禺马代。行过，乃用驹。他礼如故。

其明年，（▼）东巡海上，考神仙之属，未有验者。（〇）不验一。方士有言（▼）"黄帝时（〇）为五城十二楼，以候神人于执期，命曰迎年"。上许作之如方，命曰明年。上亲礼祠上帝焉。

公玉带曰：（▼）"黄帝时（〇）虽封泰山，然风后、封巨岐伯令黄帝封东泰山，禅凡山，合符，然后不死焉。"（〇）天子既令设祠具，至东泰山，泰山卑小，不称其声，乃令祠官礼之，而不封禅焉。其后令带奉祠候神物。夏，遂还泰山，脩五年之礼如前，（▼）而加以禅祠石闾。石闾者，在泰山下址南方，方士多言此仙人之闾也，故上亲禅焉。（〇）

其后五年,(▼)复至泰山脩封。(○)还过祭恒山。

今天子所兴祠,太一、后土,三年亲郊祠,建汉家封禅,(△)合封禅候神并武帝一生所祭祀典作大结束。五年一脩封。薄忌太一及三一、冥羊、马行、赤星,五,宽舒之祠官以岁时致礼。凡六祠,皆太祝领之。至如八神诸神,明年、凡山他名祠,行过则祠,行去则已。方士所兴祠,各自主,其人终则已,祠官不主。他祠皆如其故。(▼)今上封禅,其后十二岁而还,遍于五岳、四渎矣。而方士之候祠神人,入海求蓬莱,终无有验。而公孙卿之候神者,犹以大人之迹为解,无有效。天子益怠厌方士之怪迂语矣,然羁縻不绝,冀遇其真。自此之后,方士言神祠者弥众,然其效可睹矣。(○)冷然。

太史公曰:余从巡祭天地诸神名山川而封禅焉。入寿宫侍祠神语,究观方士祠官之意,(○)深。于是退而论次自古以来用事于鬼神者,具见其表里。(▼)一篇题目在此句。后有君子,得以览焉。若至俎豆珪币之详,献酬之礼,则有司存。

【总评】如此一书以封禅二字概之,得好题目。

　　封禅,太史公之所重也。求仙候神,张皇鬼怪,武帝之狂惑丧心也。郊天社地,进狩柴望,古帝王之大典也。三者各自为类,而太史公牵合之,以如此之狂惑丧心之事,而重之以封禅之名,本之于古帝王之大典。其曰"今天子初即位,尤敬鬼神之祀",此所以合三而一欤?虽曰"谤书",要其用心深矣。

第十二　平准书

汉兴,接秦之弊,(◣)丈夫从军旅,老弱转粮饷,作业剧而财匮,自天子不能具钧驷,而将相或乘牛车,齐民无藏盖(〇)以极衰之天下,而高、文、景能使之盛,此无藏之义也。于是为秦钱重难用,更令民铸钱,一黄金一斤,约法省禁。而不轨逐利之民,蓄积馀业以稽市物,物踊腾粜,米至石万钱,马一匹则百金。

天下已平,高祖乃令贾人不得衣丝乘车,重租税以困辱之。(〇)君臣之财不在吏则在商贾,故汉武缘之立法,皆与商贾争利,不及百姓。孝惠、高后时,为天下初定,复弛商贾之律,然市井之子孙亦不得仕宦为吏。(〇)为吏之道不选而多贾人之案。量吏禄,度官用,以赋于民。而山川园池市井租税之入,自天子以至于封君汤沐邑,皆各为私奉养焉,不领于天下之经费。(〇)为大农领山海县官作诸铁之案。漕转山东粟,以给中都官,岁不过数十万石。(〇)为四百万、六百万之案。

至孝文时,荚钱益多,轻,乃更铸四铢钱,其文为"半两",令民纵得自铸钱。故吴,诸侯也,以即山铸钱,富埒天子,其后卒以叛逆。邓通,大夫也,以铸钱财过王者。故吴、邓氏钱布天下,而铸钱之禁生焉(◣)。

匈奴数侵盗北边,屯戍者多,边粟不足给食当食者。于是募民能输及转粟于边者拜爵,卖爵始于文帝。爵得至大庶长。

孝景时,上郡以西旱,亦复修卖爵令,而贱其价以招民;及徒复作,得输粟县官以除罪。益造苑马以广用,而宫室列观舆马益增修矣。(〇)照前"接秦之弊"一段以起下。

国家至今上即位数岁,(△)汉兴七十馀年之间,国家无事,非遇水旱之灾,民则人给家足,都鄙廪庾皆满,而府库馀货财。(〇)此段句句为后来之案,以四世休养极盛之天下而一人耗之,见武帝为文帝罪人。

京师之钱累巨万，贯朽而不可校。太仓之粟陈陈相因，充溢露积于外，至腐败不可食。众庶街巷有马，阡陌之间成群，而乘字牝者傧而不得聚会。守闾阎者食粱肉，为吏者长子孙，居官者以为姓号。故人人自爱而重犯法，先行义而后绌耻辱焉。（〇）<u>当此之时</u>，（▼）又提。网疏而民富，役财骄溢，<small>致衰之因</small>。或至兼并豪党之徒，以武断于乡曲。宗室有土公卿大夫以下，争于奢侈，室庐舆服僭于上，无限度。<u>物盛而衰，固其变也</u>。（〇）<small>二句是一篇结语，此段转语。</small>

自是之后，严助、朱买臣等招来东瓯，事两越，<u>江淮之间萧然烦费矣</u>。（〇）<small>入。"自是以后"冒语，此后一节叙去盛衰，依伏典，耗循环，指列如四。</small>唐蒙、司马相如开路西南夷，凿山通道千馀里，以广巴蜀，巴蜀之民罢焉。（〇）彭吴贾灭朝鲜，置沧海之郡，<u>则燕齐之间靡然发动</u>。（〇）及王恢设谋马邑，匈奴绝和亲，侵扰北边，<u>兵连而不解，天下苦其劳，而干戈日滋。行者赍，居者送，中外骚扰而相奉</u>，（〇）<small>数语总括全篇。</small><u>百姓抏弊以巧法，财赂衰耗而不赡。入物者补官，出货者除罪，选举陵迟，廉耻相冒，武力进用，法严令具。兴利之臣自此始也</u>。（〇）<small>大笼罩。</small>

其后（△）汉将岁以数万骑出击胡，及车骑将军卫青取匈奴河南地，<small>序耗财，大率以击胡为综，而牵入他事。</small>筑朔方。<u>当是时</u>，（▼）汉通西南夷道，作者数万人，千里负担馈粮，率十馀钟致一石，散币于邛僰以集之。数岁道不通，蛮夷因以数攻，吏发兵诛之。悉巴蜀租赋不足以更之，乃募豪民田南夷，入粟县官，而内受钱于都内。东至沧海之郡，人徒之费拟于南夷。又兴十万馀人筑卫朔方，转漕甚辽远，自山东咸被其劳，费数十百巨万，<small>照"府库余货财"。</small>府库益虚。乃募民能入奴婢得以终身复，为郎增秩，及入羊为郎，始于此。

其后四年，（△）而汉遣大将将六将军，军十馀万，击右贤王，获首虏万五千级。明年，大将军将六将军仍再出击胡，得首虏万九千级。捕斩首虏之士受赐黄金二十馀万斤，虏数万人皆得厚赏，<u>衣食仰</u>

给县官；而汉军之士马死者十馀万，兵甲之财转漕之费不与焉。（○）冷句。于是大农陈藏钱经耗，（○）加贪朽不可及。赋税既竭，犹不足以奉战士。（○）有司言："天子曰'朕闻五帝之教不相复而治，禹汤之法不同道而王，所由殊路，而建德一也。北边未安，朕甚悼之。日者，大将军攻匈奴，斩首虏万九千级，留蹛无所食。议令民得买爵及赎禁锢免减罪'。请置赏官，命曰武功爵。级十七万，凡直三十馀万金。诸买武功爵官首者试补吏，先除；卖爵补官，兴利第一事。千夫如五大夫；其有罪又减二等；爵得至乐卿：以显军功。"军功多用越等，大者封侯卿大夫，小者郎吏。吏道杂而多端，则官职耗废。（○）致重法之因。从吏道之坏缕入封法。

自公孙弘以《春秋》之义绳臣下取汉相，张汤用峻文决理为廷尉，于是见知之法生，而废格沮诽穷治之狱用矣。（○）其明年，淮南、衡山、江都王谋反迹见，而公卿寻端治之，竟其党与，而坐死者数万人，长吏益惨急而法令明察。（○）

当是之时，招尊方正贤良文学之士，或至公卿大夫。仍掺入吏道。公孙弘以汉相，布被，食不重味，为天下先。然无益于俗，稍骛于功利矣。（○）一君一相，浮伪不情，写得可笑。

其明年，骠骑仍再出击胡，获首四万。其秋，浑邪王率数万之众来降，于是汉发车二万乘迎之。既至，受赏，赐及有功之士。是岁费凡百馀巨万。（○）

初，先是往十馀岁河决观，县名。梁楚之地固已数困，而缘河之郡堤塞河，辄决坏，费不可胜计。（○）其后番系欲省砥柱之漕，穿汾、河渠以为溉田，作者数万人；（▼）郑当时为渭漕渠回远，凿直渠自长安至华阴，作者数万人；朔方亦穿渠，作者数万人：各历二三期，功未就，费亦各巨万十数。（○）

天子为伐胡，盛养马，马之来食长安者数万匹，卒牵掌者关中不足，乃调旁近郡。而胡降者皆衣食县官，天子府藏。县官不给，天子乃损膳，解乘舆驷，出御府禁藏以赡之。

其明年，山东被水灾，民多饥乏，于是天子遣使者虚郡国仓廥以振贫民。犹不足，又募豪富人相贷假。尚不能相救，乃徙贫民于关以西，及充朔方以南新秦中，七十馀万口，衣食皆仰给县官。数岁，假予产业，使者分部护之，冠盖相望。其费以亿计，不可胜数。于是县官大空。（○）而富商大贾或蹛财役贫，转毂百数，（○）将言变法兴利，故推原其所以然。废居居邑，封君皆低首仰给。冶铸煮盐，财或累万金，而不佐国家之急，黎民重困。于是天子与公卿议，更钱造币以赡用，而摧浮淫并兼之徒。（○）更钱造币，兴利第二事。是时禁苑有白鹿而少府多银锡。（▼）自孝文更造四铢钱，至是岁四十馀年，从建元以来，用少，县官往往即多铜山而铸钱，民亦间盗铸钱，不可胜数。钱益多而轻，物益少而贵。有司言曰："古者皮币，诸侯以聘享。金有三等，黄金为上，白金为中，赤金为下。今半两钱法重四铢，而奸或盗摩钱里取鋊，钱益轻薄而物贵，则远方用币烦费不省。"乃以白鹿皮方尺，缘以藻缋，为皮币，直四十万。王侯宗室朝觐聘享，必以皮币荐璧，然后得行。

又造银锡为白金。以为天用莫如龙，地用莫如马，人用莫如龟，故白金三品：其一曰重八两，圜之，其文龙，名曰"白选"，直三千；二曰以重差小，方之，其文马，直五百；三曰复小，撱之，音妥，捼长也。其文龟，直三百。令县官销半两钱，更铸三铢钱，文如其重。盗铸诸金钱罪皆死，而吏民之盗铸白金者不可胜数。（○）从钱币之变渡入盐铁法。

于是以东郭咸阳、孔仅为大农丞，领盐铁事；桑弘羊以计算用事，侍中。咸阳，齐之大煮盐，孔仅，南阳大冶，皆致生累千金，故郑当时进言之。照"不得仕宦为吏"。弘羊，雒阳贾人子，以心计，年十三侍中。故三人言利事析秋豪矣。（○）有言利之臣，始有兴利之事。

法既益严，吏多废免。兵革数动，民多买复及五大夫，徵发之士益鲜。于是除千夫五大夫为吏，不欲者出马；故吏皆適音摘。令伐棘上林，作昆明池。

其明年，大将军、骠骑大出击胡，得首虏八九万级，赏赐五十万金，汉军马死者十馀万匹，转漕车甲之费不与焉。是时财匮，战士颇不得禄矣。（〇）已上叙耗财特详，已下详兴利。

有司言三铢钱轻，易奸诈，乃更请诸郡国铸五铢钱，周郭其下，令不可磨取鋊焉。

大农上盐铁丞孔仅、咸阳言："山海，天地之藏也，皆宜属少府，陛下不私，以属大农佐赋。愿募民自给费，因官器作煮盐，官与牢盆。浮食奇民欲擅管山海之货，以致富羡，役利细民。（〇）铸铁煮海，兴利第三事。其沮事之议，不可胜听。（〇）敢私铸铁器煮盐者，钛音替。左趾，没入其器物。郡不出铁者，置小铁官，便属在所县。"使孔仅、东郭咸阳乘传举行天下盐铁，作官府，除故盐铁家富者为吏。吏道益杂，不选，而多贾人矣。（〇）

商贾以币之变，多积货逐利。（〇）蒙造币是算赋告缗之因。于是公卿言："郡国颇被灾害，贫民无产业者，募徙广饶之地。陛下损膳省用，出禁钱以振元元，宽贷赋，而民不齐出于南亩，商贾滋众。贫者畜积无有，皆仰县官。异时算轺车贾人缗钱皆有差，请算如故。（〇）算物告缗，兴利第四事。诸贾人末作贳贷卖买，居邑稽诸物，及商以取利者，虽无市籍，各以其物自占，（〇）率缗钱二千而一算。诸作有租及铸，率缗钱四千一算。非吏比者三老、北边骑士，轺车以一算；商贾人轺车二算；船五丈以上一算。匿不自占，占不悉，戍边一岁，没入缗钱。有能告者，以其半畀之。（〇）贾人有市籍者，及其家属，皆无得籍名田，以便农。敢犯令，没入田僮。"

天子乃思卜式之言，召拜式为中郎，爵左庶长，赐田十顷，布告天下，使明知之。（〇）笑入卜式，有线无痕。

初，卜式者，河南人也，以田畜为事。亲死，式有少弟，弟壮，式脱身出分，独取畜羊百馀，田宅财物尽予弟。式入山牧十馀岁，羊致千馀头，买田宅。而其弟尽破其业，式辄复分予弟者数矣。用三人以言利，尊卜式以风天下，其归一也。史公深疾弘羊而颇善卜式，故此篇载二人独详。是时汉方数使将击匈奴，卜式上书，愿输家之半县官助边。天子使使问式："欲官乎？"式曰："臣少牧，不习仕宦，不愿也。"使问曰："家岂有冤，欲言事乎？"式曰："臣生与人无分争。式邑人贫者贷之，不善者教顺之，所居人皆从式，式何故见冤于人！无所欲言也。"使者曰："苟如此，子何欲而然？"式曰："天子诛匈奴，<u>愚以为贤者宜死节于边，有财者宜输委，如此而匈奴可灭也。</u>"（○）深中武帝。使者具其言入以闻。天子以语丞相弘。弘曰："此非人情。不轨之臣，不可以为化而乱法，愿陛下勿许。"于是上久不报式，数岁，乃罢式。式归，复田牧。岁馀，会军数出，浑邪王等降，县官费众，仓府空。其明年，贫民大徙，皆仰给县官，无以尽赡。卜式持钱二十万予河南守，以给徙民。河南上富人助贫人者籍，天子见卜式名，识之，曰"<u>是固前而欲输其家半助边</u>"，（○）乃赐式外繇𦈌钱四百人。式又尽复予县官。<u>是时富豪皆争匿财，唯式尤欲输之助费。</u>天子于是以式终长者，故尊显以风百姓。人取我与，货值本领如是。

　　初，式不愿为郎。上曰："吾有羊上林中，欲令子牧之。"式乃拜为郎，<u>布衣屩而牧羊。</u>（○）岁馀，羊肥息。上过见其羊，善之。式曰："<u>非独羊也，治民亦犹是也。以时起居；恶者辄斥去，毋令败群。</u>"（○）上以式为奇，拜为缑氏令试之，缑氏便之。迁为成皋令，将漕最。上以为式朴忠，拜为齐王太傅。

　　<u>而孔仅之使天下铸作器，</u>（○）突接。<u>三年中拜为大农，列于九卿。而桑弘羊为大农丞，管诸会计事，稍稍置均输以通货物矣。</u>（○）均输，兴利第五事。

　　始令吏得入谷补官，郎至六百石。

　　自造白金五铢钱后五岁，<u>更钱造币之害。</u>赦吏民之坐盗铸金钱死者数十万人。其不发觉相杀者，不可胜计。赦自出者百馀万人。然不能半自出，天下大抵无虑皆铸金钱矣。犯者众，吏不能尽诛取，于是遣博士褚大、徐偃等分曹循行郡国，举兼并之徒守相为者。兴利必重刑，相连而及，前略此详。而御史大夫张汤方隆贵用事，减宣、杜周等为中丞，义纵、尹齐、王温舒等用惨急刻深为九卿，而直指夏兰之属始出矣。（〇）

而大农颜异诛。（〇）突入。初，异为济南亭长，以廉直稍迁至九卿。入颜异，所以深罪张汤。上与张汤既造白鹿皮币，问异。异曰："今王侯朝贺以苍璧，直数千，而其皮荐反四十万，本末不相称。"天子不说。张汤又与异有隙，（▼）及有人告异以它议，事下张汤治异。异与客语，客语初令下有不便者。异不应，微反唇。（▼）汤奏当异九卿见令不便，不入言而腹诽，论死。自是之后，有腹诽之法，而公卿大夫多谄谀取容矣。（〇）

天子既下缗钱令而尊卜式，百姓终莫分财佐县官，于是告缗钱纵矣。（〇）日迫日下，说得可悲可叹。接公卿言算缗钱尊显以风百姓。

郡国多奸铸钱，钱多轻，而公卿请令京师铸钟官赤侧，一当五，赋官用非赤侧不得行。白金稍贱，民不宝用，县官以令禁之，无益。岁馀，白金终废不行。了白金案。

是岁也，张汤死而民不思。（〇）

其后二岁，赤侧钱贱，民巧法用之，不便，又废。于是悉禁郡国无铸钱，专令上林三官铸。钱既多，而令天下非三官钱不得行，诸郡国所前铸钱皆废销之，输其铜三官。而民之铸钱益少，计其费不能相当，唯真工大奸乃盗为之。

卜式相齐，而杨可告缗遍天下，中家以上大抵皆遇告。杜周治之，狱少反者。（〇）告缗之害。乃分遣御史廷尉正监分曹往，即治郡国缗钱，得民财物以亿计，奴婢以千万数，田大县数百顷，小县百馀顷，宅亦如之。于是商贾中家以上大率破，民偷甘食好衣，不事畜藏

<u>之产业，而县官有盐铁缗钱之故，用益饶矣。</u>（〇）前曰"县官大空"，由耗而空也。此曰"县官益饶"，而益饶之后又有以耗之矣。

益广关，置左右辅。

初，大农管盐铁官布多，置水衡，欲以主盐铁；及杨可告缗钱，上林财物众，<u>乃令水衡主上林。上林既充满，益广。</u>（▼）是时越欲与汉用船战逐，乃大修昆明池，列观环之。已下又历叙耗财。治楼船，高十馀丈，旗帜加其上，甚壮。于是天子感之，乃作柏梁台，高数十丈。<u>宫室之修，由此日丽。</u>（〇）楼船宫室，耗财一。

乃分缗钱诸官，而水衡、少府、大农、太仆各置农官，往往即郡县比没入田田之。其没入奴婢，分诸苑养狗马禽兽，及与诸官。<u>诸官益杂置多，徒奴婢众，而下河漕度四百万石，及官自籴乃足。</u>（〇）

所忠言："世家子弟富人或斗鸡走狗马，弋猎博戏，乱齐民。"乃徵诸犯令，相引数千人，命曰"株送徒"。<u>入财者得补郎，郎选衰矣。</u>（〇）选举凌迟，廉耻相冒，至此而极。

是时山东被河灾，及岁不登数年，人或相食，方一二千里。天子怜之，诏曰："江南火耕水耨，令饥民得流就食江淮间，欲留，留处。"遣使冠盖相属于道，护之，下巴蜀粟以振之。赈饥民，耗财二。

其明年，天子始巡郡国。巡幸，耗财三。东度河，河东守不意行至，不辨，自杀。行西踰陇，陇西守以行往卒，天子从官不得食，陇西守自杀。于是上北出萧关，从数万骑，猎新秦中，以勒边兵而归。新秦中或千里无亭徼，于是诛北地太守以下，而令民得畜牧边县，官假马母，三岁而归，及息什一，以除告缗，用充仞新秦中。

<u>既得宝鼎，</u>突入畤变。<u>立后土、太一祠，公卿议封禅事，</u>（〇）祠祀封禅，耗财四。<u>而天下郡国皆豫治道桥，缮故宫，及当驰道县，县治官储，设供具，而望以待幸。</u>（〇）

其明年，南越反，西羌侵边为桀。于是天子为山东不赡，赦天下，因南方楼船卒二十馀万人击南越，数万人发三河以西骑击西羌，

又数万人度河筑令居。初置张掖、酒泉郡，而上郡、朔方、西河、河西开田官，斥塞卒六十万人戍田之。击越、击羌、戍边，耗财五。中国缮道馈粮，远者三千，近者千馀里，皆仰给大农。边兵不足，乃发武库工官兵器以赡之。车骑马乏绝，县官钱少，买马难得，乃著令，令封君以下至三百石以上吏，以差出牝马天下亭，亭有畜牸马，岁课息。

齐相卜式上书曰："臣闻主忧臣辱。入深中。南越反，臣愿父子与齐习船者往死之。"天子下诏曰："卜式虽躬耕牧，不以为利，有馀辄助县官之用。今天下不幸有急，而式奋愿父子死之，虽未战，可谓义形于内。（○）赐爵关内侯，金六十斤，田十顷。"布告天下，天下莫应。（○）列侯以百数，皆莫求从军击羌、越。至酎，少府省金，而列侯坐酎金失侯者百馀人。献金色恶者削免。乃拜式为御史大夫。

式既在位，见郡国多不便县官作盐铁，铁器苦恶，贾贵，或强令民卖买之。（○）盐铁之害，借卜式言事发明之。而船有算，商者少，物贵，乃因孔仅言船算事。上由是不悦卜式。（○）

汉连兵三岁，（▼）接。诛羌，灭南越，番禺以西至蜀南者置初郡十七，且以其故俗治，毋赋税。南阳、汉中以往郡，各以地比给初郡吏卒奉食币物，传车马被具。而初郡时时小反，杀吏，汉发南方吏卒往诛之，间岁万馀人，费皆仰给大农。大农以均输调盐铁助赋，故能赡之。然兵所过县，为以訾给毋乏而已，不敢言擅赋法矣。（○）

其明年，元封元年，卜式贬秩为太子太傅。而桑弘羊为治粟都尉，领大农，尽代仅管天下盐铁。（○）两人进退，于连叙处见开目。弘羊以诸官各自市，相与争，物故腾跃，兴利秋毫。而天下赋输或不偿其僦费，乃请置大农部丞数十人，分部主郡国，各往往县置均输盐铁官，令远方各以其物贵时商贾所转贩者为赋，而相灌输。诸官各自市，市自上也；为赋相灌输，输自下也。输自下则兼朝贡。置平准于京师，都受天下委输。（○）平准，兴利第六事。召工官治车诸器，皆仰给大农。大农之诸官尽笼天下之货物，贵即卖之，贱则买之。如此，富商大贾无所牟大利，取也。则反本，而万物不得腾踊。故抑天下物，名曰"平准"。天子以为然，许之。（○）卖爵为兴利之始，平准为兴利之终。于是天子北至朔方，东到太山，巡海上，并北边以归。所过赏赐，用帛百馀万匹，钱金以巨万计，皆取足大农。（○）

弘羊又请令吏得入粟补官，及罪人赎罪。令民能入粟甘泉各有差，以复终身，不告缗。他郡各输急处，而诸农各致粟，山东漕益岁六百万石。一岁之中，太仓、甘泉仓满。边馀谷诸物均输帛五百万匹。民不益赋而天下用饶。于是弘羊赐爵左庶长，黄金再百斤焉。（○）

是岁小旱，上令官求雨，卜式言曰："县官当食租衣税而已，今弘羊令吏坐市列肆，贩物求利。亨弘羊，天乃雨。"（○）结奇妙，作者大快。

太史公曰：农工商交易之路通，而龟贝金钱刀布之币兴焉。所从来久远，（○）自高辛氏之前尚矣，靡得而记云。故《书》道唐虞之际，《诗》述殷周之世，安宁则长庠序，先本绌末，以礼义防于利；事变多故而亦反是。是以物盛则衰，时极而转，一质一文，终始之变也。（○）禹贡九州，各因其土地所宜，人民所多少而纳职焉。汤武承弊易变，使民不倦，各兢兢所以为治，而稍陵迟衰微。（▼）齐桓公用管仲之谋，通轻重之权，徼山海之业，以朝诸侯，用区区之齐显成霸名。魏用李克，尽地力，为强君。自是以后，天下争于战国，贵诈力而贱仁义，先富有而后推让。故庶人之富者或累巨万，而贫者或不厌糟糠；有国强者或并群小以臣诸侯，而弱国或绝祀而灭世。以至于秦，卒并海内。虞夏之币，金为三品，或黄，或白，或赤；或钱，或布，或刀，或龟贝。及至秦，中一国之币为等，黄金以溢名，为上币；铜钱识曰半两，重如其文，为下币。而珠玉、龟贝、银锡之属为器饰宝藏，不为币。然各随时而轻重无常。于是外攘夷狄，内兴功业，海内之士力耕不足粮饷，女子纺绩不足衣服。古者尝竭天下之资财以奉其上，犹自以为不足也。无异故云，事势之流，相激使然，曷足怪焉。（○）汉武一秦始也，刺婉而毒在言外。

【总评】此书数千言，大约耗财兴利参互成文。法不急则利不兴，故咸阳、孔仅、弘羊，兴利之臣也。张汤、杜周、臧宣之辈，因兴利而用也。刑酷于上，财竭于下，其不为亡秦之续者幸耳。假令武帝因文景之遗业，为天下守财，何以至此！有耗故有兴至，且兴且耗，而天下之势危于累卵矣。此书实万世之殷鉴也。

史记选 卷三

宜兴　储　欣同人　评
　　　男　芝五采参　述
　　　门下后学　吴振乾文岩、徐永勳公逊、
　　　　　董南纪宗少、孙男　掌文曰虞　　　校订

第十三　齐太公世家 赞

太史公曰：吾适齐，自泰山属之琅邪，北被于海，膏壤二千里，<u>其民阔达多匿知，其天性也</u>（〇）。以太公之圣，建国本，桓公之盛，修善政，以为诸侯会盟，称伯，不亦宜乎？<u>洋洋哉，固大国之风也</u>！（〇）

第十四　鲁周公世家 赞

　　太史公曰：余闻孔子称曰"甚矣，鲁道之衰也！<u>洙泗之间，断断如也</u>"。（〇）观庆父及叔牙闵公之际，<u>何其乱也</u>！（〇）隐桓之事；襄仲杀适立庶；三家北面为臣，亲攻昭公，昭公以奔。<u>至其揖让之礼则从矣，而行事何其戾也</u>！（〇）

【总评】吞吐蕴藉。

第十五　燕召公世家 赞

　　太史公曰：召公奭可谓仁矣！甘棠且思之，况其人乎？（〇）燕迫蛮貉，内措齐、晋，崎岖强国之间，最为弱小，几灭者数矣。然社稷血食者八九百岁，于姬姓独后亡，岂非召公之烈邪！（〇）

第十六 郑世家 赞

　　太史公曰：语有之，"<u>以权利合者，权利尽而交疏</u>"，（○）甫瑕是也。甫瑕虽以劫杀郑子内厉公，厉公终背而杀之，此与晋之里克何异？守节如荀息，身死而不能存奚齐。<u>变所从来，亦多故矣</u>！（○）

第十七　魏世家 赞

　　太史公曰：吾适故大梁之墟，墟中人曰："秦之破梁，引河沟而灌大梁，三月城坏，王请降，遂灭魏。"说者皆曰<u>魏以不用信陵君故，国削弱至于亡</u>，余以为不然。天方令秦平海内，其业未成，<u>魏虽得阿衡之佐，曷益乎</u>？（〇）以反语写其愤。

第十八　孔子世家 赞

　　太史公曰：《诗》有之："高山仰止，景行行止。"虽不能至，然心乡往之。余读孔氏书，想见其为人。适鲁，观仲尼庙堂车服礼器，诸生以时习礼其家，余只回留之不能去云。<u>天下君王至于贤人众矣，当时则荣，没则已焉。孔子布衣，传十餘世，学者宗之。自天子王侯，中国言《六艺》者折中于夫子，可谓至圣矣</u>！（〇）

　　【总评】余读太史公书，其间考信于六艺，推尊孔子可谓至矣。先黄老者，谈也，非迁也。谈习道以虚无为宗；迁博览群书，又与黄生辈往来，究切师友，渊源超出其父。以其父诋其子，不亦苛乎？

第十九　陈涉世家 节录

　　陈胜者，阳城人也，字涉。吴广者，阳夏人也，字叔。陈涉少时，尝与人佣耕，<u>辍耕之垄上，怅恨久之</u>，（〇）曰："苟富贵，无相忘。"庸者笑而应曰："若为庸耕，何富贵也？"<u>陈涉太息曰</u>："嗟乎，燕雀安知鸿鹄之志哉！"（〇）

　　二世元年七月，发闾左适戍渔阳，九百人屯大泽乡。陈胜、吴广皆次当行，为屯长。会天大雨，道不通，度已失期。<u>失期，法皆斩</u>。（〇）秦之乱，法驱之也。陈胜、吴广乃谋曰："今亡亦死，举大计亦死，等死，死国可乎？"（〇）此时亦不得不然。陈胜曰："天下苦秦久矣。<u>吾闻二世少子也，不当立，当立者乃公子扶苏</u>。（〇）李斯、赵高之流适示人以隙。扶苏以数谏故，上使外将兵。今或闻无罪，二世杀之。百姓多闻其贤，<u>未知其死也</u>。（〇）项燕为楚将，数有功，爱士卒，楚人怜之。<u>或以为死，或以为亡</u>。（〇）今诚以吾众诈自称公子扶苏、项燕，为天下唱，宜多应者。"（▼）吴广以为然。乃行卜。卜者知其指意，曰："足下事皆成，有功。然足下卜之鬼乎！"陈胜、吴广喜，念鬼，曰："此教我先威众耳。"乃丹书帛曰"陈胜王"，置人所罾鱼腹中。卒买鱼烹食，得鱼腹中书，<u>固以怪之矣</u>。（▼）又间令吴广之次所旁丛祠中，夜篝火，狐鸣呼曰"大楚兴，陈胜王"。卒皆夜惊恐。旦日，卒中往往语，<u>皆指目陈胜</u>。（▼）

　　吴广素爱人，士卒多为用者。将尉醉，广故数言欲亡，忿恚尉，令辱之，以激怒其众。尉果笞广。<u>尉剑挺，广起，夺而杀尉。陈胜佐之，并杀两尉</u>。（〇）召令徒属曰："公等遇雨，皆已失期，失期当斩。藉弟令毋斩，而戍死者固十六七。且壮士不死即已，死即举大名耳，<u>王侯将相宁有种乎</u>！"（〇）所以有辍耕之叹。徒属皆曰："敬受命。"<u>乃诈称公子扶苏、项燕</u>，（▼）从民欲也。（〇）袒右，称大楚。

为坛而盟，祭以尉首。陈胜自立为将军，吴广为都尉。攻大泽乡，收而攻蕲。蕲下，乃令符离人葛婴将兵徇蕲以东。攻铚、酇、苦、柘、谯皆下之。行收兵。比至陈，车六七百乘，骑千馀，卒数万人。攻陈，陈守令皆不在，独守丞与战谯门中。弗胜，守丞死，乃入据陈。（▼）数日，号令召三老、豪杰与皆来会计事。三老、豪杰皆曰："将军身被坚执锐，伐无道，诛暴秦，复立楚国之社稷，功宜为王。"陈涉乃立为王，（▼）号为张楚。

当此时，诸郡县苦秦吏者，皆刑其长吏，杀之以应陈涉。（〇）一举而天下响应，首事之人固不可没。

陈胜王凡六月。（▼）已为王，王陈。其故人尝与庸耕者闻之，应前。之陈，扣宫门曰："吾欲见涉。"写乡老见遥肖。宫门令欲缚之。自辩数，乃置，不肯为通。陈王出，遮道而呼涉。陈王闻之，乃召见，载与俱归。入宫，见殿屋帷帐，客曰："夥颐！涉之为王沈沈者！"（〇）楚人谓多为夥，故天下传之，夥涉为王，由陈涉始。客出入愈益发舒，言陈王故情。或说陈王曰："客愚无知，颛妄言，轻威。"陈王斩之。诸陈王故人皆自引去，由是无亲陈王者。陈王以朱房为中正，胡武为司过，主司群臣。诸将徇地，至，令之不是者，系而罪之，以苛察为忠。其所不善者，弗下吏，辄自治之。陈王信用之。诸将以其故不亲附，此其所以败也。

陈胜虽已死，其所置遣侯王将相竟亡秦，由涉首事也。（〇）入之世家以此。高祖时为陈涉置守冢三十家砀，至今血食。

第二十　外戚世家序 录窦太后

　　自古受命帝王及继体守文之君，非独内德茂也，盖亦有外戚之助焉。夏之兴也以涂山，而桀之放也以末喜。殷之兴也以有娀，纣之杀也嬖妲己。周之兴也以姜原及大任，而幽王之禽也淫于褒姒。故《易》基乾、坤，《诗》始《关雎》，《书》美釐降，《春秋》讥不亲迎。夫妇之际，人道之大伦也。礼之用，唯婚姻为兢兢。夫乐调而四时和，阴阳之变，万物之统也。<u>可不慎与？人能弘道，无如命何。甚哉，妃匹之爱，君不能得之于臣</u>，（○）"慎"字结。父不能得之于子，况卑下乎！<u>既驩合矣，或不能成子姓；能成子姓矣，或不能要其终：岂非命也哉？</u>（○）三层概括。孔子罕称命，盖难言之也。<u>非通幽明之变，恶能识乎性命哉？</u>（○）

　　窦太后，赵之清河观津人也。吕太后时，窦姬以良家子入宫侍太后。太后出宫人以赐诸王，各五人，窦姬与在行中。窦姬家在清河，欲如赵近家，请其主遣宦者吏："必置我籍赵之伍中。"<u>宦者忘之，误置其籍代伍中。籍奏，诏可，当行。窦姬涕泣，怨其宦者，不欲往，相强，乃肯行。</u>（○）至代，<u>代王独幸窦姬</u>，（○）生女嫖，后生两男。而代王王后生四男。先代王未入立为帝而王后卒。及代王立为帝，而王后所生四男更病死。孝文帝立数月，公卿请立太子，而窦姬长男最长，立为太子。立窦姬为皇后，女嫖为长公主。其明年，立少子武为代王，已而又徙梁，是为梁孝王。

　　窦皇后亲蚤卒，葬观津。于是薄太后乃诏有司，追尊窦后父为安成侯，母曰安成夫人。令清河置园邑二百家，长丞奉守，比灵文园法。

　　窦皇后兄窦长君，弟曰窦广国，字少君。<u>少君年四五岁时，家贫，为人所略卖，其家不知其处。</u>（○）传十馀家，至宜阳，为其主入山作炭，<u>暮卧岸下百馀人，岸崩，尽压杀卧者，少君独得脱，不</u>

死。(○)自卜数日当为侯,从其家之长安。闻窦皇后新立,家在观津,姓窦氏。广国去时虽小,识其县名及姓,又常与其姊采桑堕,用为符信,上书自陈。窦皇后言之于文帝,召见,问之,具言其故,果是。又复问他何以为验?对曰:"姊去我西时,与我决于传舍中,丐沐沐我,请食饭我,乃去。"于是窦后持之而泣,泣涕交横下。侍御左右皆伏地泣,助皇后悲哀。(○)乃厚赐田宅金钱,封公昆弟,家于长安。

绛侯、灌将军等曰:"吾属不死,命乃且县此两人。两人所出微,不可不为择师傅宾客,(○)惊弓之鸟,然所全实多。又复效吕氏大事也。"于是乃选长者士之有节行者与居。窦长君、少君由此为退让君子,不敢以尊贵骄人。(○)

窦皇后病,失明。文帝幸邯郸慎夫人、尹姬,皆毋子。孝文帝崩,孝景帝立,乃封广国为章武侯。长君前死,封其子彭祖为南皮侯。吴楚反时,窦太后从昆弟子窦婴,任侠自喜,将兵,以军功为魏其侯。窦氏凡三人为侯。

窦太后好黄帝、老子言,帝及太子诸窦不得不读黄帝、老子,尊其术。

窦太后后孝景帝六岁崩,合葬霸陵。遗诏尽以东宫金钱财物赐长公主嫖。(▼)

【总评】序外戚而蔽以一言曰"命",感慨深矣!《大明》之诗曰"天作之合",又曰"有命自天"。其何?莫非命耶?

第二十一　萧相国世家

萧相国何者，沛丰人也。以文无害为沛主吏掾。有文无所枉害。

高祖为布衣时，何数以吏事护高祖。高祖为亭长，常左右之。高祖以吏繇咸阳，吏皆送奉钱三，何独以五。伏。

秦御史监郡者与从事，常辨之。何乃给泗水卒史事，第一。秦御史欲入言徵何，<u>何固请，得毋行。</u>（▼）

及高祖起为沛公，何常为丞督事。沛公至咸阳，诸将皆争走金帛财物之府分之，<u>何独先入收秦丞相御史律令图书藏之。</u>（〇）入关第一功，而后之论功不及此，故特笔提明。沛公为汉王，以何为丞相。项王与诸侯屠烧咸阳而去。<u>汉王所以具知天下阨塞，户口多少，强弱之处，民所疾苦者，以何具得秦图书也。</u>（〇）何进言韩信，汉王以信为大将军。<u>语在淮阴侯事中。</u>（▼）

汉王引兵东定三秦，何以丞相留收巴蜀，填抚谕告，<u>使给军食。</u>（▼）汉二年，汉王与诸侯击楚，<u>何守关中，</u>（▼）侍太子，治栎阳。为法令约束，立宗庙社稷宫室县邑，辄奏上，可，许以从事；即不及奏上，辄以便宜施行，上来以闻。关中事计户口转漕给军，汉王数失军遁去，何常兴关中卒，辄补缺。<u>上以此专属任何关中事。</u>（〇）句锁住。

汉三年，汉王与项羽相距京索之间，<u>上数使使劳苦丞相。鲍生谓丞相曰：</u>（▼）"王暴衣露盖，数使使劳苦君者，<u>有疑君心也。</u>（〇）为君计，<u>莫若遣君子孙昆弟能胜兵者悉诣军所，上必益信君。</u>"（〇）伏。于是何从其计，汉王大说。

汉五年，既杀项羽，定天下，论功行封。群臣争功，岁馀功不决。高祖以萧何功最盛，封为酂侯，所食邑多。功臣皆曰："臣等身被坚执锐，多者百馀战，少者数十合，攻城略地，大小各有差。今萧何未尝有汗马之劳，徒持文墨议论，不战，顾反居臣等上，何也？"高帝曰："诸君知猎乎？"曰："知之。""知猎狗乎？"曰："知之。"高帝曰："夫猎，追杀兽兔者狗也，而发踪指示兽处者人也。今诸君徒能得走兽耳，功狗也。至如萧何，发踪指示，功人也。<u>且诸君独以身随我，多者两三人。今萧何举宗数十人皆随我，</u>应前<u>功不可忘也。</u>"（〇）群臣皆莫敢言。

列侯毕已受封，及奏位次，皆曰："平阳侯曹参身被七十创，攻城略地，功最多，宜第一。"<u>上已桡功臣，多封萧何，</u>曲折写出心事。<u>至位次未有以复难之，然心欲何第一。</u>（〇）关内侯鄂君进曰："群臣议皆误。夫曹参虽有野战略地之功，此特一时之事。夫上与楚相距五岁，常失军亡众，逃身遁者数矣。<u>然萧何常从关中遣军补其处，非上所诏令召，而数万众会上之乏绝者数矣。</u>（〇）夫汉与楚相守荥阳数年，军无见粮，<u>萧何转漕关中，给食不乏。陛下虽数亡山东，萧何常全关中以待陛下，</u>（〇）两层论何功，最醒豁。此万世之功也。今虽亡曹参等百数，何缺于汉？汉得之不必待以全。奈何欲以一旦之功而加万世之功哉！萧何第一，曹参次之。"高祖曰："善。"于是乃令萧何第一，赐带剑履上殿，入朝不趋。

上曰："吾闻进贤受上赏。萧何功虽高，<u>得鄂君乃益明。</u>"（〇）于是因鄂君故所食关内侯邑封为安平侯。是日，悉封何父子兄弟十馀人，皆有食邑。乃益封何二千户，<u>以帝尝徭咸阳时何送我独赢奉钱二也。</u>（〇）应前。

汉十一年，陈豨反，高祖自将，至邯郸。未罢，淮阴侯谋反关中，吕后用萧何计，诛淮阴侯，<u>语在淮阴事中。</u>（▼）上已闻淮阴侯诛，使使拜丞相何为相国，<u>益封五千户，</u>（▼）令卒五百人，一都尉为相国卫。（▼）诸君皆贺，召平独吊。召平者，故秦东陵侯。秦破，<u>为布衣，贫，种瓜于长安城东，瓜美，故世俗谓之"东陵瓜"，从召平以为名也</u>（〇）闲情冷笔，点缀入妙。召平谓相国曰："祸自此始矣。

上暴露于外而君守于中，非被矢石之事而益君封置卫者，以今者淮阴侯新反于中，疑君心矣。夫置卫卫君，非以宠君也。愿君让封勿受，悉以家私财佐军，则上心说。"（○）相国从其计，高帝乃大喜。

汉十二年秋，黥布反，上自将击之，数使使问相国何为。（▼）相国为上在军，乃拊循勉力百姓，悉以所有佐军，如陈豨时。（○）客有说相国曰："君灭族不久矣。夫君位为相国，功第一，可复加哉？然君初入关中，得百姓心，十馀年矣，皆附君，常孳孳，复孳孳得民和。此处独抉出猜忌之根。上所为数问君者，畏君倾动关中。今君胡不多买田地，贱贳贷以自污？上心乃安。"（○）于是相国从其计，上乃大说。

上罢布军归，民道遮行上书，言相国贱强买民田宅数千万。上至，相国谒。上笑曰："夫相国乃利民！"民所上书皆以与相国，曰："君自谢民。"（○）相国因为民请曰："长安地狭，上林中多空地，弃，愿令民得入田，毋收稾为禽兽食。"上大怒曰："相国多受贾丰金，而为民请吾苑！"（○）说出心事。乃下相国廷尉，械系之。数日，王卫尉侍，前问曰："相国何大罪，陛下系之暴也？"上曰："吾闻李斯相秦皇帝，有善归主，有恶自与。今相国多受贾竖金而为民请吾苑，以自媚于民，故系治之。"王卫尉曰："夫职事苟有便于民而请之，真宰相事，陛下奈何乃疑相国受贾人钱乎！且陛下距楚数岁，陈豨、黥布反，陛下自将而往，何一生功业统括于此。当是时，相国守关中，摇足则关以西非陛下有也。相国不以此时为利，今乃利贾人之金乎？（○）透快。且秦以不闻其过亡天下，李斯之分过，又何足法哉。陛下何疑宰相之浅也。"高帝不怿。是日，使使持节赦出相国。相国年老，素恭谨，入，徒跣谢。高帝曰："相国休矣！相国为民请苑，吾不许，我不过为桀纣主，而相国为贤相。吾故系相国，欲令百姓闻吾过也。"（○）

何素不与曹参相能，（▼）及何病，孝惠自临视相国病，因问

曰："君即百岁后，谁可代君者？"对曰："知臣莫如主。"孝惠曰："曹参何如？"何顿首曰："帝得之矣！臣死不恨矣！"（○）

何置田宅必居穷处，为家不治垣屋。曰："后世贤，师吾俭；不贤，毋为势家所夺。"（○）

孝惠二年，相国何卒，谥为文终侯。

后嗣以罪失侯者四世，绝，天子辄复求何后，封续酂侯，功臣莫得比焉。结。

太史公曰：萧相国何于秦时为刀笔吏，碌碌未有奇节。及汉兴，依日月之末光，何谨守管龠，因民之疾秦法，顺流与之更始。（○）一字不虚美。淮阴、黥布等皆以诛灭，而何之勋烂焉。（○）幸之也。位冠群臣，声施后世，与闳夭、散宜生等争烈矣。（○）

【总评】篇中序酂侯相业后，节次写出高帝疑忌忠如。酂侯而待之者如此，盖隐为淮阴侯等痛哭矣！史公曲笔，故于酂侯语见之。

第二十二　曹相国世家 赞

　　太史公曰：曹相国参攻城野战之功，所以能多若此者，<u>以与淮阴侯俱</u>。（○）及信已灭，而列侯成功，<u>唯独参擅其名</u>。（○）参为汉相国，清静极言合道。<u>然百姓离秦之酷后，参与休息无为，故天下俱称其美矣</u>。深识至论，谁谓史公专尚黄老？

　　【总评】淮阴功高不赏，而萧曹为汉室功宗此。子长所深惜者，于二赞俱显露其意。

第二十三　留侯世家

留侯张良者，其先韩人也。（〇）提明。大父开地，相韩昭侯、宣惠王、襄哀王。父平，相釐王、悼惠王。悼惠王二十三年，平卒。卒二十岁，秦灭韩。良年少，未宦事韩。韩破，良家僮三百人，弟死不葬，悉以家财求客刺秦王，为韩报仇，以大父、父五世相韩故。（〇）名世起于忠孝。

良尝学礼淮阳。东见仓海君。得力士，为铁椎重百二十斤。秦皇帝东游，良与客狙击秦皇帝博浪沙中，（〇）误中副车。秦皇帝大怒，大索天下，求贼甚急，为张良故也。（〇）良乃更名姓，亡匿下邳。

良尝间从容步游下邳圯上，有一老父，衣褐，至良所，直堕其履圯下，顾谓良曰："孺子，下取履！"（〇）绘圯上图，是仙笔仙境。良愕然，欲殴之。为其老，强忍，下取履。父曰："履我！"（〇）良业为取履，因长跪履之。父以足受，笑而去。（〇）良殊大惊，随目之。模写。父去里所，复还，曰："孺子可教矣。后五日平明，（▼）与我会此。"良因怪之，跪曰："诺。"五日平明，良往。父已先在，（〇）怒曰："与老人期，后，何也？"去，曰："后五日早会。"五日鸡鸣，（▼）良往。父又先在，（〇）复怒曰："后，何也？"去，曰："后五日复早来。"五日，良夜未半往。有顷，父亦来，喜曰："当如是。"出一编书，曰："读此则为王者师矣。（〇）后十年兴。十三年孺子见我济北，谷城山下黄石即我矣。"伏。遂去，无他言，不复见。旦日视其书，乃《太公兵法》也。良因异之，常习诵读之。

居下邳，为任侠。项伯尝杀人，从良匿。

后十年，（▼）陈涉等起兵，良亦聚少年百馀人。景驹自立为楚假王，在留。良欲往从之，伏封留。道遇沛公。沛公将数千人，略地下邳西，遂属焉。沛公拜良为厩将。良数以《太公兵法》说沛公，_{应。}沛公善之，常用其策。良为他人言，皆不省。良曰："沛公殆天授。"故遂从之，不去见景驹。（○）

及沛公之薛，见项梁。项梁立楚怀王。良乃说项梁曰："君已立楚后，而韩诸公子横阳君成贤，_{为韩本心。}可立为王，益树党。"项梁使良求韩成，立以为韩王。以良为韩申徒，与韩王将千馀人西略韩地，得数城，秦辄复取之，往来为游兵颍川。

沛公之从洛阳南出轘辕，良引兵从沛公，（▼）下韩十馀城，击破杨熊军。沛公乃令韩王成留守阳翟，与良（▼）俱南，攻下宛，西入武关。沛公欲以兵二万人击秦峣下军，良说曰："秦兵尚强，未可轻。臣闻其将屠者子，贾竖易动以利。愿沛公且留壁，使人先行，为五万人具食，益为张旗帜诸山上，为疑兵，令郦食其持重宝啗秦将。"秦将果畔，欲连和俱西袭咸阳，沛公欲听之。良曰："此独其将欲叛耳，恐士卒不从。不从必危，不如因其解击之。"（○）_{变计。}沛公乃引兵击秦军，大破之。遂北至蓝田，再战，秦兵竟败。遂至咸阳，秦王子婴降沛公。

沛公入秦宫，宫室帷帐狗马重宝妇女以千数，意欲留居之。樊哙谏沛公出舍，沛公不听。良曰："夫秦为无道，故沛公得至此。夫为天下除残贼，宜缟素为资。今始入秦，即安其乐，此所谓'助桀为虐'。（○）_{唱秦将奇谋谏沛公，正论子房佐汉发轫于此。}且'忠言逆耳利于行，毒药苦口利于病'，愿沛公听樊哙言。"沛公乃还军霸上。

项羽至鸿门下，欲击沛公，项伯乃夜驰入沛公军，_{应。}私见张良，欲与俱去。良曰："臣为韩王送沛公，今事有急，亡去不义。"乃具以语沛公。沛公大惊，曰："为将奈何？"良曰："沛公诚欲倍项羽邪？"沛公曰："鲰生教我距关无内诸侯，秦地可尽王，故听之。"（▼）良曰："沛公自度能却项羽乎？"沛公默然良久，曰："固不能也。今为奈何？"良乃固要项伯。项伯见沛公。沛公与饮为

寿，结宾婚。令项伯具言沛公不敢倍项羽，所以距关者，备他盗也。及见项羽后解，语在项羽事中。(▼)

汉元年正月，沛公为汉王，王巴蜀。汉王赐良金百镒，珠二斗，良具以献项伯。结上。汉王亦因令良厚遗项伯，(▼)使请汉中地。项王乃许之，遂得汉中地。汉王之国，良送至褒中，遣良归韩。良因说汉王曰："王何不烧绝所过栈道，汉亦为韩。示天下无还心，以固项王意。"乃使良还。行，烧绝栈道。

良至韩，韩王成以良从汉王故，项王不遣成之国，从与俱东。良说项王曰："汉王烧绝栈道，无还心矣。"乃以齐王田荣反，书告项王。项王以此无西忧汉心，中计。而发兵北击齐。(○)

项王竟不肯遣韩王，乃以为侯，又杀之彭城。良亡，间行归汉王，(▼)此后一心为汉。汉王亦已还定三秦矣。(○)复以良为成信侯，从东击楚。至彭城，汉败而还。至下邑，汉王下马踞鞍而问曰：(▼)"吾欲捐关以东等弃之，谁可与共功者？"(○)豁达大度。良进曰："九江王黥布，楚枭将，与项王有郤；彭越与齐王田荣反梁地：此两人可急使。而汉王之将独韩信可属大事，当一面。即欲捐之，捐之此三人，则楚可破也。"(○)汉王乃遣随何说九江王布，而使人连彭越。及魏王豹反，使韩信将兵击之，因举燕、代、齐、赵。然卒破楚者，此三人力也。张良多病，未尝特将也，常为画策臣，时时从汉王。(○)见高祖驱驾三人乃子房教之。

汉三年，项羽急围汉王荥阳，汉王恐忧，与郦食其谋桡楚权。食其曰："昔汤伐桀，封其后于杞。武王伐纣，封其后于宋。今秦失德弃义，侵伐诸侯社稷，灭六国之后，使无立锥之地。陛下诚能复立六国后世，毕已受印，此其君臣百姓必皆戴陛下之德，莫不乡风慕义，愿为臣妾。德义已行，陛下南乡称霸，楚必敛衽而朝。"汉王曰："善。趣刻印，(○)先生因行佩之矣。"

食其未行，张良从外来谒。汉王方食，(▼)曰："子房前！客有为我计桡楚权者。"具以郦生语告于子房曰:"何如?"良曰:"谁为陛下画此计者?陛下事去矣。"汉王曰:"何哉?"张良对曰:"臣请藉前箸为大王筹之。"曰:"昔者汤伐桀而封其后于杞者,度能制桀之死命也。今陛下能制项籍之死命乎?"曰:"未能也。""其不可一也。武王伐纣封其后于宋者,度能得纣之头也。今陛下能得项籍之头乎?"曰:"未能也。""其不可二也。武王入殷,表商容之闾,释箕子之拘,封比干之墓。今陛下能封圣人之墓,表贤者之闾,式智者之门乎?"曰:"未能也。""其不可三也。发钜桥之粟,散鹿台之钱,以赐贫穷。今陛下能散府库以赐贫穷乎?"曰:"未能也。""其不可四矣。殷事已毕,偃革为轩,倒置干戈,覆以虎皮,以示天下不复用兵。今陛下能偃武行文,不复用兵乎?"曰:"未能也。""其不可五矣。休马华山之阳,示以无所为。今陛下能休马无所用乎?"曰:"未能也。""其不可六矣。放牛桃林之阴,以示不复输积。今陛下能放牛不复输积乎?"曰:"未能也。""其不可七矣。且天下游士离其亲戚,弃坟墓,去故旧,从陛下游者,徒欲日夜望咫尺之地。前俱衍言,此方寔说利害。今复六国,立韩、魏、燕、赵、齐、楚之后,天下游士各归事其主,从其亲戚,反其故旧坟墓,陛下与谁取天下乎?(○)其不可八矣。且夫楚唯无强,六国立者复桡而从之,陛下焉得而臣之?(○)诚用客之谋,陛下事去矣。"汉王辍食吐哺,骂曰:"竖儒,几败而公事!"令趣销印。(○)

汉四年,韩信破齐而欲自立为齐王,汉王怒。张良说汉王,汉王使良授齐王信印,语在淮阴事中。(▼)

其秋,汉王追楚至阳夏南,战不利而壁固陵,诸侯期不至。良说汉王,汉王用其计,诸侯皆至。语在项籍事中。(▼)

汉六年正月,封功臣。良未尝有战斗功,(○)高帝曰:"运筹策帷帐中,决胜千里外,子房功也。(○)应前画策。自择齐三万户。"良曰:"始臣起下邳,与上会留,此天以臣授陛下。应前"天授"。陛下用臣计，幸而时中，臣愿封留应前。足矣，不敢当三万户。"乃封张良为留侯，(▼)与萧何等俱封。

六年，上已封大功臣二十馀人，其馀日夜争功不决，未得行封。上在洛阳南宫，从复道望见诸将往往相与坐沙中语。上曰："此何语？"留侯曰："陛下不知乎？此谋反耳。"激之。上曰："天下属安定，何故反乎？"留侯曰："陛下起布衣，以此属取天下，今陛下为天子，而所封皆萧、曹故人所亲爱，而所诛者皆生平所仇怨。(○)一语保全不少。今军吏计功，以天下不足遍封，此属畏陛下不能尽封，恐又见疑平生过失及诛，(○)故即相聚谋反耳。"上乃忧曰："为之奈何？"留侯曰："上平生所憎，群臣所共知，谁最甚者？"上曰："雍齿与我故，数尝窘辱我。我欲杀之，为其功多，故不忍。"留侯曰："今急先封雍齿以示群臣，群臣见雍齿封，则人人自坚矣。"于是上乃置酒，封雍齿为什方侯，而急趣丞相、御史定功行封。群臣罢酒，皆喜曰："雍齿尚为侯，我属无患矣。"

刘敬说高帝曰："都关中。"上疑之。左右大臣皆山东人，多劝上都洛阳："洛阳东有成皋，西有殽黾，倍河，向伊洛，其固亦足恃。"留侯曰："洛阳虽有此固，其中小，不过数百里，田地薄，四面受敌，此非用武之国也。夫关中左殽函，右陇蜀，沃野千里，南有巴蜀之饶，北有胡苑之利，阻三面而守，独以一面专制诸侯。诸侯安定，河渭漕挽天下，西给京师；诸侯有变，顺流而下，足以委输。此所谓金城千里，天府之国也，(○)彻底打算。刘敬说是也。"于是高帝即日驾，西都关中。

留侯从入关。留侯性多病，即道引不食谷，杜门不出岁馀。(○)

上欲废太子，立戚夫人子赵王如意。大臣多谏争，未能得坚决者也。吕后恐，不知所为。人或谓吕后曰："留侯善画计策，上信用之。"吕后乃使建成侯吕泽劫留侯，曰："君常为上谋臣，今上欲易太子，君安得高枕而卧乎？"留侯曰："始上数在困急之中，幸用臣策。今天下安定，以爱欲易太子，骨肉之间，虽臣等百馀人何益。"吕泽强要曰："为我画计。"留侯曰："此难以口舌争也。（〇）确。顾上有不能致者，天下有四人。四人者年老矣，皆以为上慢侮人，故逃匿山中，义不为汉臣。然上高此四人。（〇）今公诚能无爱金玉璧帛，令太子为书，卑辞安车，因使辩士固请，宜来。来，以为客，时时从入朝，令上见之，则必异而问之。问之，上知此四人贤，则一助也。"（〇）于是吕后令吕泽使人奉太子书，卑辞厚礼，迎此四人。四人至，客建成侯所。

汉十一年，黥布反，上病，欲使太子将，往击之。四人相谓曰："凡来者，将以存太子。太子将兵，事危矣。"乃说建成侯曰："太子将兵，有功则位不益太子；无功还，则从此受祸矣。且太子所与俱诸将，皆尝与上定天下枭将也，今使太子将之，此无异使羊将狼也，皆不肯为尽力，其无功必矣。臣闻'母爱者子抱'，今戚夫人日夜侍御，赵王如意常抱居前，上曰'终不使不肖子居爱子之上'，明乎其代太子位必矣。君何不急请吕后承间为上泣言：'黥布，天下猛将也，善用兵，今诸将皆陛下故等夷，乃令太子将此属，无异使羊将狼，莫肯为用，且使布闻之，则鼓行而西耳。（〇）耸听。上虽病，强载辎车，卧而护之，诸将不敢不尽力。上虽苦，为妻子自强。'"于是吕泽立夜见吕后，吕后承间为上泣涕而言，如四人意。上曰："吾惟竖子固不足遣，而公自行耳。"于是上自将兵而东，群臣居守，皆送至灞上。留侯病，自强起，至曲邮，见上曰："臣宜从，病甚。楚人剽疾，愿上无与楚人争锋。"因说上曰："令太子为将军，监关中兵。"（〇）上曰："子房虽病，强卧而傅太子。"是时叔孙通为太傅，留侯行少傅事。

汉十二年，上从击破布军归，疾益甚，愈欲易太子。留侯谏，不听，因疾不视事。叔孙太傅称说引古今，以死争太子。上详许之，犹欲易之。及燕，置酒，太子侍。四人从太子，年皆八十有馀，须眉皓白，衣冠甚伟。(〇)慕写详惠。上怪之，问曰："彼何为者？"<u>四人前对，各言名姓，曰东园公，甪里先生，绮里季，夏黄公。</u>至此才吐姓名烈烈。上乃大惊，曰："吾求公数岁，公辟逃我，今公何自从吾儿游乎？"(〇)四人皆曰："陛下轻士善骂，臣等义不受辱，故恐而亡匿。窃闻太子为人仁孝，恭敬爱士，<u>天下莫不延颈欲为太子死者</u>，(〇)狠语动之。故臣等来耳。"上曰："烦公幸卒调护太子。"

四人为寿已毕，<u>趋去。上目送之，召戚夫人指示四人者曰</u>：(〇)"我欲易之，彼四人辅之，羽翼已成，难动矣。吕后真而主矣。"(〇)戚夫人泣，上曰："为我楚舞，吾为若楚歌。"(〇)歌曰："鸿雁高飞，一举千里。羽翮已就，横绝四海。横绝四海，当可奈何！虽有矰缴，尚安所施！"歌数阕，戚夫人嘘唏流涕，<u>上起去，罢酒。竟不易太子者，留侯本招此四人之力也</u>。(〇)结上。

留侯从上击代，出奇计马邑下，及立萧何相国，所与上从容言天下事甚众，非天下所以存亡，故不著。留侯乃称曰："<u>家世相韩，及韩灭，不爱万金之资，为韩报仇强秦，天下振动</u>。数语括一生心事。<u>今以三寸舌为帝者师，封万户，位列侯，此布衣之极，于良足矣。愿弃人间事，欲从赤松子游耳</u>。"(〇)乃学辟谷，道引轻身。会高帝崩，吕后德留侯，乃强食之，曰："人生一世间，如白驹过隙，何至自苦如此乎！"留侯不得已，强听而食。

后八年卒，谥为文成侯。子不疑代侯。

<u>子房始所见下邳圯上老父与《太公书》者，后十三年从高帝过济北，果见谷城山下黄石，取而葆祠之</u>。(〇)留侯死，并葬黄石冢。每上冢伏腊，祠黄石(冢)。留侯不疑，孝文帝五年坐不敬，国除。

太史公曰：<u>学者多言无鬼神，然言有物。至如留侯所见老父予书，亦可怪矣</u>。(〇)高祖离困者数矣，而留侯常有功力焉，<u>岂可谓非天乎</u>？上曰："夫运筹策帷帐之中，决胜千里外，吾不如子房。"

余以为其人计魁梧奇伟,至见其图,状貌如妇人好女。盖孔子曰:"以貌取人,失之子羽。"留侯亦云。

【总评】"运筹帷幄中,决胜千里外",二语统括全篇。忽而圯上老人,忽而谷城黄石,其犹龙乎?子房从赤松子游,夫固授之以意也,岂止《太公兵法》哉?

第二十四　陈丞相世家

　　陈丞相平者，阳武户牖乡人也。少时家贫，好读书，知谋之根。有田三十亩，独与兄伯居。伯常耕田，纵平使游学。平为人长大美色。伏。人或谓陈平曰："贫何食而肥若是？"其嫂嫉平之不视家生产，曰："亦食糠核耳。有叔如此，不如无有。"伯闻之，逐其妇而弃之。

　　及平长，可娶妻，富人莫肯与者，贫者平亦耻之。久之，户牖富人有张负，张负女孙五嫁而夫辄死，人莫敢娶。平欲得之。邑中有丧，平贫，侍丧，<u>以先往后罢为助</u>。（▼）张负既见之丧所，<u>独视伟平，平亦以故后去</u>。具眼。负随平至其家，<u>家乃负郭穷巷，以弊席为门，然门外多有长者车辙</u>。（〇）张负归，谓其子仲曰："吾欲以女孙予陈平。"张仲曰："平贫不事事，一县中尽笑其所为，独奈何予女乎？"负曰："人固有好美如陈平而长贫贱者乎？"卒与女。为平贫，乃假贷币以聘，予酒肉之资以内妇。负诫其孙曰："毋以贫故，事人不谨。事兄伯如事父，事嫂如母。"平既娶张氏女，赍用益饶，游道日广。

　　里中社，平为宰，分肉食甚均。父老曰："善，陈孺子之为宰！"平曰："嗟乎，<u>使平得宰天下，亦如是肉矣</u>！"（〇）慨然。

　　陈涉起而王陈，使周市略定魏地，立魏咎为魏王，与秦军相攻于临济。陈平固已前谢其兄伯，从少年往事魏王咎于临济。<u>魏王以为太仆</u>。（▼）说魏王不听，人或谗之，陈平亡去。

　　久之，项羽略地至河上，陈平往归之，从入破秦，<u>赐平爵卿</u>。（▼）项羽之东王彭城也，汉王还定三秦而东，殷王反楚。<u>项羽乃以平为信武君</u>，（▼）将魏王咎客在楚者句法简健。以往，击降殷王而还。<u>项王使项悍拜平为都尉</u>，（▼）赐金二十镒。居无何，汉王攻下殷王。项王怒，将诛定殷者将吏。陈平惧诛，乃封其金与印，使使归项王，而平身间行杖剑亡。渡河，船人见其美丈夫独行，疑其亡将，要中当有金玉宝器，目之，欲杀平。平恐，乃解衣裸而佐刺舩。（▼）舩人知其无有，乃止。

平遂至修武降汉，因魏无知求见汉王，伏。汉王召入。是时万石君奋为汉王中涓，受平谒，入见平。平等七人俱进，赐食。王曰："罢，就舍矣。"平曰："臣为事来，所言不可以过今日。"（〇）于是汉王与语而说之，问曰："子之居楚何官？"曰："为都尉。"是日乃拜平为都尉，使为参乘，典护军。（▼）诸将尽讙，曰："大王一日得楚之亡卒，未知其高下，而即与同载，反使监护军长者！"汉王闻之，愈益幸平。遂与东伐项王。至彭城，为楚所败。引而还，收散兵至荥阳，以平为亚将，属于韩王信，军广武。

绛侯、灌婴等咸谗陈平曰："平虽美丈夫，如冠玉耳，其中未必有也。臣闻平居家时，盗其嫂；事魏不容，亡归楚；归楚不中，又亡归汉。今日大王尊官之，令护军。臣闻平受诸将军金，金多者得善处，金少者得恶处。平，反覆乱臣也，愿王察之。"汉王疑之，召让魏无知。无知曰："臣所言者，能也；陛下所问者，行也。今有尾生、孝己之行而无益于胜负之数，陛下何暇用之乎？楚汉相距，臣进奇谋之士，（〇）二字括全篇。顾其计诚足以利国家不耳。且盗嫂受金又何足疑乎？"汉王召让平曰："先生事魏不中，遂事楚而去，今又从吾游，信者固多心乎？"平曰："臣事魏王，魏王不能用臣说，故去事项王。项王不能信人，其所任爱，非诸项即妻之昆弟，虽有奇士不能用，平乃去楚。闻汉王之能用人，故归大王。臣裸身来，不受金无以为资。诚臣计画有可采者，愿大王用之；使无可用者，金具在，请封输官，得请骸骨。"（〇）对豁达人说真实话，无有不入。汉王乃谢，厚赐，拜为护军中尉，尽护诸将。诸将乃不敢复言。（▼）

其后，楚急攻，绝汉甬道，围汉王于荥阳城。久之，汉王患之，请割荥阳以西以和。项王不听。汉王谓陈平曰："天下纷纷，何时定乎？"陈平曰："项王为人，恭敬爱人，士之廉节好礼者多归之。至于行功爵邑，重之，士亦以此不附。今大王慢而少礼，所见与淮阴又别。士廉节者不来；然大王能饶人以爵邑，士之顽钝嗜利无耻者亦多归汉。<u>诚各去其两短，袭其两长，天下指麾则定矣</u>。（〇）然大王恣侮人，不能得廉节之士。顾楚有可乱者，彼项王骨鲠之臣亚父、钟离眛、龙且、周殷之属，不过数人耳。大王诚能出捐数万斤金，行反间，间其君臣，以疑其心，项王为人意忌信谗，必内相诛。汉因举兵而攻之，破楚必矣。"汉王以为然，乃出黄金四万斤，与陈平，恣所为，不问其出入。

陈平既多以金纵反间于楚军，宣言诸将钟离眛等为项王将，功多矣，然而终不得裂地而王，欲与汉为一，以灭项氏而分王其地。项羽果意不信钟离眛等。项王既疑之，使使至汉。汉王为太牢具，举进。见楚使，即详惊曰："吾以为亚父使，乃项王使！"复持去，更以恶草具进楚使。楚使归，具以报项王。项王果大疑亚父。亚父欲急攻下荥阳城，项王不信，不肯听。亚父闻项王疑之，乃怒曰："天下事大定矣，君王自为之！愿请骸骨归！"归未至彭城，疽发背而死。<u>陈平乃夜出女子二千人荥阳城东门，楚因击之，陈平乃与汉王从城西门夜出去。遂入关，收散兵复东</u>。（〇）

其明年，淮阴侯破齐，自立为齐王，使使言之汉王。汉王大怒而骂，陈平蹑汉王。汉王亦悟，乃厚遇齐使，使张子房卒立信为齐王。<u>封平以户牖乡</u>。（▼）用其奇计策，卒灭楚。总一句。常以护军中尉从定燕王臧荼。

汉六年，人有上书告楚王韩信反。高帝问诸将，诸将曰："亟发兵坑竖子耳。"高帝默然。问陈平，平固辞谢，曰："诸将云何？"上具告之。陈平曰："人之上书言信反，<u>有知之者乎</u>？"（〇）曰："未有。"曰："<u>信知之乎</u>？"（〇）先着两问详细。曰："不知。"陈平曰："陛下精兵孰与楚？"上曰："不能过。"平曰："陛下将用兵有能过韩信者乎？"上曰："莫及也。"平曰："今兵不如楚精，而将不能及，而举兵攻之，是趣之战也，（〇）窃为陛下危之。"上曰："为之奈何？"平曰："古者天子巡狩，会诸侯。南方有云梦，陛下第出伪游云梦，会诸侯于陈。陈，楚之西界，信闻天子以好出游，其势必无事而郊迎谒。谒，而陛下因禽之，此特一力士之事耳。"（〇）高帝以为然，乃发使告诸侯会陈，"吾将南游云梦"。上因随以行。行未至陈，楚王信果郊迎道中。高帝豫具武士，见信至，即执缚之，载后车。信呼曰："天下已定，我固当烹！"高帝顾谓信曰："若毋声！而反，明矣！"武士反接之。遂会诸侯于陈，尽定楚地。还至雒阳，赦信以为淮阴侯，而与功臣剖符定封。

于是与平剖符，世世勿绝，为户牖侯。（▼）平辞曰："此非臣之功也。"（〇）上曰："吾用先生谋计，战胜克敌，非功而何？"平曰："非魏无知臣安得进？"（〇）上曰："若子可谓不背本矣。"（〇）乃复赏魏无知。（▼）其明年，以护军中尉从攻反者韩王信于代。卒至平城，为匈奴所围，七日不得食。高帝用陈平奇计，使单于阏氏，围以得开。高帝既出，其计祕，世莫得闻。

高帝南过曲逆，上其城，望见其屋室甚大，曰："壮哉县！吾行天下，独见洛阳与是耳。"顾问御史曰："曲逆户口几何？"对曰："始秦时三万馀户，间者兵数起，多亡匿，今见五千户。"于是乃诏御史，更以陈平为曲逆侯，（▼）尽食之，除前所食户牖。

其后常以护军中尉从攻陈豨及黥布。凡六出奇计，总前。辄益邑，凡六益封。奇计或颇祕，世莫能闻也。（〇）

高帝从破布军还，病创，徐行至长安。燕王卢绾反，上使樊哙以相国将兵攻之。既行，人有短恶哙者。高帝怒曰："哙见吾病，乃冀我死也。"用陈平谋而召绛侯周勃受诏床下，曰："陈平亟驰传载勃代哙将，平至军中即斩哙头！"二人既受诏，驰传未至军，行计之曰："樊哙，帝之故人也，功多，且又乃吕后弟吕媭之夫，有亲且贵，帝以忿怒故，欲斩之，则恐后悔。宁囚而致上，上自诛之。"未至军，为坛，以节召樊哙。哙受诏，则反接载槛车，传诣长安，而令绛侯勃代将，将兵定燕反县。

平行闻高帝崩，平恐吕太后及吕媭谗怒，<u>乃驰传先去</u>。（〇）逢使者诏平与灌婴屯于荥阳。平受诏，<u>立复驰至宫，哭甚哀，因奏事丧前</u>。（〇）吕太后哀之，曰："君劳，出休矣。"<u>平畏谗之就，因固请得宿卫中</u>。（〇）太后乃以为郎中令，曰："傅教孝惠。"（▼）是后吕媭谗乃不得行。樊哙至，则赦复爵邑。

孝惠帝六年，相国曹参卒，以安国侯王陵为右丞相，<u>陈平为左丞相</u>。（▼）王陵者，插叙王陵。故沛人，始为县豪，高祖微时，兄事陵。陵少文，任气，好直言。及高祖起沛，入至咸阳，陵亦自聚党数千人，居南阳，不肯从沛公。及汉王之还攻项籍，陵乃以兵属汉。项羽取陵母置军中，陵使至，则东乡坐陵母，欲以招陵。陵母既私送使者，泣曰："<u>为老妾语陵，谨事汉王。汉王，长者也，无以老妾故，持二心。妾以死送使者</u>。"（〇）遂伏剑而死。项王怒，烹陵母。陵卒从汉王定天下。以善雍齿，雍齿，高帝之仇，而陵本无意从高帝，以故晚封，为安国侯。

安国侯既为右丞相，二岁，孝惠帝崩。高后欲立诸吕为王，问王陵，王陵曰："不可。"问陈平，陈平曰："可。"吕太后怒，乃详迁陵为帝太傅，实不用陵。陵怒，谢疾免，杜门竟不朝请，七年而卒。

陵之免丞相，吕太后乃徙平为右丞相，以辟阳侯审食其为左丞相。左丞相不治，常给事于中。

食其亦沛人。汉王之败彭城，西，楚取太上皇、吕后为质，食其以舍人侍吕后。其后从破项籍为侯，幸于吕太后。及为相，居中，百官皆因决事。

吕媭常以前陈平为高帝谋执樊哙，数谗曰："陈平为相非治事，日饮醇酒，戏妇女。"陈平闻，日益甚。吕太后闻之，<u>私独喜</u>。（○）面质吕媭于陈平曰："鄙语曰'儿妇人口不可用'，顾君与我何如耳。无畏吕媭之谗也。"

吕太后立诸吕为王，陈平伪听之。及吕太后崩，<u>平与太尉勃合谋，卒诛诸吕，立孝文皇帝，陈平本谋也</u>。（○）束住。审食其免相。

孝文帝立，以为太尉勃亲以兵诛吕氏，功多；陈平欲让勃尊位，乃谢病。孝文帝初立，怪平病，问之。平曰："高祖时，勃功不如臣平。及诛诸吕，臣功亦不如勃。愿以右丞相让勃。"于是孝文帝乃以绛侯勃为右丞相，位次第一；<u>平徙为左丞相，位次第二。赐平金千斤，益封三千户</u>。（▼）居顷之，孝文皇帝既益明习国家事，朝而问右丞相勃曰："天下一岁决狱几何？"勃谢曰："不知。"问："天下一岁钱谷出入几何？"勃又谢不知，<u>汗出沾背，愧不能对</u>。（○）于是上亦问左丞相平。平曰："<u>有主者</u>。"（○）上曰："主者谓谁？"平曰："<u>陛下即问决狱，责廷尉；问钱谷，责治粟内史</u>。"（○）上曰："苟各有主者，而君所主者何事也？"平谢曰："主臣！陛下不知其驽下，使待罪宰相。<u>宰相者，上佐天子理阴阳，顺四时，下育万物之宜，外镇抚四夷诸侯，内亲附百姓，使卿大夫各得任其职焉</u>。"（○）强词。孝文帝乃称善。右丞相大惭，出而让陈平曰："君独不素教我对！"陈平笑曰："君居其位，不知其任邪？且陛下即问长安中盗贼数，君欲强对邪？"于是绛侯自知其能不如平远矣。居顷之，绛侯谢病请免相，<u>陈平专为一丞相</u>。（▼）

孝文帝二年，丞相陈平卒，谥为献侯。子共侯买代侯。二年卒，子简侯恢代侯。二十三年卒，子何代侯。三十三年，何坐略人妻，弃市，国除。

始陈平曰："<u>我多阴谋，是道家之所禁</u>。就平语收拾全篇。<u>吾世即废，亦已矣，终不能复起，以吾多阴祸也</u>。"（○）然其后曾孙陈掌以卫氏亲贵戚，愿得续封陈氏，<u>然终不得</u>。（▼）

太史公曰：陈丞相平少时，本好黄帝、老子之术。方其割肉俎上之时，其意固已远矣。（〇）倾侧扰攘楚魏之间，卒归高帝。常出奇计，救纷纠之难，振国家之患。及吕后时，事多故矣，然平竟自脱，定宗庙，以荣名终，称贤相，岂不善始善终哉！非知谋孰能当此者乎？（〇）一句断。

【总评】赞中"善始善终"四字藏无限感慨，可见非知谋则平几不脱虎口。

第二十五　绛侯周勃世家 节录条侯 赞

　　文帝之后六年，匈奴大入边。乃以宗正刘礼为将军，军霸上；祝兹侯徐厉为将军，军棘门；以河内守亚夫为将军，军细柳：以备胡。上自劳军。至霸上及棘门军，（〇）阙笔。直驰入，将以下骑送迎。已而之细柳军，军士吏被甲，排场妙。锐兵刃，彀弓弩，持满。天子先驱至，不得入。（〇）先驱曰："天子且至！"军门都尉曰："将军令曰'军中闻将军令，不闻天子之诏'。"（〇）居无何，上至，又不得入。（〇）于是上乃使使持节诏将军："吾欲入劳军。"亚夫乃传言开壁门。细写。壁门士吏谓从属车骑曰："将军约，军中不得驰驱。"于是天子乃按辔徐行。至营，将军亚夫持兵揖曰："介胄之士不拜，请以军礼见。"天子为动，改容式车。使人称谢："皇帝敬劳将军。"成礼而去。文帝驭将，殊而有礼。既出军门，群臣皆惊。（〇）文帝曰："嗟乎，此真将军矣！曩者霸上、棘门军，若儿戏耳，（〇）其将固可袭而虏也。至于亚夫，可得而犯邪！"称善者久之。月馀，三军皆罢。乃拜亚夫为中尉。（▼）

　　太史公曰：绛侯周勃始为布衣时，鄙朴人也，才能不过凡庸。（〇）及从高祖定天下，在将相位，诸吕欲作乱，勃匡国家难，复之乎正。虽伊尹、周公，扬。何以加哉！（〇）亚夫之用兵，持威重，执坚刃，穰苴曷有加焉！扬。足己而不学，总抑。守节不逊，终以穷困。悲夫！（〇）

　　【总评】功名威望居之最难，惟谦逊退让可以善始善终耳。然此非不学者所知也。太史公望淮阴以学道谦让，责绛侯、条侯以足己不学，守节不逊。旨哉言乎！

史记选 卷四

宜兴　储　欣同人　评
　　　　男　芝五采参　述
　　门下后学　吴振乾文岩、徐永勲公逊、
　　　　董南纪宗少、孙男　掌文曰虞　　　　　校订

第二十六　伯夷列传

　　夫学者载籍极博，犹考信于六艺。主。《诗》、《书》虽缺，然虞夏之文可知也。（〇）四句引起舜禹事。尧将逊位，让于虞舜，舜禹之间，岳牧咸荐，乃试之于位，典职数十年，功用既兴，然后授政。示天下重器，王者大统，传天下若斯之难也。而说者曰（〇）："尧让天下于许由，许由不受，耻之逃隐。及夏之时，有卞随、务光者。"此何以称焉？太史公曰：余登箕山，其上盖有许由冢云。（〇）插此句入，妙！孔子序列古之仁圣贤人，传伯夷，以孔子为据。如吴太伯、伯夷之伦详矣。余以所闻由、光义至高，其文辞不少概见，何哉？（〇）又应起句，又暗呼末句。

　　孔子曰：（△）"伯夷、叔齐，不念旧恶，怨是用希。""求仁得仁，又何怨乎？"余悲伯夷之意，睹轶诗可异焉。（〇）就"何怨"一句生波。其传曰：

　　　　伯夷、叔齐，孤竹君之二子也。父欲立叔齐，及父卒，叔齐让伯夷。伯夷曰："父命也。"遂逃去。叔齐亦不肯立而逃之。国人立其中子。于是伯夷、叔齐闻西伯昌善养老，盍往归焉。及至，西伯卒，武王载木主，号为文王，东伐纣。伯夷、叔齐叩马而谏曰："父死不葬，爰及干戈，可谓孝乎？以臣弑君，可谓仁乎？"左右欲兵之。太公曰："此义人也。"扶而去之。武王已平殷乱，天下宗周，而伯夷、叔齐耻之，义不食周粟，隐于首阳

山，采薇而食之。及饿且死，作歌。其辞曰："登彼西山兮，采其薇兮。以暴易暴兮，不知其非矣。神农、虞、夏忽焉没兮，我安适归矣？于嗟徂兮，命之衰矣！"遂饿死于首阳山。

由此观之，怨耶非耶？（〇）就"何怨"一句生波。一顿。

或曰："天道无亲，常与善人。"若伯夷、叔齐，可谓善人者非耶？牢骚愤懑，情溢乎词。积仁洁行如此而饿死！且七十子之徒，推言。仲尼独荐颜渊为好学。然回也屡空，糟糠不厌，而卒蚤夭。天之报施善人，其何如哉？盗蹠日杀不辜，肝人之肉，暴戾恣睢，聚党数千人横行天下，竟以寿终。是遵何德哉？此其尤大彰明较著者也。束颜渊、盗跖二节。若至近世，推一层。操行不轨，专犯忌讳，而终身逸乐，富厚累世不绝。或择地而蹈之，时然后出言，行不由径，非公正不发愤，而遇祸灾者，不可胜数也。太史公寓言为李陵遭刑之意。余甚惑焉，傥所谓天道，是耶非耶？（〇）一结。

子曰"道不同不相为谋"，亦各从其志也。天道难知，士各有志，此是正论。故曰"富贵如可求，虽执鞭之士，吾亦为之。如不可求，从吾所好"。"岁寒，然后知松柏之后凋"。举世混浊，清士乃见。岂以其重若彼，其轻若此哉？（〇）

"君子疾没世而名不称焉。"（〇）贾子曰："贪夫徇财，烈士徇名，夸者死权，众庶冯生。""同明相照，同类相求。""云从龙，风从虎，圣人作而万物睹。"伯夷、叔齐虽贤，得夫子而名益彰。颜渊虽笃学，附骥尾而行益显。（〇）结归考信六艺，意见夷齐、颜渊幸遇孔子而传此，中有无限感慨。岩穴之士，趣舍有时若此，类名湮灭而不称，悲夫！闾巷之人，欲砥行立名者，非附青云之士，恶能施于后世哉？（〇）

【总评】考信《诗》《书》，折中夫子，盖惜由、光之无征而伯夷让国有据也。高节虽同传，否则异首尾议论，本相映发，中间特翻一波。

第二十七　管晏列传

　　管仲夷吾者，颍上人也。少时常与鲍叔牙游，鲍叔知其贤。"知"字本骨。管仲贫困，常欺鲍叔，鲍叔终善遇之，不以为言。（〇）已而鲍叔事齐公子小白，管仲事公子纠。及小白立为桓公，公子纠死，管仲囚焉。鲍叔遂进管仲。管仲既用，结。任政于齐，齐桓公以霸，九合诸侯，一匡天下，管仲之谋也。（〇）一生出处，感知鲍叔，略进数言，却字字真切，看他俱从管仲口中写出。

　　管仲曰："吾始困时，尝与鲍叔贾，分财利多自与，鲍叔不以我为贪，知我贫也。吾尝为鲍叔谋事而更穷困，鲍叔不以我为愚，知时有利不利也。吾尝三仕三见逐于君，鲍叔不以我为不肖，知我不遭时也。（〇）吾尝三战三走，鲍叔不以我怯，知我有老母也。（〇）公子纠败，召忽死之，吾幽囚受辱，鲍叔不以我为无耻，知我不羞小节而耻功名不显于天下也。生我者父母，知我者鲍子也。"（〇）

　　鲍叔既进管仲，以身下之。子孙世禄于齐，有封邑者十馀世，常为名大夫。天下不多管仲之贤而多鲍叔能知人也。（〇）收"知"字。

　　管仲既任政相齐，以区区之齐在海滨，通货积财，富国强兵，与俗同好恶。（〇）提。故其称曰："仓廪实而知礼节，衣食足而知荣辱，上服度则六亲固。四维不张，国乃灭亡。下令如流水之源，令顺民心。"故论卑而易行。（〇）俗之所欲，因而予之；俗之所否，因而去之。行政于国。

　　其为政也，善因祸而为福，转败而为功。（〇）贵轻重，慎权衡。桓公实怒少姬，南袭蔡，管仲因而伐楚，责包茅不入贡于周室。行政于天下。桓公实北征山戎，而管仲因而令燕修召公之政。于柯之会，桓公欲背曹沫之约，管仲因而信之，诸侯由是归齐。故曰："知与之为取，政之宝也。"（〇）结。

　　管仲富拟于公室，有三归、反坫，齐人不以为侈。管仲卒，齐国遵其政，常强于诸侯。后百馀年而有晏子焉。（○）束上渡下。

晏平仲婴者，莱之夷维人也。事齐灵公、庄公、景公，以节俭力行（△）提。重于齐。既相齐，食不重肉，妾不衣帛。节俭。其在朝，君语及之，即危言；语不及之，即危行。力行。国有道，即顺命；无道，即衡命。以此三世显名于诸侯。结。

越石父贤，在缧绁中。晏子出，遭之涂，解左骖赎之，载归。弗谢，入闺。久之，越石父请绝。（○）请绝、请去，俱于不情中写出至理。晏子戄然，摄衣冠谢曰："婴虽不仁，免子于厄，何子求绝之速也？"石父曰："不然。吾闻君子诎于不知己而信于知己者。方吾在缧绁中，彼不知我也。夫子既已感寤而赎我，是知己；知己而无礼，固不如在缧绁之中。"（○）晏子于是延入为上客。（▼）

晏子为齐相，出，其御之妻从门间而窥其夫。其夫为相御，拥大盖，策驷马，意气扬扬，甚自得也。既而归，其妻请去。（○）描写尽情。夫问其故。妻曰："晏子长不满六尺，身相齐国，名显诸侯。今者妾观其出，志念深矣，常有以自下者。今子长八尺，乃为人仆御，然子之意自以为足，妾是以求去也。"（○）其后夫自抑损。晏子怪而问之，御以实对。晏子荐以为大夫。（▼）

太史公曰：吾读管氏《牧民》、《山高》、《乘马》、《轻重》、《九府》，及《晏子春秋》，详哉其言之也。既见其著书，欲观其行事，故次其传。至其书，世多有之，是以不论，论其轶事。（▼）

管仲，世所谓贤臣，然孔子小之。分赞处，极抑扬之致。岂以为周道衰微，桓公既贤，而不勉之至王，乃称霸哉？语曰"将顺其美，匡救其恶，故上下能相亲也"。岂管仲之谓乎？

方晏子伏庄公尸哭之，成礼然后去，岂所谓"见义不为无勇"者邪？至其谏说，犯君之颜，此所谓"进思尽忠，退思补过"者哉！假令晏子而在，余虽为之执鞭，所欣慕焉。（○）

【总评】写管晏俱从知己着笔，寄慨深矣。赞末一语，情见乎词。

第二十八　老子韩非列传

老子者，楚苦县厉乡曲仁里人也，姓李氏，名耳，字伯阳，谥曰聃，周守藏室之史也。

孔子适周，将问礼于老子。老子曰："子所言者，其人与骨皆已朽矣，独其言在耳。且君子得其时则驾，不得其时则蓬累而行。吾闻之，<u>良贾深藏若虚，君子盛德，容貌若愚</u>。（〇）去子之骄气与多欲，态色与淫志，是皆无益于子之身。吾所以告子，若是而已。"孔子去，谓弟子曰："鸟，吾知其能飞；鱼，吾知其能游；兽，吾知其能走。走者可以为罔，游者可以为纶，飞者可以为矰。至于龙吾不能知，其乘风云而上天。吾今日见老子，其犹龙邪！"

<u>老子修道德，其学以自隐无名为务</u>。（〇）统案。居周久之，见周之衰，乃遂去。至关，关令尹喜曰："子将隐矣，强为我著书。"于是老子乃著书上下篇，言道德之意五千馀言而去，<u>莫知其所终</u>。（〇）

<u>或曰：老莱子亦楚人也</u>，（〇）结住。以下波澜俱从此句生出。著书十五篇，言道家之用，与孔子同时云。

盖老子百有六十馀岁，或言二百馀岁，以其修道而养寿也。

自孔子死之后百二十九年，而史记周太史儋见秦献公曰："始秦与周合而离，离五百岁而复合，合七十岁而霸王者出焉。"<u>或曰儋即老子，或曰非也。世莫知其然否。老子，隐君子也</u>。（〇）一句断。

老子之子名宗，宗为魏将，封于段干。宗子注，注子宫，宫玄孙假，假仕于汉孝文帝。而假之子解为胶西王昂太傅，因家于齐焉。

<u>世之学老子者则绌儒学，儒学亦绌老子</u>。"道不同不相为谋"，岂谓是邪？李耳无为自化，清静自正。（〇）

庄子者，蒙人也，名周。周尝为蒙漆园吏，与梁惠王、齐宣王同

时。其学无所不窥，<u>然其要本归于老子之言。</u>（〇）骨。故其著书十馀万言，<u>大抵率寓言也。</u>（〇）作《渔父》、《盗跖》、《胠箧》，以诋訾孔子之徒，以明老子之术。《畏累虚》、《亢桑子》之属，皆空语无事实。<u>然善属书离辞，指事类情，用剽剥儒、墨，虽当世宿学不能自解免也。</u>一部两笔，情状已尽，后人复作蒙庄序何也？<u>其言洸洋自恣以适己，故自王公大人不能器之。</u>（〇）

楚威王闻庄周贤，实。使使厚币迎之，许以为相。庄周笑谓楚使者曰："千金，重利；卿相，尊位也。子独不见郊祭之牺牛乎？养食之数岁，衣以文绣，以入大庙。当是之时，虽欲为孤豚，岂可得乎？子亟去，无污我。<u>我宁游戏污渎之中自快，无为有国者所羁，终身不仕，以快吾志焉。</u>"（〇）

申不害者，京人也，故郑之贱臣。学术以干韩昭侯，昭侯用为相。内修政教，外应诸侯，十五年。终申子之身，国治兵强，无侵韩者。<u>申子之学本于黄老而主刑名。</u>（〇）骨。著书二篇，号曰《申子》。

韩非者，韩之诸公子也。<u>喜刑名法术之学，而其归本于黄老。</u>（〇）骨。非为人口吃，不能道说，而善著书。（〇）著书为一传线索。<u>与李斯俱事荀卿，斯自以为不如非。</u>（▼）祸根。

非见韩之削弱，数以书谏韩王，韩王不能用。<u>于是韩非疾</u>一字贯下数十言，笔力矫健。<u>治国不务修明其法制，执势以御其臣下，</u>韩子著书之意，总契于此。<u>富国强兵而以求人任贤，反举浮淫之蠹而加之于功实之上。</u>（〇）以为儒者用文乱法，而侠者以武犯禁。宽则宠名誉之人，急则用介胄之士。今者所养非所用，所用非所养。悲廉直不容于邪枉之臣，观往者得失之变，故作《孤愤》、《五蠹》、《内外储》、《说林》、《说难》十馀万言。

然韩非知说之难，为《说难》书甚具，所以独载。<u>终死于秦，不能自脱。</u>（〇）《说难》曰：（▼）

凡说之难，非吾知之有以说之难也；又非吾辩之难能明吾意之难也；又非吾敢横失作佚。能尽之难也。**凡说之难，在知所说之心，可以吾说当之。**（○）契要。

所说出于为名高者也，而说之以厚利，则见下节而遇卑贱，必弃远矣。所说出于厚利者也，而说之以名高，则见无心而远事情，必不收矣。所说实为厚利而显为名高者也，曲入。而说之以名高，则阳收其身而实疏之；若说之以厚利，则阴用其言而显弃其身。（○）此之不可不知也。（▼）结。

夫事以密成，语以泄败。未必其身泄之也，而语及其所匿之事，如是者身危。（○）贵人有过端，而说者明言善议以推其恶者，则身危。周泽未渥也而语极知，说行而有功则德亡，说不行而有败则见疑，如是者身危。夫贵人得计而欲自以为功，说者与知焉，则身危。（○）彼显有所出事，乃自以为也故，说者与知焉，则身危。（○）强之以其所必不为，止之以其所不能已者，身危。（○）故曰：与之论大人，反复尽叙。则以为间己；与之论细人，则以为鬻权。论其所爱，则以为借资；论其所憎，则以为尝己。径省其辞，则不知而屈之；汎滥博文，则多而久之。顺事陈意，则曰怯懦而不尽；虑事广肆，则曰草野而倨侮。（○）此说之难，不可不知也。（▼）结。

凡说之务，在知饰所说之所敬，而灭其所丑。（○）提起，正说。彼自知其计，则无以其失穷之；自勇其断，则无以其敌怒之；自多其力，则无以其难概之。规异事与同计，誉异人与同行者，则以饰之无伤也。有与同失者，则明饰其无失也。大忠无所拂辞，悟言无所击排，乃后申其辩知焉。此所以亲近不疑。知尽之难也。得旷日弥久，而周泽既渥，深计而不疑，交争而不罪，乃明计利害以致其功，直指是非以饰其身，**以此相持，此说之成也**。（○）总结。

伊尹为庖，百里奚为虏，皆所由干其上也。（○）波澜。故此二子者，皆圣人也，犹不能无役身而涉世如此其汙也，则非能仕之所设也。

宋有富人，天雨墙坏。其子曰"不筑且有盗"，其邻人之父亦云，暮而果大亡其财，其家甚知其子而疑邻人之父。昔者郑武公欲伐胡，乃以其子妻之。因问群臣曰："吾欲用兵，谁可伐者？"关其思曰："胡可伐。"乃戮关其思，曰："胡，兄弟之国也，子言伐之，何也？"胡君闻之，以郑为亲己而不备郑。郑人袭胡，取之。此二说者，其知皆当矣，<u>然而甚者为戮，薄者见疑。非知之难也，处知则难矣</u>。（〇）

昔者弥子瑕见爱于卫君。卫国之法，窃驾君车者罪至刖。既而弥子之母病，人闻，往夜告之，弥子矫驾君车而出。君闻之而贤之曰："孝哉，为母之故而犯刖罪！"与君游果园，弥子食桃而甘，不尽而奉君。君曰："爱我哉，忘其口而念我！"及弥子色衰而爱弛，得罪于君。君曰："是尝矫驾吾车，又尝食我以其馀桃。"故弥子之行未变于初也，前见贤而后获罪者，爱憎之至变也。故有爱于主，则知当而加亲；见憎于主，则罪当而加疏。<u>故谏说之士不可不察爱憎之主而后说之矣</u>。（〇）

夫龙之为虫也，可扰狎而骑也。然其喉下有逆鳞径尺，人有婴之，则必杀人。<u>人主亦有逆鳞，说之者能无婴人主之逆鳞，则几矣</u>。（〇）收笔天矫。

<u>人或传其书至秦</u>。（▼）遥接著书十馀万言。秦王见《孤愤》、《五蠹》之书，曰："嗟乎，寡人得见此人与之游，死不恨矣！"李斯曰："此韩非之所著书也。"秦因急攻韩。韩王始不用非，及急，乃遣非使秦。秦王悦之，未信用。李斯、姚贾害之，毁之曰："韩非，韩之诸公子也。今王欲并诸侯，非终为韩不为秦，此人之情也。今王不用，久留而归之，此自遗患也，不如以过法诛之。"秦王以为然，下吏治非。李斯使人遗非药，使自杀。韩非欲自陈，不得见。秦王后

悔之，使人赦之，非已死矣。

申子、韩子皆著书，传于后世，牵连。学者多有。余独悲韩子为《说难》而不能自脱耳。（〇）应前。

太史公曰：老子（▼）所贵道，虚无，分论。因应变化于无为，故著书辞称微妙难识。庄子散道德，放论，要亦归之自然。申子卑卑，施之于名实。韩子引绳墨，切事情，明是非，其极惨礉少恩。皆原于道德之意，而老子深远矣。一句合。

【总评】老庄之弊，必至于申韩。子长合载，其意深矣。

第二十九　孙子吴起列传 赞

　　太史公曰：世俗所称师旅，皆道《孙子》十三篇，吴起《兵法》，世多有，故弗论，论其行事所施设者。语曰："能行之者未必能言，能言之者未必能行。"孙子筹策庞涓明矣，然不能蚤救患于被刑。吴起说武侯以形势不如德，然行之于楚，以刻暴少恩亡其躯。悲夫！（〇）

第三十 伍子胥列传 赞

　　太史公曰：<u>怨毒之于人甚矣哉！王者尚不能行之于臣下，况同列乎</u>！（〇）向令伍子胥从奢俱死，何异蝼蚁。弃小义，雪大耻，名垂于后世，<u>悲夫</u>！方子胥窘于江上，道乞食，志岂尝须臾忘郢邪？激昂顿挫。故<u>隐忍就功名，非烈丈夫孰能致此哉？白公如不自立为君者，其功谋亦不可胜道者哉</u>！（〇）拖带一笔，底气愈纵。

第三十一　商君列传

　　商君者，卫之诸庶孽公子也，名鞅，姓公孙氏，其祖本姬姓也。<u>鞅少好刑名之学</u>，(△)纲。事魏相公叔痤为中庶子。公叔痤知其贤，未及进。会痤病，魏惠王亲往问病，曰："公叔病有如不可讳，将奈社稷何？"公叔曰："痤之中庶子公孙鞅，年虽少，有奇才，愿王举国而听之。"<u>王嘿然。王且去</u>，(▼)痤屏人言曰："王即不听用鞅，必杀之，无令出境。"王许诺而去。公叔痤召鞅谢曰："今者王问可以为相者，我言若，王色不许我。我方先君后臣，因谓王即弗用鞅，当杀之。王许我。汝可疾去矣，且见禽。"鞅曰："<u>彼王不能用君之言任臣，又安能用君之言杀臣乎？</u>(〇)卒不去。惠王既去，而谓左右曰："公叔病甚，悲乎，欲令寡人以国听公孙鞅也，岂不悖哉！"

　　公叔既死，公孙鞅闻秦孝公下令国中求贤者，将修缪公之业，东复侵地，乃遂西入秦，因孝公宠臣景监以求见孝公。<u>孝公既见卫鞅，语事良久，孝公时时睡，弗听</u>。(▼)罢而孝公怒景监曰："子之客妄人耳，安足用邪！"景监以让卫鞅。卫鞅曰："<u>吾说公以帝道，其志不开悟矣</u>。"(〇)挟持浮说，用二节描写。后五日，复求见鞅。鞅复见孝公，益愈，然而未中旨。(▼)罢而孝公复让景监，景监亦让鞅。鞅曰："<u>吾说公以王道而未入也</u>。(〇)请复见鞅。"鞅复见孝公，<u>孝公善之而未用也。罢而去</u>。(▼)孝公谓景监曰："汝客善，可与语矣。"鞅曰："<u>吾说公以霸道，其意欲用之矣。诚复见我，我知之矣</u>。"(〇)卫鞅复见孝公。公与语，不自知膝之前于席也。语数日不厌。(▼)景监曰："子何以中吾君？吾君之驩甚也。"鞅曰："吾说君以帝王之道比三代，而君曰：'久远，吾不能待。且贤君者，各及其身显名天下，安能邑邑待数十百年以成帝王乎？'故吾以强国之术说君，君大说之耳。然亦难以比德于殷周矣。"(〇)总上二节，结出

"强国"二字。

孝公既用卫鞅,鞅欲变法,恐天下议己。(〇)骨。卫鞅曰:"疑行无名,疑事无功。且夫有高人之行者,固见非于世;有独知之虑者,必见敖于民。愚者闇于成事,知者见于未萌。民不可与虑始而可与乐成。论至德者不和于俗,成大功者不谋于众。(〇)是以圣人苟可以强国,不法其故;苟可以利民,不循其礼。"孝公曰:"善。"甘龙曰:"不然。圣人不易民而教,知者不变法而治。因民而教,不劳而成功;缘法而治者,吏习而民安之。"卫鞅曰:"龙之所言,世俗之言也。常人安于故俗,学者溺于所闻。以此两者居官守法可也,非所与论于法之外也。(〇)三代不同礼而王,五伯不同法而霸。智者作法,愚者制焉;贤者更礼,不肖者拘焉。"杜挚曰:"利不百,不变法;功不十,不易器。法古无过,循礼无邪。"卫鞅曰:"治世不一道,便国不法古。故汤武不循古而王,夏殷不易礼而亡。反古者不可非,而循礼者不足多。"孝公曰:"善。"以卫鞅为左庶长,卒定变法之令。(〇)

令民为什伍,而相牧司连坐。不告奸者腰斩,告奸者与斩敌首同赏,匿奸者与降敌同罚。民有二男以上不分异者,倍其赋。有军功者,各以率受上爵;为私斗者,各以轻重被刑大小。僇力本业,耕织致粟帛多者复其身。事末利及怠而贫者,举以为收孥。宗室非有军功论,不得为属籍。明尊卑爵秩等级,各以差次名田宅,臣妾衣服以家次。有功者显荣,无功者虽富无所芬华。

令既具,未布,恐民之不信,(〇)已乃立三丈之木于国都市南门,募民有能徙置北门者予十金。民怪之,莫敢徙。复曰"能徙者予五十金"。有一人徙之,辄予五十金,以明不欺。卒下令。(〇)

令行于民期年,秦民之国都言初令之不便者以千数。于是太子犯法。卫鞅曰:"法之不行,自上犯之。"将法太子。太子,君嗣也,不可施刑,刑其傅公子虔,黥其师公孙贾。明日,秦人皆趋令。(〇)

行之十年,秦民大说,<u>道不拾遗,山无盗贼,家给人足。民勇于公战,怯于私斗,乡邑大治</u>。(○)刑名实效。秦民初言令不便者有来言令便者,卫鞅曰"此皆乱化之民也",尽迁之于边城。<u>其后民莫敢议令</u>。(○)

于是以鞅为大良造。将兵围魏安邑,降之。居三年,作为筑冀阙宫庭于咸阳,秦自雍徙都之。而令民父子兄弟同室内息者为禁。而集小都乡邑聚为县,置令、丞,凡三十一县。为田开阡陌封疆,而赋税平。平斗桶权衡丈尺。行之四年,公子虔复犯约,劓之。居五年,秦人富强,天子致胙于孝公,诸侯毕贺。

其明年,齐败魏兵于马陵,虏其太子申,杀将军庞涓。其明年,卫鞅说孝公曰:"秦之与魏,譬若人之有腹心疾,非魏并秦,秦即并魏。何者?魏居领厄之西,都安邑,与秦界河而独擅山东之利。利则西侵秦,病则东收地。今以君之贤圣,国赖以盛。而魏往年大破于齐,诸侯畔之,可因此时伐魏。魏不支秦,必东徙。<u>东徙,秦据河山之固,东乡以制诸侯,此帝王之业也</u>。"(○)孝公以为然,使卫鞅将而伐魏。魏使公子卬将而击之。军既相距,卫鞅遗魏将公子卬书曰:"吾始与公子驩,今俱为两国将,不忍相攻,可与公子面相见,盟,乐饮而罢兵,以安秦魏。"魏公子卬以为然。会盟已,饮,而卫鞅伏甲士而袭虏魏公子卬,因攻其军,尽破之以归秦。魏惠王兵数破于齐秦,国内空,日以削,恐,乃使使割河西之地献于秦以和。而魏遂去安邑,徙都大梁。梁惠王曰:"<u>寡人恨不用公叔痤之言也</u>。"(○)应。卫鞅既破魏还,秦封之于商十五邑,号为商君。

商君相秦十年,宗室贵戚多怨望者。赵良见商君。商君曰:"鞅之得见也,从孟兰皋,今鞅请得交,可乎?"赵良曰:"仆弗敢愿也。孔丘有言曰:'推贤而戴者进,聚不肖而王者退。'仆不肖,故不敢受命。仆闻之曰:'非其位而居之曰贪位,非其名而有之曰贪名。'仆听君之义,则恐仆贪位贪名也。故不敢闻命。"商君曰:"子不说吾治秦与？"赵良曰："反听之谓聪，内视之谓明，自胜之谓强。（〇）虞舜有言曰：'自卑也尚矣。'君不若道虞舜之道，无为问仆矣。"商君曰："始秦戎翟之教，父子无别，同室而居。今我更制其教，而为其男女之别，大筑冀阙，营如鲁卫矣。子观我治秦也，孰与五羖大夫贤？"赵良曰："千羊之皮，不如一狐之掖；千人之诺诺，不如一士之谔谔。武王谔谔以昌，殷纣墨墨以亡。君若不非武王乎，（〇）写徐说人。则仆请终日正言而无诛，可乎？"商君曰："语有之矣，貌言华也，至言实也，苦言药也，甘言疾也。（〇）夫子果肯终日正言，鞅之药也。鞅将事子，子又何辞焉！"赵良曰："夫五羖大夫，荆之鄙人也。闻秦缪公之贤而愿望见，行而无资，自粥于秦客，被褐食牛。期年，缪公知之，举之牛口之下，而加之百姓之上，秦国莫敢望焉。相秦六七年，而东伐郑，三置晋国之君，一救荆国之祸。发教封内，而巴人致贡；施德诸侯，而八戎来服。由余闻之，款关请见。五羖大夫之相秦也，劳不坐乘，暑不张盖，行于国中，不从车乘，不操干戈，功名藏于府库，德行施于后世。五羖大夫死，秦国男女流涕，童子不歌谣，舂者不相杵。此五羖大夫之德也。（〇）语语与商君对照。今君之见秦王也，因嬖人景监以为主，非所以为名也。相秦不以百姓为事，而大筑冀阙，非所以为功也。刑黥太子之师傅，残伤民以峻刑，是积怨畜祸也。教之化民也深于命，民之效上也捷于令。今君又左建外易，非所以为教也。君又南面而称寡人，日绳秦之贵公子。《诗》曰：'相鼠有体，人而无礼，人而无礼，何不遄死。'以《诗》观之，非所以为寿也。公子虔杜门不出已八年矣，君又杀祝懽而黥公孙贾。《诗》曰：'得人者兴，失人者崩。'此数事者，非所以得人也。君之出也，从车十数，从车载甲，多力而骈胁者为骖乘，持矛而操闟戟者旁车而趋。此一物不具，君固不出。《书》曰：'恃德者昌，恃力者亡。'君之危若朝露，尚将欲延年益寿乎？则何不归十五都，转笔凌厉。灌园于鄙，劝秦王显岩穴之士，养老存孤，敬父兄，序有功，尊有德，可以少安。君尚将贪商于之富，宠秦国之教，畜百姓之怨，秦王一旦捐宾客而不立朝，秦国之所以收君者，岂其微哉？亡可翘足而待。"（〇）商君弗从。

后五月而秦孝公卒，太子立。公子虔之徒告商君欲反，发吏捕商君。商君亡至关下，欲舍客舍。客人不知其是商君也，曰："<u>商君之法</u>，（〇）舍人无验者坐之。"商君喟然叹曰："嗟乎，为法之敝一至此哉！"（〇）去之魏。魏人怨其欺公子卬而破魏，弗受。商君欲之他国。魏人曰："商君，秦之贼。秦强而贼入魏，弗归，不可。"遂内秦。商君既复入秦，走商邑，与其徒属发邑兵北出击郑。秦发兵攻商君，杀之于郑黾池。<u>秦惠王车裂商君以徇</u>，（〇）曰："莫如商鞅反者！"<u>遂灭商君之家</u>。（〇）刑名结局。

太史公曰：<u>商君，其天资刻薄人也</u>。（〇）总断。迹其欲干孝公以帝王术，<u>挟持浮说，非其质矣</u>。（〇）且所因由嬖臣，及得用，刑公子虔，欺魏将卬，不师赵良之言，亦足发明商君之少恩矣。余尝读商君《开塞耕战书》，与其人行事相类。卒受恶名于秦，有以也夫！（〇）

【总评】"刻薄少恩"四字断得确甚。鞅之作相、秦之并兼在此；鞅之车裂、秦之速亡亦在此。

第三十二　苏秦列传 赞

　　太史公曰：苏秦兄弟三人，皆游说诸侯以显名，其术长于权变。而苏秦被反间以死，天下共笑之，讳学其术。然世言苏秦多异，异时事有类之者皆附之苏秦。<u>夫苏秦起闾阎，连六国从亲，此其智有过人者。</u>_{平允}。吾故列其行事，次其时序，毋令独蒙恶声焉。（○）

第三十三　张仪列传 赞

　　太史公曰：三晋多权变之士，夫言从衡强秦者大抵皆三晋之人也。夫张仪之行事甚于苏秦，然世恶苏秦者，以其先死，而仪振暴其短以扶其说，成其衡道。要之，此两人真倾危之士哉！（○）

　　【总评】论秦、仪如持衡，如举棋，黑白低昂，毫发不爽矣。

第三十四　白起王翦列传 赞

　　太史公曰：鄙语云"尺有所短，寸有所长"。白起料敌合变，出奇无穷，声震天下，然不能救患于应侯。王翦为秦将，夷六国，当是时，翦为宿将，始皇师之，<u>然不能辅秦建德，</u>正论。<u>固其根本，偷合取容，以至殁身。</u>及孙王离为项羽所虏，不亦宜乎！彼各有所短也。（〇）

　【总评】太史公责王氏、蒙氏，俱以人事准天道，立为万世炯戒。

第三十五　孟子荀卿列传

太史公曰：<u>余读孟子书，至梁惠王问"何以利吾国"，未尝不废书而叹也。</u>如此起法，便知先提主人后雅客，多而不乱。曰：<u>嗟乎，利诚乱之始也！</u>（○）折中。夫子罕言利者，常防其原也。故曰"放于利而行，多怨"。<u>自天子至于庶人，好利之弊何以异哉！</u>（○）反复致意，得《孟子》七篇之微。

孟轲，驺人也。受业子思之门人。道既通，游事齐宣王，宣王不能用。适梁，梁惠王不果所言，则见以为迂远而阔于事情。<u>当是之时，秦用商君，</u>（○）富国强兵；楚、魏用吴起，战胜弱敌；看他审时论世，写出孟子身份，真是战国一人。齐威王、宣王用孙子、田忌之徒，而诸侯东面朝齐。<u>天下方务于合从连衡，以攻伐为贤，而孟轲乃述唐、虞、三代之德，是以所如者不合。</u>（○）着眼。退而与万章之徒序《诗》、《书》，述仲尼之意，作《孟子》七篇。本传竟矣，牵入三驺，文遂奇变。<u>其后有驺子之属。</u>（○）开。

齐有三驺子。自叙三驺子，其前驺忌，以鼓琴干威王，因及国政，封为成侯而受相印，先孟子。以下原是传孟子，与上文商君等一例看；但商君等有传，而驺子等无传，故附见于此。

其次驺衍，后孟子。驺衍睹有国者益淫侈，不能尚德，若《大雅》整之于身，施及黎庶矣。乃深观阴阳消息而作怪迂之变，《终始》、《大圣》之篇十馀万言。其语闳大不经，必先验小物，推而大之，至于无垠。先序今以上至黄帝，学者所共术，大并世盛衰，犹大体。因载其禨祥度制，推而远之，至天地未生，窈冥不可考而原也。先列中国名山大川，通谷禽兽，水土所殖，物类所珍，<u>因而推之，</u>（○）及海外人之所不能睹。称引天地剖判以来，五德转移，治各有宜，而符应若兹。以为（○）字贯下。儒者所谓中国者，<u>于天下乃八十一分居其</u>

一分耳。(○)诞甚。中国名曰赤县神州。赤县神州内自有九州，<u>禹之序九州是也，不得为州数</u>。(○)中国外如赤县神州者九，乃所谓九州也。于是有裨海环之，人民禽兽莫能相通者，如一区中者，<u>乃为一州</u>。(○)如此者九，乃有大瀛海环其外，天地之际焉。<u>其术皆此类也</u>。(▼)收。然要其归，必止乎仁义节俭，君臣上下六亲之施，始也滥耳。王公大人初见其术，惧然顾化，其后不能行之。

是以驺子重于齐。适梁，惠王郊迎，执宾主之礼。反映所如不合。适赵，平原君侧行撇席。如燕，昭王拥彗先驱，请列弟子之座而受业，筑碣石宫，身亲往师之。<u>作《主运》</u>。(○)书篇名。<u>其游诸侯见尊礼如此，岂与仲尼菜色陈蔡，孟轲</u>合。<u>困于齐梁同乎哉</u>！(○)故武王以仁义伐纣而王，伯夷饿不食周粟；卫灵公问陈，而孔子不答；孟子不与诸子同，而与伯夷、孔子同，即此便是孟子传赞。梁惠王谋欲攻赵，孟轲称太王去邠。<u>此岂有意阿世俗苟合而已哉</u>！<u>持方枘欲内圜凿，其能入乎？或曰，伊尹负鼎而勉汤以王</u>，(○)徐波荡漾，使人不测。<u>百里奚饭牛车下而缪公用霸，作先合，然后引之大道。驺衍其言虽不轨，傥亦有牛鼎之意乎</u>？(○)嬉笑甚于怒骂。

自驺衍与齐之稷下先生，<u>根驺衍、骈入诸子</u>。如淳于髡、慎到、环渊、接子、田骈、驺奭之徒，各著书<u>言治乱之事，以干世主，岂可胜道哉</u>！(○)言外总有一个孟子在。

淳于髡，齐人也。博闻强记，<u>学无所主</u>。(○)其陈说，慕晏婴之为人也，然而<u>承意观色为务</u>。(○)刺骨。客有见髡于梁惠王，惠王屏左右，独坐而再见之，终无言也。惠王怪之，以让客曰："子之称淳于先生，管、晏不及，及见寡人，寡人未有得也。岂寡人不足为言邪？何故哉？"客以谓髡。髡曰："固也。吾前见王，王志在驱逐；后复见王，王志在音声；吾是以默然。"客具以报王，王大骇，曰："嗟乎，淳于先生诚圣人也！王守仁谓此必探之左右，以欺世主，然亦可见其"承意观色"入微处。前淳于先生之来，人有献善马者，寡人未及视，会先生至。后先生之来，人有献讴者，未及试，亦会先生来。寡人虽屏人，然私心在彼，有之。"后淳于髡见，壹语连三日三夜无倦。惠王欲以卿相位待之，髡因谢去。于是送以安车驾驷，束帛加璧，黄金百镒。终身不仕。

慎到，赵人。田骈、接子，齐人。环渊，楚人。<u>皆学黄老道德之术</u>，（〇）勾括四人。因发明序其指意。故慎到著十二论，环渊著上下篇，而田骈、接子皆有所论焉。

驺奭者，<u>齐诸驺子</u>，（▼）补齐有三驺子。亦颇采驺衍之术以纪文。于是齐王嘉之，<u>自如淳于髡以下</u>，（▼）皆命曰列大夫，为开第康庄之衢，高门大屋，尊宠之。览天下诸侯宾客，言齐能致天下贤士也。（〇）反映"所如不合"。

荀卿，赵人。年五十始来游学于齐。驺衍之术迂大而闳辩；承诸子联入。奭也文具难施；淳于髡久与处，时有得善言。故齐人颂曰："谈天衍，雕龙奭，炙毂过髡。"<u>田骈之属皆已死</u>，（▼）齐襄王时，而荀卿最为老师。齐尚修列大夫之缺，而荀卿三为祭酒焉。席尊当祭。齐人或谗荀卿，荀卿乃适楚，而春申君以为兰陵令。春申君死而荀卿废，因家兰陵。李斯尝为弟子，已而相秦。<u>荀卿嫉浊世之政，亡国乱君相属，不遂大道而营于巫祝</u>，荀子亦能守道而废死，兰陵故以为孟子之亚。<u>信機祥，鄙儒小拘，如庄周等又猾稽乱俗</u>，（〇）于是推儒、墨、道德之行事兴坏，序列著数万言而卒。因葬兰陵。

而赵亦有公孙龙为坚白同异之辩，波外之波。剧子之言；魏有李悝，尽地力之教；楚有尸子、长卢；阿之吁子焉。<u>自如孟子至于吁子</u>，总束。<u>世多有其书，故不论其传云</u>。（〇）

盖墨翟，宋之大夫，善守御，为节用。又漏一墨子作结。<u>或曰并孔子时，或曰在其后</u>。（〇）首尾循环。

【总评】《孟荀传》变化诡谲，总与《伯夷传》同，盖以诸子亲孟荀，并是以荀子陪孟子，且观其入手处便可见。此调是太史公、广陵散范所不能知。

第三十六　孟尝君列传 赞

　　太史公曰：吾尝过薛，其俗闾里率多暴桀子弟，与邹、鲁殊。问其故，曰："孟尝君招致天下任侠，奸人入薛中盖六万馀家矣。"世之传孟尝君好客自喜，名不虚矣。（〇）刺讥在言外。

第三十七　平原君虞卿列传 录平原君

　　平原君赵胜者，赵之诸公子也。诸子中胜最贤，喜宾客，（〇）提。宾客盖至者数千人。平原君相赵惠文王及孝成王，三去相，三复位，封于东武城。

　　平原君家楼临民家。民家有躄者，槃散行汲。（〇）平原君美人居楼上，临见，大笑之。（〇）明日，躄者至平原君门，请曰："臣闻君之喜士，士不远千里而至者，以君能贵士而贱妾也。臣不幸有罢癃之病，而君之后宫临而笑臣，臣愿得笑臣者头。"奇。平原君笑应曰：（▼）"诺。"躄者去，平原君笑曰："观此竖子，乃欲以一笑之故杀吾美人，不亦甚乎！"终不杀。居岁馀，宾客门下舍人稍稍引去者过半。（▼）战国喜气至此。平原君怪之，曰："胜所以待诸君者未尝敢失礼，而去者何多也？"门下一人前对曰："以君之不杀笑躄者，以君为爱色而贱士，士即去耳。"于是平原君乃斩笑躄者美人头，自造门进躄者，因谢焉。其后门下乃复稍稍来。是时齐有孟尝，魏有信陵，楚有春申，故争相倾以待士。史笔。

　　秦之围邯郸，赵使平原君求救，合从于楚，约与食客门下有勇力文武备具者二十人偕。（〇）平原君曰："使文能取胜，则善矣。文不能取胜，则歃血于华屋之下，必得定从而还。士不外索，取于食客门下足矣。"得十九人，馀无可取者，无以满二十人。（〇）门下有毛遂者，前，自赞于平原君：" 遂闻君将合从于楚，约与食客门下二十人偕，不外索。今少一人，愿君即以遂备员而行矣。"（〇）平原君曰："先生处胜之门下几年于此矣？"毛遂曰："三年于此矣。"平原君曰："夫贤士之处世也，譬若锥之处囊中，其末立见。今先生处胜之门下三年于此矣，左右未有所称诵，胜未有所闻，是先生无所有也。先生不能，先生留。""先生"字尽用有致。毛遂曰："臣乃今日请处囊中耳。(○)使遂蚤得处囊中,乃颖脱而出,非特其末见而已。"平原君竟与毛遂偕。十九人相与目笑之而未发也。(○)如画。

毛遂比至楚,与十九人论议,十九人皆服。平原君与楚合从,言其利害,日出而言之,日中不决。十九人谓毛遂曰:"先生上。"毛遂按剑历阶而上,谓平原君曰:"从之利害,两言而决耳。(○)今日出而言从,日中不决,何也?"楚王谓平原君曰:"客何为者也?"平原君曰:"是胜之舍人也。"楚王叱曰:(▼)"胡不下!吾乃与而君言,汝何为者也!"毛遂按剑而前曰:"王之所以叱遂者,以楚国之众也。今十步之内,王不得恃楚国之众也,王之命县于遂手。吾君在前,叱者何也?(○)且遂闻汤以七十里之地王天下,文王以百里之壤而臣诸侯,岂其士卒众多哉?诚能据其势而奋其威。今楚地方五千里,持戟百万,此霸王之资也。以楚之强,天下弗能当。此段文势,锐不可当。白起,小竖子耳,率数万之众,兴师以与楚战,一战而举鄢郢,再战而烧夷陵,三战而辱王之先人。此百世之怨而赵之所羞,而王弗知恶焉。合从者为楚,两言。非为赵也。吾君在前,叱者何也?"(○)楚王曰:"唯唯,诚若先生之言,谨奉社稷而以从。"毛遂曰:"从定乎?"(○)楚王曰:"定矣。"毛遂谓楚王之左右曰:"取鸡狗马之血来。"毛遂奉铜盘而跪进之楚王曰:"王当歃血而定从,次者吾君,次者遂。"(○)遂定从于殿上。毛遂左手持盘血而右手招十九人曰:"公相与歃此血于堂下。公等录录,所谓因人成事者也。"(○)

平原君已定从而归,归至于赵,曰:"胜不敢复相士。(○)胜相士多者千人,寡者百数,自以为不失天下之士,今乃于毛先生而失之也。毛先生一至楚,而使赵重于九鼎大吕。毛先生以三寸之舌,强于百万之师。胜不敢复相士。"(○)遂以为上客。

平原君既返赵,楚使春申君将兵赴救赵,魏信陵君亦矫夺晋鄙军往救赵,皆未至。(▼)秦急围邯郸,邯郸急,且降,平原君甚患之。

邯郸传舍吏子李同名谈，史公讳。说平原君曰："君不忧赵亡邪？"平原君曰："赵亡则胜为虏，何为不忧乎？"李同曰："邯郸之民，炊骨易子而食，可谓急矣，而君之后宫以百数，婢妾被绮縠，馀粱肉，而民褐衣不完，糟糠不厌。民困兵尽，或剡木为矛矢，而君器物钟磬自若。<u>使秦破赵，君安得有此？使赵得全，君何患无有？今君诚能令夫人以下编于士卒之间，分功而作，家之所有尽散以飨士，士方其危苦之时，易德耳。</u>"（〇）于是平原君从之，得敢死之士三千人。李同遂与三千人赴秦军，秦军为之却三十里。亦会楚、魏救至，（▼）秦兵遂罢，邯郸复存。李同战死，封其父为李侯。

虞卿欲以信陵君之存邯郸为平原君请封。公孙龙闻之，<u>夜驾</u>（〇）见平原君曰："龙闻虞卿欲以信陵君之存邯郸为君请封，有之乎？"平原君曰："然。"龙曰："此甚不可。且王举君而相赵者，非以君之智能为赵国无有也。割东武城而封君者，非以君为有功也，而以国人无勋，<u>乃以君为亲戚故也。</u>（〇）君受相印不辞无能，割地不言无功者，<u>亦自以为亲戚故也。</u>（〇）今信陵君存邯郸而请封，<u>是亲戚受城而国人计功也。</u>（〇）受城缘亲戚，计功则如国人。此是倒句。此甚不可。且虞卿操其两权，<u>事成，操右券以责；事不成，以虚名德君。</u>（〇）君必勿听也。"平原君遂不听虞卿。

平原君以赵孝成王十五年卒。子孙代，后竟与赵俱亡。平原君厚待公孙龙。公孙龙余波。善为坚白之辩，及邹衍过赵言至道，乃绌公孙龙。

太史公曰：平原君，翩翩浊世之佳公子也，<u>然未睹大体。</u>（〇）笃论。鄙语曰"利令智昏"，平原君贪冯亭邪说，补传所未载。使赵陷长平兵四十馀万众，邯郸几亡。虞卿料事揣情，为赵画策，何其工也！及不忍魏齐，卒困于大梁，庸夫且知其不可，况贤人乎？<u>虞卿非穷愁，</u>自况。<u>亦不能著书以自见于后世云。</u>（〇）

第三十八　信陵君列传

魏公子无忌者，魏昭王少子而魏安釐王异母弟也。_{称魏公子，贵之也。春秋笔法。}昭王薨，安釐王即位，封公子为信陵君。是时范雎亡魏相秦，以怨魏齐故，秦兵围大梁，破魏华阳下军，走芒卯。魏王及公子患之。_{不了。}

<u>公子</u>_{总契。}<u>为人仁而下士，</u>_{仁而下士，以其身系魏重轻，传中两意夹写。}<u>士无贤不肖皆谦而礼交之，不敢以其富贵骄士。士以此方数千里争往归之，致食客三千人。当是时，诸侯以公子贤，多客，不敢加兵谋魏十馀年。</u>（○）

公子与魏王博，而北境传举烽，言"赵寇至，且入界"。魏王释博，欲召大臣谋。公子止王曰："赵王田猎耳，非为寇也。"复博如故。王恐，心不在博。居顷，复从北方来传言曰："赵王猎耳，非为寇也。"魏王大惊，曰："公子何以知之？"公子曰："臣之客有能探得赵王阴事者，赵王所为，客辄以报臣，臣以此知之。"<u>是后魏王畏公子之贤能，</u>（○）_{一见废。}<u>不敢任公子以国政。</u>（○）

<u>魏有隐士曰侯嬴，</u>_{提。}<u>年七十，家贫，为大梁夷门监者。</u>（○）公子闻之，往请，欲厚遗之。不肯受，曰："臣修身洁行数十年，终不以监门困故而受公子财。"公子于是乃置酒大会宾客。_{此段摹画，千载目击。}<u>坐定，公子从车骑，</u><u>虚左，自迎夷门侯生。</u>（○）侯生摄敝衣冠，直上载公子上坐，不让，<u>欲以观公子。</u>_{一层。}<u>公子执辔愈恭。</u>（○）侯生又谓公子曰："臣有客在市屠中，愿枉车骑过之。"公子引车入市，侯生下见其客朱亥，俾倪，故久立与其客语，<u>微察公子。</u>_{二层。}<u>公子颜色愈和。</u>当是时，魏将相宗室宾客满堂，_{总上二层，再一写照。入神之笔。}<u>待公子举酒。市人皆观公子执辔。从骑皆窃骂侯生。侯生视公子色终不变，</u>（○）_{三层。}乃谢客就车。至家，公子引侯生坐上坐，遍赞

宾客，宾客皆惊。酒酣，公子起，为寿侯生前。侯生因谓公子曰："今日嬴之为公子亦足矣。信陵下士，千古无双，侯生终肯愿辞一死，然此意殊难说明，故托词解之。嬴乃夷门抱关者也，而公子亲枉车骑，自迎嬴于众人广坐之中，不宜有所过，今公子故过之。然嬴欲就公子之名，故久立公子车骑市中，过客以观公子，公子愈恭。市人皆以嬴为小人，而以公子为长者能下士也。"（〇）于是罢酒，侯生遂为上客。（▼）一束。

侯生谓公子曰："臣所过屠者朱亥，伏击鄙之根。此子贤者，世莫能知，故隐屠间耳。"公子往数请之，朱亥故不复谢，公子怪之。不了。

魏安釐王二十年，秦昭王已破赵长平军，接又进兵围邯郸。公子姊为赵惠文王弟平原君夫人，（▼）数遗魏王及公子书，请救于魏。魏王使将军晋鄙将十万众救赵。秦王使使者告魏王曰："吾攻赵旦暮且下，而诸侯敢救者，已拔赵，必移兵先击之。"魏王恐，使人止晋鄙，留军壁邺，名为救赵，实持两端以观望。（▼）平原君使者冠盖相属于魏，写出惶急。让魏公子曰：（〇）"胜所以自附为婚姻者，以公子之高义，为能急人之困。今邯郸旦暮降秦而魏救不至，安在公子能急人之困也！且公子纵轻胜，弃之降秦，独不怜公子姊邪？"公子患之，数请魏王，及宾客辩士说王万端。魏王畏秦，终不听公子。公子自度终不能得之于王，计不独生而令赵亡，（〇）见公子为人仁处。乃请宾客，约车骑百馀乘，欲以客往赴秦军，与赵俱死。

行过夷门，见侯生，具告所以欲死秦军状。辞决而行，侯生曰："公子勉之矣，冷得妙。老臣不能从。"公子行数里，心不快，（〇）曰："吾所以待侯生者备矣，天下莫不闻，今吾且死而侯生曾无一言半辞（▼）送我，我岂有所失哉？"复引车还，问侯生。侯生笑曰："臣固知公子之还也。"（〇）曰："公子喜士，名闻天下。今有难，无他端而欲赴秦军，譬若以肉投馁虎，何功之有哉？尚安事客？然公子遇臣厚，公子往而臣不送，以是知公子恨之复返也。"公子再拜，因问。侯生乃屏人间语，曰："嬴闻晋鄙之兵符常在王卧内，而如姬最幸，出入王卧内，力能窃之。嬴闻如姬父为人所杀，如姬资<small>畜也</small>。之三年，自王以下欲求报其父仇，莫能得。如姬为公子泣，公子使客斩其仇头，敬进如姬。<u>如姬之欲为公子死，无所辞，顾未有路耳</u>。（○）公子诚一开口请如姬，如姬必许诺，则得虎符夺晋鄙军，北救赵而西却秦，此五霸之伐也。"公子从其计，请如姬。如姬果盗晋鄙兵符与公子。

<u>公子行</u>，（▼）侯生曰："将在外，主令有所不受，以便国家。公子即合符，而晋鄙不授公子兵而复请之，事必危矣。（○）<small>虑得周到，当时在遇朱亥已逆料得有用着他处</small>。<u>臣客屠者朱亥可与俱，此人力士。晋鄙听，大善；不听，可使击之</u>。"（○）于是公子泣。<small>又见公子之仁</small>。侯生曰："公子畏死邪？何泣也？"公子曰："晋鄙嚄唶宿将，往恐不听，必当杀之，是以泣耳，岂畏死哉？"于是公子请朱亥。朱亥笑曰："臣乃市井鼓刀屠者，而公子亲数存之，<u>所以不报谢者，以为小礼无所用</u>。<small>了前案</small>。今公子有急，此乃臣效命之秋也。"（○）遂与公子俱。公子过谢侯生。侯生曰："<u>臣宜从，老不能。请数公子行日，以至晋鄙军之日，北乡自刭，以送公子</u>。"（○）<small>公子一泣，侯生一死，可以谢晋鄙矣</small>。<u>公子遂行</u>。（▼）

至邺，矫魏王令代晋鄙。晋鄙合符，疑之，举手视公子曰："今吾拥十万之众，屯于境上，国之重任，今单车来代之，何如哉？"欲无听。<u>朱亥袖四十斤铁椎，椎杀晋鄙</u>，（○）<u>公子遂将晋鄙军</u>。（▼）勒兵下令军中曰："父子俱在军中，父归；兄弟俱在军中，兄归；独子无兄弟，归养。"得选兵八万人，进兵击秦军。<u>秦军解去，遂救邯郸</u>，（△）存赵。赵王及平原君自迎公子于界，平原君负韊矢为公子先引。赵王再拜曰："自古贤人未有及公子者也。"当此之时，平原君不敢自比于人。<u>公子与侯生决，至军，侯生果北乡自刭</u>。（▼）

魏王怒公子之盗其兵符，矫杀晋鄙，公子亦自知也。已却秦存赵，使将将其军归魏，而公子独与客留赵。赵孝成王德公子之矫夺晋鄙兵而存赵，乃与平原君计，以五城封公子。<u>公子闻之，意骄矜而有自功之色。</u>（▼）客有说公子曰："物有不可忘，或有不可不忘。夫人有德于公子，公子不可忘也；公子有德于人，愿公子忘之也。且矫魏王令，夺晋鄙兵以救赵，<u>于赵则有功矣，于魏则未为忠臣也。</u>（○）公子乃自骄而功之，窃为公子不取也。"于是公子立自责，似若无所容者。（○）极力摹写。赵王扫除自迎，执主人之礼，引公子就西阶。公子侧行辞让，从东阶上。<u>自言罪过，以负于魏，无功于赵。</u>（○）赵王侍酒至暮，<u>口不忍献五城，以公子退让也。</u>（○）行形客。公子竟留赵。赵王以鄗为公子汤沐邑，魏亦复以信陵奉公子。公子留赵。

<u>公子闻赵有处士毛公藏于博徒，薛公藏于卖浆家，公子欲见两人，两人自匿不肯见公子。</u>（○）隐士侯嬴，处士毛公、薛公，俱特笔。<u>公子闻所在，乃间步往从此两人游，甚欢。</u>（○）平原君闻之，谓其夫人曰："始吾闻夫人弟公子天下无双，今吾闻之，乃妄从博徒卖浆者游，公子妄人耳。"夫人以告公子。公子乃谢夫人去，曰："始吾闻平原君贤，故负魏王而救赵，以称平原君。<u>平原君之游，徒豪举耳，不求士也。</u>（○）无忌自在大梁时，常闻此两人贤，至赵，恐不得见。<u>以无忌从之游，尚恐其不我欲也，</u>（○）今平原君乃以为羞，其不足从游。"乃装为去。夫人具以语平原君。平原君乃免冠谢，固留公子。<u>平原君门下闻之，半去平原君归公子，天下士复往归公子，公子倾平原君客。</u>（○）一束。

公子留赵十年不归。缴上。秦闻公子在赵，日夜出兵东伐魏。魏王患之，使使往请公子。公子恐其怒之，乃诫门下："有敢为魏王使通者，死。"宾客皆背魏之赵，莫敢劝公子归。<u>毛公、薛公两人往见公子曰：</u>（○）紧接。"公子所以重于赵，名闻诸侯者，徒以有魏也。今秦攻魏，魏急而公子不恤，<u>使秦破大梁而夷先王之宗庙，公子当何</u>

面目立天下乎？"语未及卒，公子立变色，告车趣驾归救魏。（〇）极力摹写。

魏王见公子，相与泣，而以上将军印授公子，公子遂将。魏安釐王三十年，公子使使遍告诸侯。诸侯闻公子将，各遣将将兵救魏。公子率五国之兵破秦军于河外，走蒙骜。遂乘胜逐秦军至函谷关，抑秦兵，秦兵不敢出。百年一见，快哉！当是时，公子威振天下，（〇）诸侯之客进兵法，公子皆名之，故世俗称《魏公子兵法》。带入。

秦王患之，接。乃行金万斤于魏，求晋鄙客，（〇）令毁公子于魏王曰："公子亡在外十年矣，今为魏将，诸侯将皆属，诸侯徒闻魏公子，不闻魏王。公子亦欲因此时定南面而王，诸侯畏公子之威，方欲共立之。"秦数使反间，伪贺公子得立为魏王未也。魏王日闻其毁，不能不信，后果使人代公子将。再见毁。公子自知再以毁废，乃谢病不朝，与宾客为长夜饮，英雄结局。饮醇酒，多近妇女。日夜为乐饮者四岁，竟病酒而卒。（〇）其岁，魏安釐王亦薨。

秦闻公子死，（〇）使蒙骜攻魏，拔二十城，初置东郡。其后秦稍蚕食魏，十八岁而虏魏王，屠大梁。（〇）

高祖始微少时，数闻公子贤。及即天子位，每过大梁，常祠公子。（〇）高祖十二年，从击黥布还，为公子置守冢五家，世世岁以四时奉祠公子。（〇）公子身后生色。

太史公曰：吾过大梁之墟，求问其所谓夷门。夷门者，城之东门也。（〇）意中有侯嬴一辈人在。天下诸公子亦有喜士者矣，然信陵君之接岩穴隐者，不耻下交，有以也。（〇）名冠诸侯，不虚耳。高祖每过之而令民奉祠不绝也。（〇）赞叹不尽。

【总评】叙信陵好士，与他处迥异。四君列传，唯此最着精神。

第三十九　范雎蔡泽列传 赞

　　太史公曰：韩子称"<u>长袖善舞，多钱善贾</u>"，(▼)信哉是言也！范雎、蔡泽，世所谓一切辩士，<u>然游说诸侯至白首无所遇者，非计策之拙，所为说力少也。及二人羁旅入秦，继踵取卿相，垂功于天下者，固强弱</u>说力。<u>之势异也。然士亦有偶合，</u>一转无限感慨。<u>贤者多如此二子，不得尽意，岂可胜道哉！然二子不困厄，</u>掉。<u>恶能激乎？</u>(○)

史记选　卷五

宜兴　储　欣同人　评
　　　　男　芝五采参　述
　　　门下后学　吴振乾文岩、徐永勳公逊、
　　　　　　　董南纪宗少、孙男　掌文曰虞　　校订

第四十　廉颇蔺相如列传

廉颇者，赵之良将也。（▼）赵惠文王十六年，廉颇为赵将伐齐，大破之，取阳晋，拜为上卿，以勇气闻于诸侯。（〇）蔺相如者，赵人也，（▼）陡入相如。为赵宦者令缪贤舍人。

赵惠文王时，得楚和氏璧。秦昭王闻之，使人遗赵王书，愿以十五城请易璧。眼目。秦能害赵，传中诸人皆却秦存赵者也。赵王与大将军廉颇诸大臣谋：（▼）欲予秦，秦城恐不可得，劲净。徒见欺；欲勿予，即患秦兵之来。计未定，求人可使报秦者，未得。宦者令缪贤曰："臣舍人蔺相如特识。可使。"王问："何以知之？"对曰："臣尝有罪，窃计欲亡走燕，臣舍人相如止臣，曰：'君何以知燕王？'臣语曰：'臣尝从大王与燕王会境上，燕王私握臣手，曰"愿结友"。以此知之，故欲往。'相如谓臣曰：'夫赵强而燕弱，而君幸于赵王，故燕王欲结于君。今君乃亡赵走燕，燕畏赵，其势必不敢留君，而束君归赵矣。君不如肉袒伏斧质请罪，则幸得脱矣。'臣从其计，大王亦幸赦臣。臣窃以为其人勇士，有智谋，宜可使。"（〇）赞中智勇兼之，本此。于是王召见，问蔺相如曰："秦王以十五城请易寡人之璧，可予不？"相如曰："秦强而赵弱，不可不许。"王曰："取吾璧，不予我城，奈何？"相如曰："秦以城求璧而赵不许，曲在赵。赵予璧而秦不予赵城，曲在秦。均之二策，宁许以负秦曲。"王曰："谁可使者？"相如曰："王必无人，臣愿奉璧往使。城入赵而璧留秦；城不入，臣请完璧归赵。"（〇）赵王于是遂遣相如奉璧西入秦。

秦王坐章台见相如，相如奉璧奏秦王。秦王大喜，传以示美人及左右，左右皆呼万岁。相如视秦王无意偿赵城，乃前曰："璧有瑕，请指示王。"王授璧，相如因持璧却立，倚柱，写生。怒发上冲冠，（〇）谓秦王曰："大王欲得璧，使人发书至赵王，赵王悉召群臣议，皆曰'秦贪，负其强，以空言求璧，偿城恐不可得'。议不欲予秦璧。臣以为布衣之交尚不相欺，况大国乎！且以一璧之故逆强秦之驩，不可。于是赵王乃斋戒五日，（◥）句见智谋。使臣奉璧，拜送书于庭。何者？严大国之威以修敬也。今臣至，大王见臣列观，礼节甚倨；得璧，传之美人，以戏弄臣。臣观大王无意偿赵王城邑，故臣复取璧。大王必欲急臣，臣头今与璧俱碎于柱矣！"相如持其璧睨柱，欲以击柱。献璧、渑池二事是史公摹写最得意之事，观赞语自见。秦王恐其破璧，乃辞谢固请，召有司案图，指从此以往十五都予赵。相如度秦王特以诈详为予赵城，智。实不可得，乃谓秦王曰：（〇）"和氏璧，天下所共传宝也，赵王恐，不敢不献。赵王送璧时，斋戒五日，今大王亦宜斋戒五日，设九宾于廷，臣乃敢上璧。"秦王度之，终不可强夺，（〇）妙。遂许斋五日，舍相如广成传舍。相如度秦王虽斋，智。决负约不偿城，乃使其从者衣褐，怀其璧，从径道亡，归璧于赵。（〇）

秦王斋五日后，乃设九宾礼于廷，引赵使者蔺相如。相如至，谓秦王曰："秦自缪公以来二十馀君，未尝有坚明约束者也。（〇）臣诚恐见欺于王而负赵，故令人持璧归，间至赵矣。且秦强而赵弱，大王遣一介之使至赵，赵立奉璧来。今以秦之强而先割十五都予赵，赵岂敢留璧而得罪于大王乎？（〇）臣知欺大王之罪当诛，臣请就汤镬，（〇）勇。唯大王与群臣孰计议之。"秦王与群臣相视而嘻。左右或欲引相如去，秦王因曰："今杀相如，终不能得璧也，而绝秦赵之驩，不如因而厚遇之，使归赵，赵王岂以一璧之故欺秦邪！"卒廷见相如，毕礼而归之。

相如既归，赵王以为贤大夫使不辱于诸侯，<u>拜相如为上大夫。</u>（△）秦亦不以城予赵，赵亦终不予秦璧。（〇）收语用意有致。

其后秦伐赵，拔石城。明年，复攻赵，杀二万人。

秦王使使者告赵王，欲与王为好会于西河外渑池。赵王畏秦，欲毋行。<u>廉颇、蔺相如计曰</u>：（〇）入廉颇让。"王不行，示赵弱且怯也。"赵王遂行，相如从。<u>廉颇送至境</u>，叙颇智勇。<u>与王诀曰</u>："<u>王行，度道里会遇之礼毕，还，不过三十日。三十日不还，则请立太子为王。以绝秦望。</u>"（〇）王许之，遂与秦王会渑池。秦王饮酒酣，曰："寡人窃闻赵王好音，请奏瑟。"赵王鼓瑟。秦御史前书曰"某年月日，秦王与赵王会饮，令赵王鼓瑟"。蔺相如前曰：（〇）"赵王窃闻秦王善为秦声，请奏盆缻秦王，以相娱乐。"秦王怒，不许。于是相如前进缻，（〇）因跪请秦王。秦王不肯击缻。相如曰："<u>五步之内，相如请得以颈血溅大王矣！</u>"（〇）左右欲刃相如，<u>相如张目叱之，左右皆靡。</u>（〇）缪贤称为"勇士"不虚矣。<u>于是秦王不怿，为一击缻。</u>相如顾召赵御史书曰"某年月日，<u>秦王为赵王击缻</u>"。（〇）秦之群臣曰："请以赵十五城为秦王寿。"<u>蔺相如亦曰</u>：（〇）"请以秦之咸阳为赵王寿。"<u>秦王竟酒</u>，终不能加胜于赵。赵亦盛设兵以待秦，秦不敢动。（〇）

既罢归国，以相如功大，拜为上卿，<u>位在廉颇之右。</u>（△）廉颇曰："我为赵将，有攻城野战之大功，而蔺相如徒以口舌为劳，而位居我上，且相如素贱人，吾羞，不忍为之下。"宣言曰："我见相如，必辱之。"相如闻，不肯与会。（〇）相如每朝时，常称病，<u>不欲与廉颇争列。</u>（〇）已而相如出，望见廉颇，<u>相如引车避匿。</u>（〇）于是舍人相与谏曰："臣所以去亲戚而事君者，徒慕君之高义也。今君与廉颇同列，廉君宣恶言而君畏匿之，恐惧殊甚，且庸人尚羞之，况于将相乎！臣等不肖，请辞去。"蔺相如固止之，曰："公之视廉将军孰与秦王？"曰："不若也。"相如曰："<u>夫以秦王之威，而相如廷叱</u>

之，辱其群臣，相如虽驽，独畏廉将军哉？（〇）相如得意事被津津乐道。顾吾念之，强秦之所以不敢加兵于赵者，徒以吾两人在也。（〇）"两人"二字大有生色。今两虎共斗，其势不俱生。吾所以为此者，以先国家之急而后私雠也。"（〇）到此才见相如学问。廉颇闻之，肉袒负荆，因宾客至蔺相如门谢罪。（〇）曰："鄙贱之人，不知将军宽之至此也。"卒相与驩，为刎颈之交。（〇）合传关键。

是岁，廉颇（▼）东攻齐，破其一军。居二年，廉颇（▼）复伐齐几，邑名。拔之。后三年，廉颇（▼）攻魏之防陵、安阳，拔之。后四年，蔺相如将而攻齐，至平邑而罢。其明年，赵奢破秦军阏与下。只就赵之年份用人叙来，故忽而廉颇，忽而赵、蔺，绝无些子痕迹。

赵奢者，赵之田部吏也。收租税而平原君家不肯出，赵奢以法治之，出色。杀平原君用事者九人。平原君怒，将杀奢。奢因说曰：（▼）"君于赵为贵公子，今纵君家而不奉公则法削，法削则国弱，国弱则诸侯加兵，诸侯加兵是无赵也，君安得有此富乎？以君之贵，奉公如法则上下平，上下平则国强，国强则赵固，而君为贵戚，岂轻于天下邪？"平原君以为贤，言之于王。王用之治国赋，国赋大平，民富而府库实。

秦伐韩，军于阏与。王召廉颇而问曰：（〇）入廉颇妙。"可救不？"对曰："道远险狭，难救。"又召乐乘而问焉，乐乘对如廉颇言。又召问赵奢，奢对曰："其道远险狭，譬之犹两鼠斗于穴中，将勇者胜。"（〇）王乃令赵奢将，救之。

兵去邯郸三十里，而令军中曰："有以军事谏者死。"秦军军武安西，秦军鼓噪勒兵，武安屋瓦尽振。军中候有一人言急救武安，赵奢立斩之。坚壁，留二十八日不行，复益增垒。（〇）秦间来入，赵奢善食而遣之。间以报秦将，秦将大喜曰："夫去国三十里而军不行，乃增垒，阏与非赵地也。"赵奢既已遣秦间，乃卷甲而趋之，二日一夜至，（〇）处女脱兔，赵奢、李牧均得此意。令善射者去阏与五十里而军。军垒成，秦人闻之，悉甲而至。军士许历请以军事谏，赵奢曰："内之。"许历曰："秦人不意赵师至此，其来气盛，将军必厚集其阵以待之。不然，必败。"赵奢曰："请受令。"许历曰："请就铁质之诛。"赵奢曰："胥后令邯郸。"邯郸当作欲战。许历复请谏，曰："先据北山上者胜，兵去。后至者败。"赵奢许诺，即发万人趋之。秦兵后至，争山不得上，赵奢纵兵击之，大破秦军。（○）秦军解而走，遂解阏与之围而归。

赵惠文王赐奢号为马服君，（△）以许历为国尉。赵奢于是与廉颇、蔺相如同位。（○）一句串合。

后四年，赵惠文王卒，子孝成王立。七年，秦与赵兵相距长平，时赵奢已死，而蔺相如病笃，赵使廉颇将攻秦，（○）三句和叙三人，健甚。秦数败赵军，赵军固壁不战。秦数挑战，廉颇不肯。赵王信秦之间。秦之间言曰：倒收文法。"秦之所恶，独畏马服君赵奢之子赵括为将耳。"赵王因以括为将，代廉颇。蔺相如曰：（○）插入。"王以名使括，若胶柱而鼓瑟耳。括徒能读其父书传，不知合变也。"（○）赵王不听，遂将之。

赵括自少时学兵法，言兵事，以天下莫能当。尝与其父奢言兵事，奢不能难，然不谓善。（○）括母问奢其故，奢曰："兵，死地也，而括易言之。（○）至论。使赵不将括即已，若必将之，破赵军者必括也。"及括将行，其母上书言于王曰：（▼）"括不可使将。"王曰："何以？"对曰："始妾事其父，时为将，身所奉饭饮而进食者以十数，所友者以百数，大王及宗室所赏赐者尽以予军吏士大夫，受命之日，不问家事。今括一旦为将，东向而朝，军吏无敢仰视之者，王所赐金帛，归藏于家，而日视便利田宅可买者买之。王以为何如其父？父子异心，（○）愿王勿遣。"王曰："母置之，吾已决矣。"括母因曰："王终遣之，即有如不称，妾得无随坐乎？"（▼）王许诺。

赵括既代廉颇，悉更约束，易置军吏。秦将白起闻之，纵奇兵，详败走，而绝其粮道，分断其军为二，士卒离心。四十馀日，军饿，赵括出锐卒自搏战，秦军射杀赵括。括军败，数十万之众遂降秦，秦悉阬之。赵前后所亡凡四十五万。明年，秦兵遂围邯郸，岁馀，几不得脱。赖楚、魏诸侯来救，乃得解邯郸之围。<u>赵王亦以括母先言，竟不诛也。</u>（▼）周匝。

自邯郸围解五年，而燕用栗腹之谋，曰"赵壮者尽于长平，其孤未壮"，举兵击赵。<u>赵使廉颇将，击，</u>（○）大破燕军于鄗，杀栗腹，遂围燕。燕割五城请和，乃听之。<u>赵以尉文</u>邑名。封廉颇为信平君，为假相国。（△）

<u>廉颇之免长平归也，</u>波澜。遥接括将代颇，补叙细事，谐甚。<u>失势之时，故客尽去。及复用为将，客又复至。廉颇曰："客退矣！"客曰："吁！君何见之晚也？夫天下以市道交，君有势，我则从君，君无势则去，此固其理也，有何怨乎？"</u>（○）居六年，赵使廉颇伐魏之繁阳，拔之。

赵孝成王卒，子悼襄王立，<u>使乐乘代廉颇。</u>（○）廉颇怒，攻乐乘，乐乘走。<u>廉颇遂奔魏之大梁。</u>（△）其明年，<u>赵乃以李牧为将而攻燕，</u>入李牧，无断续痕。<u>拔武遂、方城。</u>（○）

廉颇居梁久之，接上。魏不能信用。赵以数困于秦兵，<u>赵王思复得廉颇，廉颇亦思复用于赵。</u>（○）赵王使使者视廉颇尚可用否。廉颇之仇郭开多与使者金，令毁之。赵使者既见廉颇，<u>廉颇为之一饭斗米，肉十斤，被甲上马，以示尚可用。</u>（▼）赵使还报王曰："廉将军虽老，尚善饭，然与臣坐，顷之三遗矢矣。"赵王以为老，遂不召。

楚闻廉颇在魏，（○）阴使人迎之。廉颇一为楚将，无功，曰："<u>我思用赵人。</u>"（○）只五字耳，而故国不堪回首，情景令人凄绝。<u>廉颇卒死于寿春。</u>（△）

李牧者，赵之北边<u>良将也。</u>（▼）常居代雁门，备匈奴。以便宜置吏，市租皆输入莫府，为士卒费。日击数牛飨士，习射骑，谨烽火，多间谍，厚遇战士。为约曰："匈奴即入盗，急入收保，有敢捕虏者斩。"(〇)匈奴每入，烽火谨，辄入收保，不敢战。如是数岁，亦不亡失。然匈奴以李牧为怯，虽赵边兵亦以为吾将怯。(〇)赵王让李牧，李牧如故。赵王怒，召之，使他人代将。

岁馀，匈奴每来，出战。出战，数不利，失亡多，边不得田畜。复请李牧。牧杜门不出，固称疾。赵王乃复强起使将兵。牧曰："王必用臣，臣如前，乃敢奉令。"(〇)王许之。

李牧至，如故约。匈奴数岁无所得，终以为怯。(〇)边士日得赏赐而不用，皆愿一战。于是乃三字有力。具选车得千三百乘，选骑得万三千匹，百金之士五万人，彀者十万人，悉勒习战。管子曰：能破敌擒将者赏百金，鼓者能射之人。大纵畜牧，人民满野。匈奴小入，详北不胜，以数千人委之。单于闻之，大率众来入。李牧多为奇陈，张左右翼击之，大破杀匈奴十馀万骑。灭襜褴，破东胡，降林胡，单于奔走。其后十馀岁，匈奴不敢近赵边城。(〇)收句有力。

赵悼襄王元年，廉颇既亡入魏，插入。赵使李牧攻燕，拔武遂、方城。居二年，庞煖破燕军，杀剧辛。后七年，秦破赵杀将扈辄于武遂城，斩首十万。赵乃以李牧为大将军，击秦军于宜安，大破秦军，(〇)与赵奢大破秦军相照。走秦将桓齮。封李牧为武安君。(△)居三年，秦攻番吾，李牧击破秦军，南距韩、魏。

赵王迁七年，秦使王翦攻赵，赵使李牧、司马尚御之。秦多与赵王宠臣郭开金，为反间，言李牧、司马尚欲反。赵王乃使赵葱及齐将颜聚代李牧。李牧不受命，赵使人微捕得李牧，斩之。赵恃良将相而存，用赵括而军破，杀李牧而国灭，此千古之炯戒。废司马尚。后三月，王翦因急击赵，大破，杀赵葱，虏赵王迁及其将颜聚，遂灭赵。结句，是一篇关锁。

太史公曰：知死必勇，(〇)提。非死者难也，处死者难。方蔺相如引璧睨柱，及叱秦王左右，势不过诛，壮烈！却秦、让颇二事中各兼智勇。然士或怯懦而不敢发。相如一奋其气，威信敌国，退而让颇，名重太山，其处智勇，可谓兼之矣！（○）却秦，智生勇也；让颇，勇全智也。

【总评】颇、牧传首系以良将，故赞不及二人，而马服君又不待言矣。鹿门先生尚未悟此。

第四十一　屈原贾生列传 录屈原 赞

屈原者，名平，楚之同姓也。为楚怀王左徒。博闻强志，明于治乱，娴于辞令。入则与王图议国事，以出号令；出则接遇宾客，应对诸侯。<u>王甚任之。</u>（○）

上官大夫与之同列，争宠而心害其能。怀王使屈原造为宪令，屈平属草稿未定。上官大夫见而欲夺之，屈平不与，因谗之曰："王使屈平为令，众莫不知，每一令出，平伐其功，以为'非我莫能为'也。"<u>王怒而疏屈平。</u>（○）与"甚任"相照。

<u>屈平疾王听之不聪也，</u>以下说入《离骚》，其文便酷似《离骚》。<u>谗谄之蔽明也，邪曲之害公也，方正之不容也，故忧愁幽思而作《离骚》。离骚者，犹离忧也。夫天者，人之始也；父母者，人之本也。人穷则反本，故劳苦倦极，未尝不呼天也；疾痛惨怛，未尝不呼父母也。</u>（○）屈平正道直行，竭忠尽智以事其君，谗人间之，<u>可谓穷矣。</u>（○）信而见疑，忠而被谤，<u>能无怨乎？屈平之作《离骚》，盖自怨生也。</u>穷而怨，怨而不乱，《离骚》所以继三百篇也。《国风》好色而不淫，《小雅》怨诽而不乱。若《离骚》者，可谓兼之矣。（○）上称帝喾，下道齐桓，中述汤武，以刺世事。明道德之广崇，治乱之条贯，靡不毕见。<u>其文约，其辞微，其志絜，其行廉，其称文小而其指极大，举类迩而见义远。其志絜，故其称物芳。其行廉，故死而不容。自疏</u>（○）<u>濯淖汙泥之中，蝉蜕于浊秽，以浮游尘埃之外，不获世之滋垢，皭然泥而不滓者也。推此志也，虽与日月争光可也。</u>（○）一句断，忽接入叙事。

屈平既绌，其后秦欲伐齐，齐与楚从亲，惠王患之，乃令张仪详去秦，厚币委质事楚，曰："秦甚憎齐，齐与楚从亲，楚诚能绝齐，秦原献商、於之地六百里。"楚怀王贪而信张仪，遂绝齐，使使如秦

受地。张仪诈之曰:"仪与王约六里,不闻六百里。"楚使怒去,归告怀王。怀王怒,大兴师伐秦。秦发兵击之,大破楚师于丹、淅,斩首八万,虏楚将屈匄,遂取楚之汉中地。怀王乃悉发国中兵以深入击秦,战于蓝田。魏闻之,袭楚至邓。楚兵惧,自秦归。而齐竟怒不救楚,楚大困。

明年,秦割汉中地与楚以和。楚王曰:"不愿得地,愿得张仪而甘心焉。"张仪闻,乃曰:"以一仪而当汉中地,臣请往如楚。"如楚,又因厚币用事者臣靳尚,而设诡辩于怀王之宠姬郑袖。怀王竟听郑袖,复释去张仪。<u>是时屈平既疏,不复在位,使于齐,顾反,谏怀王曰:</u>(○)"何不杀张仪?"怀王悔,追张仪不及。

其后诸侯共击楚,大破之,杀其将唐眛。

时秦昭王与楚婚,欲与怀王会。怀王欲行,屈平曰:"秦虎狼之国,不可信,不如毋行。"怀王稚子子兰劝王行:"奈何绝秦欢!"怀王卒行。入武关,秦伏兵绝其后,因留怀王,以求割地。怀王怒,不听。亡走赵,赵不内。复之秦,竟死于秦而归葬。

长子顷襄王立,以其弟子兰为令尹。<u>楚人既咎子兰以劝怀王入秦而不反也。</u>(○)

<u>屈平既嫉之,虽放流,眷顾楚国,系心怀王,不忘欲反,冀幸君之一悟,俗之一改也。其存君兴国而欲反覆之,一篇之中三致志焉。</u>仍转到《离骚》。<u>然终无可奈何,故不可以反,卒以此见怀王之终不悟也。人君无愚智贤不肖,</u>又议论。<u>莫不欲求忠以自为,举贤以自佐,然亡国破家相随属,而圣君治国累世而不见者,其所谓忠者不忠,而所谓贤者不贤也。</u>(○)怀王以不知忠臣之分,故内惑于郑袖,外欺于张仪,疏屈平而信上官大夫、令尹子兰。兵挫地削,亡其六郡,身客死于秦,为天下笑。此不知人之祸也。《易》曰:"井泄不食,为我心恻,可以汲。王明,并受其福。"<u>王之不明,岂足福哉!</u>(○)

<u>令尹子兰闻之</u>(○)接"既嫉之"。议论叙事相间法,自公谷得来。大

怒，卒使上官大夫短屈原于顷襄王，顷襄王怒而迁之。（〇）疏细甚矣，怒而迁之。

屈原至于江滨，被发行吟泽畔。颜色憔悴，形容枯槁。（▼）抑又甚焉，平不幸遇怀复遇顷，所以甘长流之赴。渔父见而问之曰（〇）："子非三闾大夫欤？何故而至此？"屈原曰："举世混浊而我独清，众人皆醉而我独醒，（〇）是以见放。"渔父曰："夫圣人者，不凝滞于物而能与世推移。举世混浊，何不随其流而扬其波？众人皆醉，何不餔其糟而啜其醨？何故怀瑾握瑜而自令见放为？"屈原曰："吾闻之，新沐者必弹冠，新浴者必振衣，人又谁能以身之察察，受物之汶汶者乎！悲壮。宁赴常流而葬乎江鱼腹中耳，又安能以皓皓之白而蒙世俗之温蠖乎！"（〇）犹昏愦。

乃作《怀沙》之赋。其辞云云。

于是怀石遂自沈汨罗以死。（△）

屈原既死之后，楚有宋玉、唐勒、景差之徒者，皆好辞而以赋见称；然皆祖屈原之从容辞令，终莫敢直谏。其后楚日以削，数十年竟为秦所灭。（〇）

自屈原沈汨罗后百有馀年，汉有贾生，为长沙王太傅，过湘水，投书以吊屈原。（〇）

太史公曰：余读《离骚》、《天问》、《招魂》、《哀郢》，悲其志。适长沙，观屈原所自沈渊，未尝不垂涕，想见其为人。（〇）反复流连，低佪欲绝。及见贾生吊之，又怪屈原以彼其材，游诸侯，何国不容，而自令若是。读《服鸟赋》，同死生，轻去就，又爽然自失矣。（〇）

【总评】子长《史记》，即其《离骚》也。人能以其论《离骚》者论《史记》，则得之矣。

第四十二　李斯列传 赞

　　太史公曰：李斯以闾阎历诸侯，入事秦，因以瑕衅，以辅始皇，卒成帝业，斯为三公，可谓尊用矣。斯知六蓺之归，不务明政以补主上之缺，持爵禄之重，阿顺苟合，严威酷刑，听高邪说，废適立庶。诸侯已畔，斯乃欲谏争，不亦末乎！（〇）人皆以斯极忠而被五刑死，察其本，乃与俗议之异。史识。不然，斯之功且与周、召列矣。（〇）

　　【总评】李斯焚书坑儒，废封建，弑太子，劝督责，罪通于天，五刑三族，不足赎其辜。此非性恶，特爵禄之念胜也。亡秦者，斯也；族斯者，高爵厚禄也。斯之无所不至，可戒也夫。

第四十三　蒙恬列传 赞

　　太史公曰：吾适北边，自直道归，行观蒙恬所为秦筑长城亭障，堑山堙谷，通直道，<u>固轻百姓力矣。夫秦之初灭诸侯，天下之心未定，痍伤者未瘳</u>，而恬为名将，不以此时强谏，振百姓之急，养老存孤，务修众庶之和，而阿意兴功，特识。<u>此其兄弟遇诛，不亦宜乎！何乃罪地脉哉？</u>（〇）

　　【总评】观汉之所以兴，萧、曹相国之所以得，则知秦之所以亡，王翦、蒙恬之所以失。太史公权衡今古垂法著戒，深得《春秋》之意。彼谓是非谬于圣人者，亦独何哉？

第四十四　张耳陈馀列传

张耳者，大梁人也。其少时，及魏公子毋忌为客。张耳尝亡命游外黄。外黄富人女甚美，嫁庸奴，亡其夫，去抵父客。父客素知张耳，乃谓女曰："必欲求贤夫，从张耳。"女听，乃卒为请决，嫁之张耳。张耳是时脱身游，女家厚奉给张耳，张耳以故致千里客。乃宦魏为外黄令。名由此益贤。陈馀者，亦大梁人也，好儒术，数游赵苦陉。<u>富人公乘氏以其女妻之，</u>（◥）随手映带。亦知陈馀非庸人也。馀年少，父事张耳，合叙。<u>两人相与为刎颈交</u>。（○）提。

秦之灭大梁也，张耳家外黄。高祖为布衣时，尝数从张耳游，客数月。秦灭魏数岁，已闻此两人魏之名士也，购求有得张耳千金，陈馀五百金。张耳、陈馀乃变名姓，俱之陈，为里监门以自食。<u>两人相对。里吏尝有过笞陈馀，陈馀欲起，张耳蹑之，使受笞</u>。细写。<u>吏去，张耳乃引陈馀之桑下而数之曰</u>：馀乃不及耳，不能忍也。"始吾与公言何如？今见小辱而欲死一吏乎？"（○）陈馀然之。秦诏书购求两人，两人亦反用门者以令里中。（○）

陈涉起蕲，至入陈，兵数万。张耳、陈馀上谒陈涉。涉及左右生平数闻张耳、陈馀贤，未尝见，见即大喜。

陈中豪杰父老乃说陈涉曰："将军身被坚执锐，率士卒以诛暴秦，复立楚社稷，存亡继绝，功德宜为王。且夫监临天下诸将，不为王不可，愿将军立为楚王也。"陈涉问此两人，<u>两人对曰</u>：（○）可见一心。"夫秦为无道，破人国家，灭人社稷，绝人后世，罢百姓之力，尽百姓之财。<u>将军瞋目张胆，出万死不顾一生之计，为天下除残也。</u>（○）雄壮。今始至陈而王之，示天下私。<u>愿将军毋王，急引兵而西</u>，（○）上策。<u>遣人立六国后，自为树党，为秦益敌也。敌多则力分，与众则兵强</u>。（○）如此野无交兵，县无守城，诛暴秦，据咸阳以令诸侯。诸侯亡而得立，以德服之，如此则帝业成矣。今独王陈，恐天下解也。"陈涉不听，遂立为王。

陈馀乃复说陈王曰："大王举梁、楚而西，务在入关，未及收河北也。臣尝游赵，知其豪桀及地形，愿请奇兵北略赵地。"（〇）于是陈王以故所善陈人武臣为将军，邵骚为护军，以张耳、陈馀为左右校尉，予卒三千人，北略赵地。

武臣等从白马渡河，至诸县，说其豪桀曰：先写秦害。"秦为乱政虐刑以残贼天下，数十年矣。北有长城之役，南有五岭之戍，外内骚动，百姓罢敝，头会箕敛，以供军费，财匮力尽，民不聊生。重之以苛法峻刑，使天下父子不相安。次写陈王倡议。陈王奋臂为天下倡始，王楚之地，方二千里，莫不响应，家自为怒，人自为斗，各报其怨而攻其雠，县杀其令丞，郡杀其守尉。今已张大楚，王陈，使吴广、周文将卒百万西击秦。于此时而不成封侯之业者，非人豪也。（〇）激励诸豪士。诸君试相与计之！夫天下同心而苦秦久矣。因天下之力而攻无道之君，（〇）笔态顿挫激昂。报父兄之怨而成割地有土之业，此士之一时也。"（〇）豪桀皆然其言。乃行收兵，得数万人，号武臣为武信君。下赵十城，馀皆城守，莫肯下。

乃引兵东北击范阳。范阳人蒯通说范阳令曰："窃闻公之将死，故吊。虽然，贺公得通而生。"（〇）夭矫。范阳令曰："何以吊之？"对曰："秦法重，足下为范阳令十年矣，杀人之父，孤人之子，断人之足，黥人之首，不可胜数。然而慈父孝子莫敢倳刃公之腹中者，畏秦法耳。今天下大乱，秦法不施，然则慈父孝子且倳刃公之腹中以成其名，此臣之所以吊公也。（〇）狠语怕人。今诸侯畔秦矣，武信君兵且至，而君坚守范阳，少年皆争杀君，下武信君。君急遣臣见武信君，可转祸为福，在今矣。"（〇）

范阳令乃使蒯通见武信君曰："足下必将战胜然后略地，攻得然后下城，臣窃以为过矣。诚听臣之计，可不攻而降城，不战而略地，传檄而千里定，可乎？"武信君曰："何谓也？"蒯通曰："今范阳令宜整顿其士卒以守战者也，怯而畏死，贪而重富贵，故欲先天下降，畏君以为秦所置吏，诛杀如前十城也。然今范阳少年亦方杀其令，自以城距君。（○）君何不赍臣侯印，拜范阳令，范阳令则以城下君，少年亦不敢杀其令。令范阳令乘朱轮华毂，使驱驰燕、赵郊。燕、赵郊见之，皆曰此范阳令，先下者也，即喜矣，燕、赵城可毋战而降也。（○）此臣之所谓传檄而千里定者也。"武信君从其计，因使蒯通赐范阳令侯印。赵地闻之，不战以城下者三十馀城。

至邯郸，张耳、陈馀闻周章军入关，至戏却；（○）地名。又闻诸将为陈王徇地，多以谗毁得罪诛，怨陈王不用其策，不以为将而以为校尉。（○）乃说武臣曰："陈王起蕲，至陈而王，非必立六国后。将军今以三千人下赵数十城，独介居河北，不王无以填之。镇也。且陈王听谗，还报，恐不脱于祸。又不如立其兄弟；指陈王。不，即立赵后。将军毋失时，时间不容息。"武臣乃听之，遂立为赵王。以陈馀为大将军，张耳为右丞相，邵骚为左丞相。

使人报陈王，陈王大怒，欲尽族武臣等家，而发兵击赵。陈王相国房君谏曰："秦未亡而诛武臣等家，此又生一秦也。不如因而贺之，使急引兵西击秦。"（○）与留侯封齐之意同。陈王然之，从其计，徙系武臣等家宫中，封张耳子敖为成都君。

陈王使使者贺赵，令趣发兵西入关。张耳、陈馀说武臣曰：（○）"王王赵，非楚意，特以计贺王。楚已灭秦，必加兵于赵。愿王毋西兵，北徇燕、代，南收河内以自广。（○）赵南据大河，北有燕、代，楚虽胜秦，必不敢制赵。"（○）赵王以为然，因不西兵，而使韩广略燕，李良略常山，张黡略上党。

韩广至燕，燕人因立广为燕王。赵王乃与张耳、陈馀北略地燕界。赵王间出，为燕军所得。燕将囚之，欲与分赵地半，乃归王。使者往，燕辄杀之以求地。张耳、陈馀患之。有厮养卒（○）吉也。谢其舍中曰："吾为公说燕，与赵王载归。"（○）舍中皆笑曰："使者往十馀辈，辄死，若何以能得王？"乃走燕壁。燕将见之，问燕将曰："知臣何欲？"燕将曰："若欲得赵王耳。"曰："君知张耳、陈馀何如人也？"燕将曰："贤人也。"曰："知其志何欲？"（○）劈空三问，如高手棋，突下三子，略不接连而已尽得大势，已下遂如破竹也。曰："欲得其王耳。"赵养卒乃笑曰："君未知此两人所欲也。夫武臣、张耳、陈馀杖马箠下赵数十城，此亦各欲南面而王，岂欲为卿相终已邪？（○）夫臣与主岂可同日而道哉，顾其势初定，未敢参分而王，且以少长先立武臣为王，以持赵心。（○）今赵地已服，此两人亦欲分赵而王，时未可耳。今君乃囚赵王。此两人名为求赵王，实欲燕杀之，此两人分赵自立。夫以一赵尚易燕，况以两贤王左提右挈，而责杀王之罪，灭燕易矣。"（○）燕将以为然，乃归赵王，养卒为御而归。（○）

李良已定常山，还报，赵王复使良略太原。至石邑，秦兵塞井陉，未能前。秦将诈称二世使人遗李良书，不封，曰："良尝事我得显幸。良诚能反赵为秦，赦良罪，贵良。"良得书，疑不信。乃还之邯郸，益请兵。未至，道逢赵王姊出饮，从百余骑。李良望见，以为王，伏谒道旁。王姊醉，不知其将，使骑谢李良。李良素贵，起，惭其从官。从官有一人曰："天下畔秦，能者先立。且赵王素出将军下，今女儿乃不为将军下车，请追杀之。"李良已得秦书，固欲反赵，未决，因此怒，（○）遣人追杀王姊道中，乃遂将其兵袭邯郸。邯郸不知，竟杀武臣、邵骚。赵人多为张耳、陈馀耳目者，以故得脱出。收其兵，得数万人。（○）客有说张耳曰："两君羁旅，而欲附赵，难；独立赵后，扶以义，可就功。"乃求得赵歇，立为赵王，居信都。李良进兵击陈馀，陈馀败李良，李良走归章邯。

章邯引兵至邯郸，皆徙其民河内，夷其城郭。（○）此下分开写。张耳与赵王歇走入钜鹿城，（○）其相仇始末。王离围之。陈馀（○）

北收常山兵，得数万人，军钜鹿北。（〇）章邯军钜鹿南棘原，筑甬道属河，饷王离。王离兵食多，急攻钜鹿。钜鹿城中食尽兵少，张耳数使人召前陈馀，陈馀自度兵少，不敌秦，不敢前。数月，张耳大怒，怨陈馀，（〇）使张黡、陈泽往让陈馀曰："始吾与公为刎颈交，（〇）今王与耳旦暮且死，而公拥兵数万，不肯相救，安在其相为死！苟必信，胡不赴秦军俱死？且有十一二相全。"陈馀曰："吾度前终不能救赵，徒尽亡军。且馀所以不俱死，欲为赵王、张君报秦。今必俱死，如以肉委饿虎，何益？"张黡、陈泽曰："事已急，要以俱死立信，安知后虑！"陈馀曰："吾死顾以为无益。必如公言。"乃使五千人令张黡、陈泽先尝秦军，至皆没。

当是时，燕、齐、楚闻赵急，皆来救。张敖亦北收代兵，得万余人，来，皆壁馀旁，未敢击秦。（〇）项羽兵数绝章邯甬道，王离军乏食，项羽悉引兵渡河，遂破章邯。章邯引兵解，诸侯军乃敢击围钜鹿秦军，（〇）遂虏王离。涉间自杀。卒存钜鹿者，楚力也。（〇）结。

于是赵王歇、张耳乃得出钜鹿，谢诸侯。张耳与陈馀相见，（〇）责让陈馀以不肯救赵，及问张黡、陈泽所在。陈馀怒曰：（〇）"张黡、陈泽以必死责臣，臣使将五千人先尝秦军，皆没不出。"张耳不信，（〇）以为杀之，数问陈馀。陈馀怒曰：（〇）"不意君之望臣深也！岂以臣为重去将哉？"乃脱解印绶，推予张耳。张耳亦愕不受。（〇）写两人情景如见。陈馀起如厕。客有说张耳曰："臣闻'天与不取，反受其咎'。今陈将军与君印，君不受，反天不祥。急取之！"张耳乃佩其印，收其麾下。而陈馀还，亦望张耳不让，遂趋出。张耳遂收其兵。陈馀独与麾下所善数百人之河上泽中渔猎。由此陈馀、张耳遂有隙。（〇）关键。

赵王歇复居信都。张耳从项羽诸侯入关。汉元年二月，项羽立诸侯王，张耳雅游，人多为之言，项羽亦素数闻张耳贤，乃分赵立张耳为常山王，治信都。信都更名襄国。

陈馀客多说项羽曰："陈馀、张耳一体有功于赵。"项羽以陈馀不从入关，闻其在南皮，即以南皮旁三县以封之，（▼）而徙赵王歇王代。

张耳之国，陈馀愈益怒，（〇）曰："张耳与馀功等也，今张耳王，馀独侯，此项羽不平。"及齐王田荣畔楚，陈馀乃使夏说说田荣曰："项羽为天下宰不平，尽王诸将善地，徙故王王恶地，今赵王乃居代！愿王假臣兵，请以南皮为扞蔽。"田荣欲树党于赵以反楚，乃遣兵从陈馀。陈馀因悉三县兵袭常山王张耳。（〇）张耳败走，念诸侯无可归者，曰："汉王与我有旧故，而项羽又强，立我，我欲之楚。"甘公曰："汉王之入关，五星聚东井。东井者，秦分也。先至必霸。楚虽强，后必属汉。"故耳走汉。汉王亦还定三秦，方围章邯废丘。张耳谒汉王，汉王厚遇之。

陈馀已败张耳，（〇）皆复收赵地，迎赵王于代，复为赵王。赵王德陈馀，立以为代王。陈馀为赵王弱，国初定，不之国，留傅赵王，而使夏说以相国守代。

汉二年，东击楚，使使告赵，欲与俱。陈馀曰："汉杀张耳乃从。"（〇）于是汉王求人类张耳者斩之，持其头遗陈馀。陈馀乃遣兵助汉。汉之败于彭城西，陈馀亦复觉张耳不死，即背汉。

汉三年，韩信已定魏地，遣张耳与韩信击破赵井陉，斩陈馀泜水上，（〇）自刎颈交矣，可叹！追杀赵王歇襄国。汉立张耳为赵王。汉五年，张耳薨，谥为景王。子敖嗣立为赵王。此下附子敖传，非传敖，传贯高也。传高所以罪张耳也。事败身坐，语百折不挫，此真不侵然诺者。张陈为刎颈交，竟不当如是耶。高祖长女鲁元公主为赵王敖后。

汉七年，高祖从平城过赵，赵王朝夕袒韝蔽，自上食，礼甚卑，有子婿礼。高祖箕踞詈，甚慢易之。赵相贯高、赵午等年六十馀，故张耳客也。生平为气，（〇）乃怒曰："吾王孱王也！"说王曰："夫天下豪桀并起，能者先立。今王事高祖甚恭，而高祖无礼，请为王杀之！"张敖啮其指出血，曰："君何言之误！且先人亡国，赖高祖得复国，德流子孙，秋豪皆高祖力也。愿君无复出口。"贯高、赵午等十馀人皆相谓曰："乃吾等非也。吾王长者，不倍德。且吾等义不辱，今怨高祖辱我王，故欲杀之，何乃污王为乎？<u>令事成归王，事败独身坐耳</u>。"（〇）

汉八年，上从东垣还，过赵，贯高等乃壁人柏人，要之置厕。宿也。上过欲宿，心动，问曰："县名为何？"曰："柏人。""柏人者，迫于人也！"不宿而去。

汉九年，贯高怨家知其谋，乃上变告之。于是上皆并逮捕赵王、贯高等。十馀人皆争自刭，<u>贯高独怒骂曰："谁令公为之？今王实无谋，而并捕王；公等皆死，谁白王不反者！</u>"（〇）乃轞车胶致，与王诣长安。治张敖之罪。上乃诏赵群臣宾客有敢从王皆族。贯高与客孟舒等十余人，皆自髡钳，为王家奴，从来。<u>贯高至，对狱，曰："独吾属为之，王实不知。</u>"吏治榜笞数千，刺剟，身无可击者，终不复言。（〇）吕后数言张王以鲁元公主故，不宜有此。上怒曰："使张敖据天下，岂少而女乎！"不听。廷尉以贯高事辞闻，上曰："<u>壮士！谁知者，以私问之</u>。"（〇）中大夫泄公曰："臣之邑子，素知之。<u>此固赵国立名义不侵为然诺者也</u>。"（〇）上使泄公持节问之箯舆前。仰视曰："<u>泄公邪</u>？"泄公劳苦如生平驩，与语，（〇）惨绝。问张王果有计谋不。高曰："<u>人情宁不各爱其父母妻子乎</u>？（〇）真切动人。<u>今吾三族皆以论死，岂以王易吾亲哉！顾为王实不反，独吾等为之</u>。"具道本指所以为者王不知状。（〇）于是泄公入，具以报，上乃赦赵王。

上贤贯高为人能立然诺，（〇）使泄公具告之，曰："张王已出。"因赦贯高。贯高喜曰："吾王审出乎？"（〇）泄公曰："然。"泄公曰："上多足下，故赦足下。"贯高曰："<u>所以不死一身无馀者，白张王不反也。今王已出，吾责已塞，死不恨矣。且人臣有篡杀之</u>

名,何面目复事上哉!纵上不杀我,我不愧于心乎?"乃仰绝肮,遂死。当此之时,名闻天下。(○)

张敖已出,以尚鲁元公主故,封为宣平侯。于是上贤张王诸客,以钳奴从张王入关,无不为诸侯相、郡守者。及孝惠、高后、文帝、孝景时,张王客子孙皆得为二千石。

张敖,高后六年薨。子偃为鲁元王。以母吕后女故,吕后封为鲁元王。元王弱,兄弟少,乃封张敖他姬子二人:寿为乐昌侯,侈为信都侯。高后崩,诸吕无道,大臣诛之,而废鲁元王及乐昌侯、信都侯。孝文帝即位,复封故鲁元王偃为南宫侯,续张氏。

太史公曰:张耳、陈馀,世传所称贤者;其宾客厮役,莫非天下俊桀,所居国无不取卿相者。然张耳、陈馀始居约时,相然信以死,岂顾问哉。及据国争权,卒相灭亡,何乡者相慕用之诚,后相倍之戾也!岂非以势利交哉?名誉虽高,宾客虽盛,所由殆与太伯、延陵季子异矣。(○)

【总评】世贤张、陈,不过俗议耳。泰伯、延陵、季子贤者不当如是耶?比拟似迂实妙,妙带滑稽。

第四十五　魏豹彭越列传 赞

　　太史公曰：魏豹、彭越虽故贱，然已席卷千里，南面称孤，喋血乘胜日有闻矣。怀畔逆之意，及败，不死而虏囚，身被刑戮，何哉？中材已上且羞其行，况王者乎！<u>彼无异故，智略绝人，独患无身耳。得摄尺寸之柄，其云蒸龙变，欲有所会其度，以故幽囚而不辞云</u>。（○）

　　【总评】《越赞》云"怀畔逆之意"，《淮阴赞》云"乃谋畔逆"，而于叙事处隐然见其无反形，既不张本朝待功臣之薄，又不深汲事情之真，从《春秋》定哀多微词得来。后之作史者有难以言尽之处，以龙门为法。

第四十六　淮阴侯列传

淮阴侯韩信者，淮阴人也。始为布衣时，贫无行，不得推择为吏，又不能治生商贾，常从人寄食饮，人多厌之者，（○）写英雄落魄光景，委屈详尽。常数从其下乡南昌亭长寄食，数月，亭长妻患之，乃晨炊蓐食。食时信往，不为具食。信亦知其意，怒，竟绝去。

信钓于城下，诸母漂，有一母见信饥，饭信，竟漂数十日。信喜，谓漂母曰："吾必有以重报母。"母怒曰："大丈夫不能自食，吾哀王孙而进食，岂望报乎！"

淮阴屠中少年有侮信者，曰："若虽长大，好带刀剑，中情怯耳。"众辱之曰："信能死，刺我；不能死，出我胯下。"于是信孰视之，俛出胯下，蒲伏。一市人皆笑信，以为怯。（○）与留侯纳履同一见端。

及项梁渡淮，信杖剑从之，居戏下，无所知名。项梁败，又属项羽，羽以为郎中。数以策干项羽，羽不用。汉王之入蜀，信亡楚归汉，未得知名，为连敖。官名。坐法当斩，其辈十三人皆已斩，次至信，信乃仰视，适见滕公，曰："上不欲就天下乎？何为斩壮士！"滕公奇其言，壮其貌，释而不斩。与语，大说之。言于上，上拜以为治粟都尉，上未之奇也。（○）

信数与萧何语，何奇之。（○）接入萧何。至南郑，诸将行道亡者数十人，信度何等已数言上，上不我用，即亡。何闻信亡，不及以闻，自追之。（○）人有言上曰："丞相何亡。"上大怒，如失左右手。（○）居一二日，何来谒上，上且怒且喜，骂何曰：（○）"若亡，何也？"何曰："臣不敢亡也，臣追亡者。"上曰："若所追者谁何？"曰："韩信也。"上复骂曰：（○）"诸将亡者以十数，公无所追；追信，诈也。"何曰："诸将易得耳。至如信者，国士无双。王必欲长王汉中，无所事信；反跌一句，妙。必欲争天下，非信无所与计事者。（○）顾王策安所决耳。"王曰："吾亦欲东耳，安能郁郁久居此乎？"（○）句倩甚。何曰："王计必欲东，能用信，信即留；不能用，信终亡耳。"王曰："吾为公以为将。"何曰："虽为将，信必不留。"王曰："以为大将。"何曰："幸甚。"于是王欲召信拜之。何曰："王素慢无礼，今拜大将如呼小儿耳，此乃信所以去也。王必欲拜之，择良日，斋戒，设坛场，具礼，乃可耳。"王许之。诸将皆喜，人人各自以为得大将。至拜大将，乃韩信也，一军皆惊。（○）止二十五字，而一军情状描写略尽，非太史公不能。

信拜礼毕，上坐。王曰："丞相数言将军，将军何以教寡人计策？"信谢，因问王曰："今东向争权天下，岂非项王邪？"汉王曰："然。"曰："大王自料勇悍仁强孰与项王？"淮阴登坛之对，大有《国策》风味。汉王默然良久，曰："不如也。"信再拜贺曰："惟信亦为大王不如也。然臣尝事之，请言项王之为人也。项王喑噁叱咤，千人皆废，然不能任属贤将，此特匹夫之勇耳。（○）项王见人恭敬慈爱，言语呕呕，人有疾病，涕泣分食饮，至使人有功当封爵者，印刓敝，忍不能予，此所谓妇人之仁也。（○）项王虽霸天下而臣诸侯，不居关中而都彭城。一失。有背义帝之约，而以亲爱王，诸侯不平。二失。诸侯之见项王迁逐义帝置江南，亦皆归逐其主而自王善地。三失。项王所过无不残灭者，天下多怨，百姓不亲附，特劫于威强耳。四失。名虽为霸，实失天下心。故曰其强易弱。今大王诚能反其道：任天下武勇，何所不诛！以天下城邑封功臣，何所不服！以义兵从思东归之士，何所不散！（▼）数语是定天下大指，其笔底有排山倒海之势。且三秦王为秦将，将秦子弟数岁矣，定三秦又是定天下根本。所杀亡不可胜计，又欺其众降诸侯，至新安，项王诈坑秦降卒二十馀万，唯独邯、欣、翳得脱，秦父兄怨此三人，痛入骨髓。今楚强以威王此三人，秦民莫爱也。（▼）大王之入武关，秋豪无所害，除秦苛法，与秦民约，法三章耳，秦民无不欲得大王王秦者。于诸侯之约，大王当王关中，关中民咸知之。大王失职入汉中，<u>秦民无不恨者</u>。（▼）<u>今大王举而东，三秦可传檄而定也</u>。"（〇）于是汉王大喜，<u>自以为得信晚</u>。（〇）与"未之奇"应。遂听信计，部署诸将所击。

八月，汉王举兵东出陈仓，<u>定三秦</u>。（▼）汉二年，出关，收魏、河南，韩、殷王皆降。合齐、赵共击楚。四月，至彭城，汉兵败散而还。信复收兵与汉王会荥阳，做淮阴功案。复击破楚京、索之间，<u>以故楚兵卒不能西</u>。（〇）

汉之败却彭城，总契。塞王欣、翟王翳亡汉降楚，<u>齐、赵亦反汉与楚和</u>。（▼）汉大败之后，方见信人功。六月，魏王豹谒归视亲疾，至国，即<u>绝河关反汉</u>，<u>与楚约和</u>。（▼）汉王使郦生说豹，不下。其八月，以信为左丞相，击魏。魏王盛兵蒲坂，塞临晋，<u>信乃益为疑兵，陈船欲度临晋，而伏兵从夏阳以木罂缶渡军，袭安邑</u>。（〇）魏王豹惊，引兵迎信，信遂虏豹，定魏为河东郡。汉王遣张耳与信俱，引兵东，北击赵、代。后九月，<u>破代兵</u>，（〇）<u>禽夏说阏与</u>。信之下魏破代，汉辄使人收其精兵，诣荥阳以距楚。（〇）

信与张耳以兵数万，欲东下井陉击赵。赵王、成安君陈馀闻汉且袭之也，聚兵井陉口，<u>号称二十万</u>。（〇）数万、二十万相照。广武君李左车说成安君曰："闻汉将韩信涉西河，虏魏王，禽夏说，新喋血阏与，今乃辅以张耳，议欲下赵，此乘胜而去国远斗，其锋不可当。臣闻千里馈粮，士有饥色，樵苏后爨，师不宿饱。今井陉之道，车不得方轨，骑不得成列，行数百里，其势粮食必在其后。愿足下假臣奇兵三万人，<u>从间道绝其辎重；足下深沟高垒，坚营勿与战。彼前不得斗，退不得还，吾奇兵绝其后，使野无所掠</u>，（〇）不至十日，而两将之头可致于戏下。愿君留意臣之计。否，必为二子所禽矣。"成安君，儒者也，常称义兵不用诈谋奇计，腐绝。曰："吾闻兵法十则围之，倍则战。今韩信兵号数万，其实不过数千。能千里而袭我，亦已罢极。今如此避而不击，后有大者，何以加之！则诸侯谓吾怯，而轻来伐我。"不听广武君策，广武君策不用。

　　韩信使人间视，知其不用，还报，则大喜，乃敢引兵遂下。（〇）细甚可见，广武君既得，亦未必堕其术中。未至井陉口三十里，止舍。夜半传发，选轻骑二千人，人持一赤帜，从间道萆山而望赵军，伙也。诫曰："赵见我走，必空壁逐我，若疾入赵壁，拔赵帜，立汉赤帜。"（〇）井陉之战以奇胜，史公叙战亦复奇绝。令其裨将传飧，曰："今日破赵会食！"（〇）诸将皆莫信，详应曰："诺。"谓军吏曰："赵已先据便地为壁，且彼未见吾大将旗鼓，未肯击前行，恐吾至阻险而还。"信乃使万人先行，出，背水陈。赵军望见而大笑。（〇）平旦，信建大将之旗鼓，鼓行出井陉口，赵开壁击之，大战良久。（〇）笔阵纵横复密，曲尽其妙，有左之后，一人而已。于是信、张耳详弃鼓旗，走水上军。水上军开入之，复疾战。赵果空壁争汉鼓旗，逐韩信、张耳。韩信、张耳已入水上军，军皆殊死战，不可败。信所出奇兵二千骑，共候赵空壁逐利，则驰入赵壁，皆拔赵旗，立汉赤帜二千。赵军已不胜，不能得信等，欲还归壁，壁皆汉赤帜，而大惊，以为汉皆已得赵王将矣，兵遂乱，遁走，赵将虽斩之，不能禁也。（〇）于是汉兵夹击，大破虏赵军，斩成安君泜水上，禽赵王歇。

　　信乃令军中毋杀广武君，有能生得者购千金。于是有缚广武君而致戏下者，信乃解其缚，东向坐，大将气度。西向对，师事之。（〇）接"大破赵军"。

　　诸将效首虏，毕贺，因问信曰："兵法右倍山陵，前左水泽，今者将军令臣等反背水陈，曰'破赵会食'，臣等不服。然竟以胜，此何术也？"信曰："此在兵法，顾诸君不察耳。（▼）兵法不曰'陷之死地而后生，置之亡地而后存'？且信非得素拊循士大夫也，此所谓'驱市人而战之'，其势非置之死地，使人人自为战；今予之生地，皆走，宁尚可得而用之乎！"（〇）诸将皆服曰："善。非臣所及也。"

　　于是信问广武君曰：接"师事之"。"仆欲北攻燕，东伐齐，何若而有功？"广武君辞谢曰："臣闻败军之将，不可以言勇，亡国之大夫，不可以图存。今臣败亡之虏，何足以权大事乎！"信曰："仆闻之，百里奚居虞而虞亡，在秦而秦霸，非愚于虞而智于秦也，用与不用，听与不听也。（〇）诚令成安君听足下计，若信者亦已为禽矣。以不用足下，故信得侍耳。"因固问曰："仆委心归计，愿足下勿辞。"广武君曰："臣闻智者千虑，必有一失；愚者千虑，必有一得。故曰'狂夫之言，圣人择焉'。顾恐臣计未必足用，愿效愚忠。夫成安君有百战百胜之计，一旦而失之，军败鄗下，身死泜上。今将军涉西河，虏魏王，禽夏说阏与，一举而下井陉，不终朝破赵二十万众，诛成安君。名闻海内，威震天下，农夫莫不辍耕释耒，褕美也。衣甘食，倾耳以待命者。若此，将军之所长也。（〇）然而众劳卒罢，其实难用。今将军欲举倦弊之兵，顿之燕坚城之下，欲战恐久力不能拔，情见势屈，旷日粮竭，而弱燕不服，齐必距境以自强也。燕齐相持而不下，则刘项之权未有所分也。若此者，将军所短也。（〇）音节雅饬。臣愚，窃以为亦过矣。故善用兵者不以短击长，而以长击短。"韩信曰："然则何由？"广武君对曰："方今为将军计，莫如案甲休兵，镇赵抚其孤，百里之内，牛酒日至，以飨士大夫醳兵，北首燕路，而后遣辩士奉咫尺之书，暴其所长于燕，燕必不敢不听从。燕已从，使喧言者东告齐，齐必从风而服，虽有智者，亦不知为齐计矣。如是，则天下事皆可图也。兵固有先声而后实者，此之谓也。"（〇）韩信曰："善。"从其策，发使使燕，燕从风而靡。（〇）乃遣使报汉，因请立张耳为赵王，以镇抚其国。汉王许之，乃立张耳为赵王。

　　楚数使奇兵渡河击赵，赵王耳、韩信往来救赵，因行定赵城邑，发兵诣汉。楚方急围汉王于荥阳，汉王南出，之宛、叶间，得黥布，走入成皋，楚又复急围之。六月，汉王出成皋，东渡河，独与滕公俱，从张耳军修武。至，宿传舍。晨自称汉使，驰入赵壁。张耳、韩信未起，即其卧内上夺其印符，一书"夺"。以麾召诸将，易置之。信、耳起，乃知汉王来，大惊。汉王夺两人军，再书"夺"。即令张耳备守赵地，拜韩信为相国，收赵兵未发者击齐。

信引兵东，未渡平原，闻汉王使郦食其已说下齐，韩信欲止。范阳辩士蒯通说信曰："将军受诏击齐，而汉独发间使下齐，宁有诏止将军乎？何以得毋行也！且郦生一士，伏轼掉三寸之舌，下齐七十馀城，将军将数万众，岁馀乃下赵五十余，为将数岁，反不如一竖儒之功乎？"于是信然之，从其计，遂渡河。齐已听郦生，即留纵酒，罢备汉守御。信因袭齐历下军，遂至临菑。齐王田广以郦生卖己，乃亨之，而走高密，使使之楚请救。韩信已定临菑，遂东追广至高密西。楚亦使龙且将，号称二十万，救齐。

齐王广、龙且并军与信战，未合。人或说龙且曰："汉兵远斗穷战，其锋不可当。齐、楚自居其地战，兵易败散。不如深壁，<u>与广武君所见略同。</u>令齐王使其信臣招所亡城，亡城闻其王在，楚来救，必反汉。<u>汉兵二千里客居，齐城皆反之，其势无所得食，可无战而降也。</u>"（○）龙且曰："吾平生知韩信为人，易与耳。且夫救齐不战而降之，吾何功？今战而胜之，齐之半可得，何为止！"遂战，与信夹潍水陈。<u>韩信乃夜令人为万馀囊，满盛沙，壅水上流，引军半渡，击龙且，详不胜，还走。</u>龙且果喜曰："固知信怯也。"遂追信渡水。<u>信使人决壅囊，</u>（○）淮阴兵法独绝千古。鹿门谓之"兵仙"，不虚也。水大至。龙且军大半不得渡，即急击，<u>杀龙且。</u>（○）龙且水东军散走，齐王广亡去。信遂追北至城阳，皆虏楚卒。

汉四年，遂皆降平齐。使人言汉王曰："齐伪诈多变，反覆之国也，南边楚，不为假王以镇之，其势不定。愿为假王便。"当是时，<u>楚方急围汉王于荥阳，</u>（○）插句妙。韩信使者至，发书，汉王大怒，骂曰："吾困于此，旦暮望若来佐我，乃欲自立为王！"<u>张良、陈平</u>

蹑汉王足，因附耳语曰："汉方不利，宁能禁信之王乎？（○）一语杀信矣。不如因而立，善遇之，使自为守。不然，变生。"汉王亦悟，因复骂曰："大丈夫定诸侯，即为真王耳，何以假为！"（○）乃遣张良往立信为齐王，徵其兵击楚。（○）

楚已亡龙且，项王恐，使盱眙人武涉往说齐王信曰：（○）史公于击围荥阳征兵击楚之下，紧入武涉、蒯通之说，似有深意。汉方危急时，天下已集，乃谋畔逆，有是理哉？"天下共苦秦久矣，相与戮力击秦。秦已破，计功割地，分土而王之，以休士卒。今汉王复兴兵而东，侵人之分，夺人之地，已破三秦，引兵出关，收诸侯之兵以东击楚，其意非尽吞天下者不休，其不知厌足如是甚也。且汉王不可必，（○）委曲入情。身居项王掌握中数矣，项王怜而活之，然得脱，辄倍约，复击项王，其不可亲信如此。今足下虽自以与汉王为厚交，为之尽力用兵，终为之所禽矣。足下所以得须臾至今者，以项王尚存也。（○）透。当今二王之事，权在足下。足下右投则汉王胜，（○）写得生色。左投则项王胜。项王今日亡，则次取足下。（○）二语更悲更确。足下与项王有故，何不反汉与楚连和，参分天下王之？今释此时，而自必于汉以击楚，（○）且为智者固若此乎！"韩信谢曰："臣事项王，官不过郎中，位不过执戟，言不听，画不用，故倍楚而归汉。汉王授我上将军印，予我数万众，解衣衣我，推食食我，言听计用，故吾得以至于此。夫人深亲信我，我倍之不祥，虽死不易。幸为信谢项王！"（○）何等决绝！

武涉已去，齐人蒯通知天下权在韩信，欲为奇策而感动之，（○）以相人说韩信曰："仆尝受相人之术。"韩信曰："先生相人何如？"对曰："贵贱在于骨法，忧喜在于容色，成败在于决断，（○）主。以此参之，万不失一。"韩信曰："善。先生相寡人何如？"对曰："愿少间。"信曰："左右去矣。"通曰："相君之面，不过封侯，又危不安。相君之背，贵乃不可言。"韩信曰："何谓也？"蒯通曰："天下初发难也,俊雄豪桀建号壹呼,天下之士云合雾集,鱼鳞杂遝,熛至风起。当此之时,忧在亡秦而已。今楚汉分争,使天下无罪之人肝胆涂地,父子暴骸骨于中野,不可胜数。楚人起彭城,_{阴扬楚。}转斗逐北,至于荥阳,乘利席卷,威震天下。然兵困于京、索之间,迫西山而不能进者,三年于此矣。汉王将数十万之众,_{暗折汉。}距巩、雒,阻山河之险,一日数战,无尺寸之功,折北不救,败荥阳,伤成皋,遂走宛、叶之间,<u>此所谓智勇俱困者也</u>。(○)夫锐气挫于险塞,而粮食竭于内府,百姓罢极怨望,容容无所倚。以臣料之,其势非天下之贤圣固不能息天下之祸。<u>当今两主之命县于足下。足下为汉则汉胜,与楚则楚胜</u>。(○)入信。臣愿披腹心,输肝胆,效愚计,恐足下不能用也。诚能听臣之计,<u>莫若两利而俱存之</u>,(○)参分天下,鼎足而居,其势莫敢先动。夫以足下之贤圣,有甲兵之众,据强齐,从燕、赵,出空虚之地而制其后,因民之欲,西乡为百姓请命,则天下风走而响应矣,孰敢不听!割大弱强,以立诸侯,诸侯已立,天下服听而归德于齐。案齐之故,有胶、泗之地,怀诸侯以德,深拱揖让,则天下之君王相率而朝于齐矣。盖闻天与弗取,反受其咎;时至不行,反受其殃。愿足下孰虑之。"

韩信曰:"<u>汉王遇我甚厚,载我以其车,衣我以其衣,食我以其食</u>。(○)反复表明。吾闻之,乘人之车者载人之患,衣人之衣者怀人之忧,食人之食者死人之事,吾岂可以乡利倍义乎!"(○)蒯生曰:"足下自以为善汉王,欲建万世之业,臣窃以为误矣。始常山王、成安君为布衣时,相与为刎颈之交,后争张黡、陈泽之事,二人相怨。常山王背项王,奉项婴头而窜,逃归于汉王。汉王借兵而东下,杀成安君泜水之南,头足异处,卒为天下笑。<u>此二人相与,天下至驩也。然而卒相禽者,何也?患生于多欲而人心难测也</u>。(○)今足下欲行忠信以交于汉王,<u>必不能固于二君之相与也,而事多大于张黡、陈泽</u>。(○)纯是《国策》气味。故臣以为足下必汉王之不危己,亦误矣。大夫种、范蠡存亡越，霸句践，立功成名而身死亡。野兽已尽而猎狗亨。夫以交友言之，则不如张耳之与成安君者也；以忠信言之，则不过大夫种、范蠡之于句践也。此二人者，足以观矣。（〇）束上。作两层，顿挫。愿足下深虑之。且臣闻勇略震主者身危，而功盖天下者不赏。（〇）转笔健稳。臣请言大王功略：足下涉西河，虏魏王，禽夏说，引兵下井陉，诛成安君，徇赵，胁燕，定齐，南摧楚人之兵二十万，东杀龙且，西乡以报，此所谓功无二于天下，而略不世出者也。今足下戴震主之威，挟不赏之功，归楚，楚人不信；归汉，汉人震恐：足下欲持是安归乎？（〇）更妙。夫势在人臣之位而有震主之威，名高天下，窃为足下危之。"韩信谢曰："先生且休矣，吾将念之。"

后数日，蒯通复说曰：（〇）"夫听者事之候也，计者事之机也，听过计失而能久安者，鲜矣。听不失一二者，不可乱以言；计不失本末者，不可纷以辞。夫随厮养之役者，失万乘之权；守儋石之禄者，阙卿相之位。故知者决之断也，疑者事之害也，审豪氂之小计，遗天下之大数，智诚知之，决弗敢行者，百事之祸也。故曰'猛虎之犹豫，不若蜂虿之致螫；骐骥之跼躅，不如驽马之安步；孟贲之狐疑，不如庸夫之必至也；虽有舜禹之智，吟而不言，不如瘖聋之指麾也'。（〇）此言贵能行之。夫功者难成而易败，时者难得而易失也。时乎时，不再来。（〇）愿足下详察之。"韩信犹豫不忍倍汉，又自以为功多，汉终不夺我齐，遂谢蒯通。（〇）曲写心事。蒯通说不听，已详狂为巫。

汉王之困固陵，用张良计，召齐王信，遂将兵会垓下。项羽已破，高祖袭夺齐王军。三书"夺"，此史公诛心之法。汉五年正月，徙齐王信为楚王，都下邳。

信至国，召所从食漂母，赐千金。（〇）及下乡南昌亭长，赐百钱，一一应前。曰："公，小人也，为德不卒。"（〇）警句。召辱己之

少年令出胯下者以为楚中尉。（〇）告诸将相曰："此壮士也。方辱我时，我宁不能杀之邪？杀之无名，故忍而就于此。"（〇）

项王亡将钟离眜，家在伊庐，素与信善。项王死后，亡归信。汉王怨眜，闻其在楚，诏楚捕眜。信初之国，行县邑，陈兵出入。汉六年，人有上书告楚王信反。高帝以陈平计，天子巡狩会诸侯，南方有云梦，发使告诸侯会陈："吾将游云梦。"实欲袭信，信弗知。（▼）高祖且至楚，信欲发兵反，自度无罪，欲谒上，恐见禽。莫须有事，想当然语。人或说信曰："斩眜谒上，上必喜，无患。"信见眜计事。眜曰："汉所以不击取楚，以眜在公所。若欲捕我以自媚于汉，吾今日死，公亦随手亡矣。"乃骂信曰："公非长者！"卒自刭。信持其首，谒高祖于陈。上令武士缚信，载后车。信曰："果若人言，'狡兔死，良狗亨；高鸟尽，良弓藏；敌国破，谋臣亡。'天下已定，我固当亨！"上曰："人告公反。"遂械系信。至雒阳，赦信罪，以为淮阴侯。

信知汉王畏恶其能，常称病不朝从。信由此日夜怨望，居常鞅鞅，羞与绛、灌等列。（〇）信尝过樊将军哙，哙跪拜送迎，言称臣，曰："大王乃肯临臣！"信出门，笑曰："生乃与哙等为伍！"（〇）上常从容与信言诸将能不，各有差。上问曰："如我能将几何？"信曰："陛下不过能将十万。"上曰："于君何如？"曰："臣多多而益善耳。"上笑曰："多多益善，何为为我禽？"信曰："陛下不能将兵，而善将将，此乃信之所以为陛下禽也。且陛下所谓天授，非人力也。"（〇）

陈豨拜为钜鹿守，辞于淮阴侯。淮阴侯挈其手，辟左右与之步于庭，仰天叹曰："子可与言乎？欲与子有言也。"（〇）既辟左右，则仰天资息之言从何知之。豨曰："唯将军令之。"淮阴侯曰："公之所居，天下精兵处也；而公，陛下之信幸臣也。人言公之畔，陛下必不信；再至，陛下乃疑矣；三至，必怒而自将。吾为公从中起，天下可图也。"陈豨素知其能也，信之，曰："谨奉教！"汉十年，陈豨果反。上自将而往，信病不从。阴使人至豨所，曰："弟举兵，吾从此助公。"信乃谋与家臣夜诈诏赦诸官徒奴，欲发以袭吕后、太子。部署已定，待豨报。其舍人得罪于信，信囚，欲杀之。舍人弟上变，告信欲反状于吕后。吕后欲召，恐其党不就，乃与萧相国谋，诈令人从上所来，言豨已得死，列侯群臣皆贺。相国绐信曰："虽疾，强入贺。"信入，吕后使武士缚信，斩之长乐钟室。信方斩，曰："<u>吾悔不用蒯通之计，乃为儿女子所诈，岂非天哉</u>！"（〇）观此益见岳之妄。遂夷信三族。

高祖已从豨军来，至，见信死，<u>且喜且怜之</u>，（〇）问："信死亦何言？"一篇首尾有声色。吕后曰："信言恨不用蒯通计。"高祖曰："是齐辩士也。"乃诏齐捕蒯通。蒯通至，上曰："若教淮阴侯反乎？"对曰："<u>然，臣固教之</u>。直认妙。<u>竖子不用臣之策，故令自夷于此。如彼竖子用臣之计，陛下安得而夷之乎</u>！"（〇）亦是确话。上怒曰："亨之。"通曰："嗟乎，冤哉亨也！"（〇）上曰："若教韩信反，何冤？"对曰："秦之纲绝而维弛，山东大扰，异姓并起，英俊乌集。秦失其鹿，天下共逐之，于是高材疾足者先得焉。蹠之狗吠尧，尧非不仁，狗因吠非其主。当是时，臣唯独知韩信，非知陛下也。且天下锐精持锋欲为陛下所为者甚众，顾力不能耳。又可尽亨之邪？"（〇）高帝曰："置之。"乃释通之罪。

太史公曰：吾如淮阴，淮阴人为余言，韩信虽为布衣时，<u>其志与众异</u>。（〇）其母死，贫无以葬，<u>然乃行营高敞地，令其旁可置万家</u>。（〇）补传中所未有，闲淡独绝。余视其母冢，良然。<u>假令韩信学道谦让，不伐己功，不矜其能，则庶几哉，于汉家勋可以比周、召、太公之徒，后世血食矣</u>。（〇）不务出此，而天下已集，乃谋畔逆，夷灭宗族，不亦宜乎！

【总评】《项羽纪》、《淮阴传》皆史公悉心营构之文，故其叙事处，真如黄河怒涛,龙门峭壁曲尽,九垓八埏间奇致,班、范诸公安能入其室哉?

淮阴畔逆,其为吕后、萧何罗织巨铄而成之,十可八九也。识如子长而责以谋畔,岂明有不逮欤?抑为本朝成案,不敢轻易昭雪欤?又何其责之甚深也!然以不矜不伐,学道谦让为淮阴尽居成功之策,则善矣至矣!

第四十七　刘敬叔孙通列传 赞

　　太史公曰：语曰"千金之裘，非一狐之腋也；台榭之榱，非一木之枝也；三代之际，非一士之智也"。信哉！夫高祖起微细，定海内，谋计用兵，可谓尽之矣。然而刘敬脱挽辂一说，建万世之安，智岂可专邪！叔孙通希世度务制礼，进退与时变化，卒为汉家儒宗。"大直若诎，道固委蛇"，盖谓是乎？（〇）

　　【总评】一叹美，一讽刺。

第四十八　季布栾布列传

　　季布者，楚人也。为气任侠，有名于楚。项籍使将兵，数窘汉王。及项羽灭，高祖购求布千金，敢有舍匿，罪及三族。季布匿濮阳周氏。周氏曰："汉购将军急，迹且至臣家，将军能听臣，臣敢献计；即不能，愿先自到。"季布许之。乃髡钳季布，衣褐衣，置广柳车中，并与其家僮数十人，之鲁朱家所卖之。<u>朱家心知是季布，乃买而置之田</u>。诫其子曰：（○）"田事听此奴，<u>必与同食</u>。"（○）朱家乃乘轺车之洛阳，见汝阴侯滕公。滕公留朱家饮数日。因谓滕公曰："季布何大罪，而上求之急也？"滕公曰："布数为项羽窘上，上怨之，故必欲得之。"朱家曰："君视季布何如人也？"曰："贤者也。"朱家曰："臣各为其主用，季布为项籍用，职耳。项氏臣可尽诛邪？今上始得天下，独以己之私怨求一人，<u>何示天下之不广也</u>！（○）<small>说理</small>。且以季布之贤而汉求之急如此，<u>此不北走胡即南走越耳。夫忌壮士以资敌国，此伍子胥所以鞭荆平王之墓也</u>。（○）<small>说利害</small>。君何不从容为上言邪？"汝阴侯滕公心知朱家大侠，意季布匿其所，（○）乃许曰："诺。"待间，果言如朱家指。上乃赦季布。<u>当是时，诸公皆多季布能摧刚为柔，朱家亦以此名闻当世</u>。（○）季布召见，谢，上拜为郎中。

　　孝惠时，为中郎将。单于尝为书嫚吕后，不逊，吕后大怒，召诸将议之。上将军樊哙曰："臣愿得十万众，横行匈奴中。"诸将皆阿吕后意，曰"然"。季布曰："<u>樊哙可斩也</u>！（○）夫高帝将兵四十馀万众，困于平城，今哙奈何以十万众横行匈奴中，<u>面欺</u>！且秦以事于胡，陈胜等起。于今创痍未瘳，哙又面谀，欲摇动天下。"是时殿上皆恐，（○）<small>人臣之识，即摧刚为柔学问</small>。太后罢朝，遂不复议击匈奴事。

　　季布为河东守，孝文时，人有言其贤者，孝文召，欲以为御史大夫。复有言其勇，使酒难近。至，留邸一月，见罢。季布因进曰：
"臣无功窃宠，待罪河东。陛下无故召臣，此人必有以臣欺陛下者；
今臣至，无所受事，罢去，此人必有以毁臣者。夫陛下以一人之誉
而召臣，一人之毁而去臣，臣恐天下有识闻之有以窥陛下也。"（○）
语关大体。上默然惭，良久曰："河东吾股肱郡，故特召君耳。"得体。
布辞之官。

　　楚人曹丘生，辩士，数招权顾金钱。事贵人赵同等，与窦长君
善。季布闻之，寄书谏窦长君曰："吾闻曹丘生非长者，勿与通。"
及曹丘生归，欲得书请季布。窦长君曰："季将军不说足下，足下无
往。"固请书，遂行。使人先发书，季布果大怒，待曹丘。曹丘至，
即揖季布曰："楚人谚曰'得黄金百斤，不如得季布一诺'，足下何
以得此声于梁楚间哉？且仆楚人，足下亦楚人也。仆游扬足下之名于
天下，顾不重邪？何足下距仆之深也！"季布乃大说，引入，留数
月，为上客，厚送之。季将军乃堕生术中。季布名所以益闻者，曹丘扬
之也。（○）

　　季布弟季心，（○）牵入。气盖关中，遇人恭谨，为任侠，方数
千里，士皆争为之死。尝杀人，亡之吴，从袁丝匿。长事袁丝，弟畜
灌夫、籍福之属。尝为中司马，中尉郅都不敢不加礼。少年多时时窃
籍其名以行。当是时，季心以勇，布以诺，著闻关中。（○）

　　季布母弟丁公，（○）牵入。为楚将。丁公为项羽逐窘高祖彭城
西，短兵接，高祖急，顾丁公曰："两贤岂相厄哉！"于是丁公引兵
而还，汉王遂解去。及项王灭，丁公谒见高祖。高祖以丁公徇军中，
曰："丁公为项王臣不忠，使项王失天下者，乃丁公也。"（○）附此，
所以深责季布。遂斩丁公，曰："使后世为人臣者无效丁公！"（○）

　　栾布者，梁人也。始梁王彭越为家人时，尝与布游。穷困，赁佣
于齐，为酒人保。数岁，彭越去之巨野中为盗，而布为人所略卖，为
奴于燕。为其家主报仇，燕将臧荼举以为都尉。臧荼后为燕王，以布

为将。及臧荼反，汉击燕，虏布。梁王彭越闻之，乃言上，请赎布以为梁大夫。

使于齐，未还，汉召彭越，责以谋反，夷三族。已而枭彭越头于洛阳下，诏曰："有敢收视者，辄捕之。"布从齐还，<u>奏事彭越头下，祠而哭之</u>。（〇）吏捕布以闻。上召布，骂曰："若与彭越反邪？吾禁人勿收，若独祠而哭之，与越反明矣。<u>趣亨之</u>。"方提趣汤，（〇）布顾曰："愿一言而死。"上曰："何言？"布曰："方上之困于彭城，败荥阳、成皋间，项王所以不能遂西，徒以彭王居梁地，与汉合从苦楚也。当是之时，彭王一顾，与楚则汉破，与汉而楚破。且垓下之会，微彭王，项氏不亡。天下已定，彭王剖符受封，亦欲传之万世。今陛下一徵兵于梁，彭王病不行，而陛下疑以为反，<u>反形未见，以苛小案诛灭之，臣恐功臣人人自危也。今彭王已死，臣生不如死，请就亨</u>。"（〇）悲壮。于是上乃释布罪，拜为都尉。

孝文时，为燕相，至将军。布乃称曰："<u>穷困不能辱身下志，非人也；富贵不能快意，非贤也</u>。"（〇）于是尝有德者厚报之，有怨者必以法灭之。吴楚反时，以军功封俞侯，复为燕相。<u>燕齐之间皆为栾布立社，号曰栾公社</u>。（〇）生色。

景帝中五年薨。子贲嗣，为太常，牺牲不如令，国除。

太史公曰：以项羽之气，而季布以勇显于楚，身屦军搴旗者数矣，<u>可谓壮士</u>。（〇）然至被刑戮，为人奴而不死，何其下也！彼必自负其材，故受辱而不羞，<u>欲有所用其未足也</u>，（〇）故终为汉名将。贤者诚重其死。（〇）写己意。夫婢妾贱人感慨而自杀者，非能勇也，其计画无复之耳。（〇）栾布哭彭越，趣汤如归者，<u>彼诚知所处，不自重其死。虽往古烈士，何以加哉</u>！（〇）相形妙！

第四十九　张释之冯唐列传

　　张廷尉释之者，堵阳人也，字季。_{二字史笔，能具官也。}有兄仲同居。以訾为骑郎，事孝文帝，十岁不得调，无所知名。_{与天下知名应。}释之曰："久宦减仲之产，不遂。"欲自免归。中郎将袁盎知其贤，惜其去，乃请徙释之补谒者。释之既朝毕，因前言便宜事。文帝曰："卑之，毋甚高论，令今可施行也。"于是释之言秦汉之间事，秦所以失而汉所以兴者_{略而赅}。久之。文帝称善，乃拜释之为谒者仆射。

　　释之从行，登虎圈。上问上林尉诸禽兽簿，十馀问，<u>尉左右视，</u>（〇）_{形容。}尽不能对。虎圈啬夫从旁代尉对上所问禽兽簿甚悉，<u>欲以观其能口对响应无穷者。</u>（〇）文帝曰："吏不当若是邪？尉无赖！"乃诏释之拜啬夫为上林令。释之久之前曰："陛下以绛侯周勃何如人也？"上曰："长者也。"又复问："东阳侯张相如何如人也？"上复曰："长者。"释之曰："夫绛侯、东阳侯称为长者，此两人言事曾不能出口，岂斅此啬夫谍谍利口捷给哉！<u>且秦以任刀笔之吏，吏争以亟疾苛察相高，然其敝徒文具耳，无恻隐之实。以故不闻其过，</u>（〇）_{深蕴至论。}陵迟而至于二世，天下土崩。今陛下以啬夫口辩而超迁之，<u>臣恐天下随风靡靡，争为口辩而无其实。</u>（〇）且下之化上疾于景响，举错不可不审也。"文帝曰："善。"乃止不拜啬夫。

　　上就车，<u>召释之参乘，徐行，</u>（〇）问释之秦之敝。具以质言。至宫，上拜释之为公车令。

　　顷之，太子与梁王共车入朝，不下司马门，于是释之追止太子、梁王无得入殿门。遂劾不下公门不敬，奏之。薄太后闻之，文帝免冠谢曰："教儿子不谨。"薄太后乃使使承诏赦太子、梁王，然后得入。<u>文帝由是奇释之，</u>（〇）拜为中大夫。

顷之，至中郎将。从行至霸陵，居北临厕。是时慎夫人从，上指示慎夫人新丰道，曰："此走邯郸道也。"（○）情景宛然。使慎夫人鼓瑟，上自倚瑟而歌，意惨凄悲怀，（○）顾谓群臣曰："嗟乎！以北山石为椁，用纻絮斮陈，蕠漆其间，岂可动哉！"左右皆曰："善。"释之前进曰："使其中有可欲者，虽锢南山犹有郤；使其中无可欲者，虽无石椁，又何戚焉！"（○）文帝称善。其后拜释之为廷尉。

顷之，（▼）上行出中渭桥，有一人从桥下走出，乘舆马惊。于是使骑捕，属之廷尉。释之治问。曰："县人来，闻跸，匿桥下。久之，以为行已过，即出，见乘舆车骑，即走耳。"廷尉奏当，一人犯跸，当罚金。文帝怒曰："此人亲惊吾马，吾马赖柔和，令他马，固不败伤我乎？而廷尉乃当之罚金！"释之曰："法者天子所与天下公共也。今法如此而更重之，是法不信于民也。（○）且方其时，上使立诛之则已。今既下廷尉，廷尉，天下之平也，一倾而天下用法皆为轻重，民安所措其手足？（○）唯陛下察之。"良久，（○）上曰："廷尉当是也。"

其后有人盗高庙坐前玉环，捕得，文帝怒，下廷尉治。释之案律盗宗庙服御物者为奏，奏当弃市。上大怒曰："人之无道，乃盗先帝庙器，吾属廷尉者，欲致之族，而君以法奏之，非吾所以共承宗庙意也。"释之免冠顿首谢曰："法如是足也。（○）且罪等，然以逆顺为差。今盗宗庙器而族之，有如万分之一，假令愚民取长陵一抔土，陛下何以加其法乎？"久之，（○）文帝与太后言之，乃许廷尉当。是时，（○）中尉条侯周亚夫与梁相山都侯王恬开见释之持议平，乃结为亲友。张廷尉由此天下称之。（○）结。

后文帝崩，景帝立，释之恐，称病。以劾不下公门故。欲免去，惧大诛至；欲见谢，则未知何如。用王生计，卒见谢，景帝不过也。

王生者，善为黄老言，处士也。尝召居廷中，三公九卿尽会立，王生老人，曰："吾袜解"，顾谓张廷尉："为我结袜！"释之跪而结之。既已，人或谓王生曰："独奈何廷辱张廷尉，使跪结袜？"王生曰："吾老且贱，自度终无益于张廷尉。张廷尉方今天下名臣，吾故聊辱廷尉，使跪结袜，欲以重之。"诸公闻之，<u>贤王生而重张廷尉</u>。（○）

张廷尉事景帝岁馀，为淮南王相，犹尚以前过也。久之，释之卒。其子曰张挚，字长公，官至大夫，免。以不能取容当世，故终身不仕。

冯唐者，<u>其大父赵人。父徙代</u>。（○）伏笔。汉兴徙安陵。唐以孝著，为中郎署长，事文帝。文帝辇过，问唐曰："<u>父老何自为郎？家安在？</u>"（○）问答宛然。唐具以实对。文帝曰："吾居代时，吾尚食监高祛数为我言赵将李齐之贤，战于钜鹿下。<u>今吾每饭，意未尝不在钜鹿也。父知之乎？</u>"（○）唐对曰："尚不如廉颇、李牧之为将也。"上曰："何以？"唐曰："臣大父在赵时，为官率将，善李牧。臣父故为代相，善赵将李齐，知其为人也。"上既闻廉颇、李牧为人，良说，而搏髀曰："嗟乎！吾独不得廉颇、李牧时为吾将，吾岂忧匈奴哉！"唐曰："主臣！<u>陛下虽得廉颇、李牧，弗能用也。</u>"（○）上怒，起入禁中。良久，召唐让曰："公奈何众辱我，独无间处乎？"唐谢曰："鄙人不知忌讳。"

当是之时，匈奴新大入朝那，杀北地都尉卬。上以胡寇为意，乃卒复问唐曰："<u>公何以知吾不能用廉颇、李牧也？</u>"（○）唐对曰："臣闻上古王者之遣将也，跪而推毂，曰阃以内者，寡人制之；阃以外者，将军制之。军功爵赏皆决于外，归而奏之。<u>此非虚言也。臣大父言</u>，（○）李牧为赵将居边，军市之租皆自用飨士，赏赐决于外，不从中扰也。委任而责成功，故李牧乃得尽其智能，遣选车千三百乘，彀骑万三千，百金之士十万，是以北逐单于，破东胡，灭澹林，西抑强秦，南支韩、魏。当是之时，赵几霸。其后会赵王迁立，其母倡也。王迁立，乃用郭开谗，卒诛李牧，令颜聚代之。是以兵破士北,为秦所禽灭。今臣窃闻魏尚为云中守,其军市租尽以飨士卒,出私养钱,五日一椎牛,飨宾客军吏舍人,是以匈奴远避,不近云中之塞。虏曾一入,尚率车骑击之,所杀甚众。夫士卒尽家人子,起田中从军,安知尺籍伍符。终日力战,斩首捕虏,上功莫府,一言不相应,文吏以法绳之。其赏不行而吏奉法必用。臣愚,以为陛下<u>法太明,赏太轻,罚太重</u>。(〇)且云中守魏尚坐上功首虏差六级,陛下下之吏,削其爵,罚作之。<u>由此言之,陛下虽得廉颇、李牧,弗能用也</u>。(〇)臣诚愚,触忌讳,死罪死罪!"文帝说。是日令冯唐持节赦魏尚,复以为云中守,而拜唐为车骑都尉,主中尉及郡国车士。

　　七年,景帝立,以唐为楚相,免。武帝立,求贤良,举冯唐。唐时年九十馀,不能复为官,乃以唐子冯遂为郎。遂字王孙,亦奇士,与余善。

　　太史公曰:张季之言长者,<u>守法不阿意</u>;(〇)冯公之论将率,<u>有味哉!有味哉</u>!(〇)语曰"不知其人,视其友"。二君之所称诵,可著廊庙。《书》曰"不偏不党,王道荡荡;不党不偏,王道便便"。张季、冯公近之矣。

史记选 卷六

宜兴　储　欣同人　评
　　　　男　芝五采参　述
　　　门下后学　吴振乾文岩、徐永勋公逊、
　　　　　　　董南纪宗少、孙男　掌文　曰虞　　校订

第五十　魏其武安侯列传

魏其侯窦婴者，孝文后从兄子也。父世观津人。<u>喜宾客</u>。（○）孝文时，婴为吴相，病免。孝景初即位，为詹事。

梁孝王者，孝景弟也，其母窦太后爱之。梁孝王朝，因昆弟燕饮。是时上未立太子，酒酣，从容言曰："千秋之后传梁王。"太后欢。窦婴引卮酒进上，曰："天下者，<u>高祖天下，父子相传，此汉之约也，上何以得擅传梁王</u>！"（○）凛然。<u>太后由此憎窦婴。窦婴亦薄其官，因病免</u>。（◤）太后除窦婴门籍，不得入朝请。

孝景三年，吴楚反，上察宗室诸窦毋如窦婴贤，乃召婴。婴入见，固辞谢病不足任。太后亦惭。于是上曰："天下方有急，王孙宁可以让邪？"乃拜婴为大将军，赐金千斤。<u>婴乃言袁盎、栾布诸名将贤士在家者进之。所赐金，陈之廊庑下，军吏过，辄令财取为用，金无入家者</u>。（○）极写其贤。窦婴守荥阳，监齐赵兵。七国兵已尽破，<u>封婴为魏其侯</u>。（◤）<u>诸游士宾客争归魏其侯</u>。（○）与后失势相照。<u>孝景时每朝议大事，条侯、魏其侯，诸列侯莫敢与亢礼</u>。（○）形其盛。

孝景四年，立栗太子，使魏其侯为太子傅。孝景七年，栗太子废，魏其数争不能得。魏其谢病，屏居蓝田南山之下数月，诸宾客辩士说之，莫能来。梁人高遂乃说魏其曰："能富贵将军者，上也；能亲将军者，太后也。今将军傅太子，太子废而不能争；争不能得，又弗能死。自引谢病，拥赵女，屏间处而不朝。相提而论，是自明扬主上之过。（〇）有如两宫螫将军，则妻子毋类矣。"魏其侯然之，乃遂起，朝请如故。

桃侯免相，窦太后数言魏其侯。孝景帝曰："太后岂以为臣有爱，不相魏其？魏其者，沾沾自喜耳，多易。难以为相，持重。"（〇）遂不用，用建陵侯卫绾为丞相。

武安侯田蚡者，孝景后同母弟也，生长陵。魏其已为大将军后，方盛，蚡为诸郎，未贵，往来侍酒魏其，跪起如子侄。（〇）及孝景晚节，蚡益贵幸，为太中大夫。蚡辩有口，学《槃盂》诸书，王太后贤之。孝景崩，即日太子立，称制，所镇抚多有田蚡宾客计筴。蚡弟田胜，皆以太后弟，（▼）附见。孝景后三年封蚡为武安侯，（▼）胜为周阳侯。

武安侯新欲用事为相，卑下宾客，进名士家居者贵之，欲以倾魏其诸将相。（〇）建元元年，丞相绾病免，上议置丞相、太尉。籍福说武安侯曰："魏其贵久矣，天下士素归之。今将军初兴，未如魏其，即上以将军为丞相，必让魏其。魏其为丞相，将军必为太尉。太尉、丞相尊等耳，又有让贤名。"武安侯乃微言太后风上，于是乃以魏其侯为丞相，武安侯为太尉。籍福贺魏其侯，因吊曰："君侯资性喜善疾恶，方今善人誉君侯，故至丞相；然君侯且疾恶，恶人众，亦且毁君侯。君侯能兼容，则幸久；不能，今以毁去矣。"魏其不听。

魏其、武安（▼）合叙。俱好儒术，推毂赵绾为御史大夫，王臧为郎中令。迎鲁申公，欲设明堂，令列侯就国，除关，以礼为服制，以兴太平。举適诸窦，宗室毋节行者，除其属籍。时诸外家为列侯，列侯多尚公主，皆不欲就国，以故毁日至窦太后。太后好黄老之言，而魏其、武安、赵绾、王臧等务隆推儒术，贬道家言，是以窦太后滋不说魏其等。及建元二年，御史大夫赵绾请无奏事东宫。窦太后大怒，乃罢逐赵绾、王臧等，而免丞相、太尉，以柏至侯许昌为丞相，武强侯庄青翟为御史大夫。魏其、武安由此以侯家居。（▼）结。

武安侯虽不任职，以王太后故，亲幸，数言事多效，天下吏士趋势利者，皆去魏其归武安。武安日益横。（〇）拈出武安，妙。建元六年，窦太后崩，丞相昌、御史大夫青翟坐丧事不办，免。以武安侯蚡为丞相，以大司农韩安国为御史大夫。天下士郡诸侯愈益附武安。（〇）反复摹写宾客势利。

武安者，貌侵，生贵甚。（〇）形容妙。又以为诸侯王多长，上初即位，富于春秋，蚡以肺腑为京师相，非痛折节以礼诎之，天下不肃。（〇）当是时，丞相入奏事，坐语移日，所言皆听。荐人或起家至二千石，权移主上。上乃曰："君除吏已尽未？吾亦欲除吏。"尝请考工地益宅，上怒曰："君何不遂取武库！"是后乃退。尝召客饮，坐其兄盖侯南乡，自坐东乡，以为汉相尊，不可以兄故私桡。武安由此滋骄，治宅甲诸第。田园极膏腴，而市买郡县器物相属于道。前堂罗钟鼓，立曲旃；后房妇女以百数。（〇）极摹其骄奢之状。诸侯奉金玉狗马玩好，不可胜数。（〇）

上写武安侯之得势如此，忽接入魏其侯之失势，渡入灌将军。文情感慨，笔端飞走。妙！妙！魏其失窦太后，益疏不用，无势，诸客稍稍自引而怠傲，唯灌将军独不失故。魏其日默默不得志，而独厚遇灌将军。（〇）

灌将军夫者，颍阴人也。夫父张孟，尝为颍阴侯婴舍人，得幸，因进之至二千石，故蒙灌氏姓为灌孟。吴楚反时，颍阴侯灌何为将军，属太尉，请灌孟为校尉。夫以千人与父俱。灌孟年老，颍阴侯强请之，郁郁不得意，故战常陷坚，遂死吴军中。军法，父子俱从军，有死事，得与丧归。灌夫不肯随丧归，奋曰："愿取吴王若将军头，以报父之仇。"（〇）于是灌夫被甲持戟，募军中壮士所善愿从者数十人。写灌夫，生色。及出壁门，莫敢前。独二人及从奴十数骑驰入吴军，至吴将麾下，所杀伤数十人。不得前，复驰还，走入汉壁，皆亡其奴，独与一骑归。夫身中大创十馀，（〇）适有万金良药，故得无死。夫创少瘳，又复请将军曰：（〇）壮甚。"吾益知吴壁中曲折，请复往。"将军壮义之，恐亡夫，乃言太尉，太尉乃固止之。吴已破，灌夫以此名闻天下。（〇）

颍阴侯言之上，上以夫为中郎将。数月，坐法去。后家居长安，长安中诸公莫弗称之。孝景时，至代相。孝景崩，今上初即位，以为淮阳天下交，劲兵处，故徙夫为淮阳太守。建元元年，入为太仆。二年，夫与长乐卫尉窦甫饮，轻重不得，夫醉，搏甫。甫，窦太后昆弟也。上恐太后诛夫，徙为燕相。数岁，坐法去官，家居长安。

灌夫为人刚直使酒，不好面谀。贵戚诸有势在己之右，不欲加礼，必陵之；诸士在己之左，愈贫贱，尤益敬，与钧。稠人广众，荐宠下辈。士亦以此多之。（〇）所以得名。

夫不喜文学，无术之根。好任侠，已然诺。诸所与交通，无非豪桀大猾。（〇）家累数千万，食客日数十百人。陂池田园，宗族宾客为权利，所以夷族。横于颍川。颍川儿乃歌之曰："颍水清，灌氏宁；颍水浊，灌氏族。"

灌夫家居虽富，然失势，卿相侍中宾客益衰。及魏其侯失势，锥前文。亦欲倚灌夫引绳批根生平慕之后弃之者。灌夫亦倚魏其而通列侯宗室为名高。两人相为引重，其游如父子然。相得欢甚，无厌，恨相知晚也。（〇）

灌夫有服，过丞相。丞相从容曰："吾欲与仲孺过魏其侯，会仲孺有服。"灌夫曰："将军乃肯幸临况魏其侯，夫安敢以服为解！丞县一过如此，重乎仲孺，似亦稍减。请语魏其侯帐具，将军旦日蚤临。"武安许诺。灌夫具语魏其侯，如所谓武安侯。魏其与其夫人益市牛酒，夜洒扫，早帐具至旦。平明，令门下候伺。至日中，丞相不来。（〇）世情如此，写来可泣可笑。魏其谓灌夫曰："丞相岂忘之哉？"灌夫不怿，曰："夫以服请，宜往。"乃驾，自往迎丞相。丞相特前戏许灌夫，殊无意往。及夫至门，丞相尚卧。（〇）于是夫入见，曰："将军昨日幸许过魏其，魏其夫妻治具，自旦至今，未敢尝食。"武安鄂谢曰："吾昨日醉，忽忘与仲孺言。"（〇）乃驾往，又徐行，灌夫愈益怒。（〇）及饮酒酣，夫起舞属丞相，丞相不起，夫从坐上语侵之。魏其乃扶灌夫去，谢丞相。丞相卒饮至夜，极欢而去。

丞相尝使籍福请魏其城南田。魏其大望曰："老仆虽弃，将军虽贵，宁可以势夺乎！"不许。灌夫闻，怒，骂籍福。（〇）籍福恶两人有郄，乃谩自好谢丞相曰："魏其老且死，易忍，且待之。"已而武安闻魏其、灌夫实怒不予田，亦怒曰：（〇）"魏其子尝杀人，蚡活之。蚡事魏其无所不可，何爱数顷田？且灌夫何与也？（〇）吾不敢复求田。"武安由此大怨灌夫、魏其。（〇）成寡。

元光四年春，丞相言灌夫家在颍川，横甚，民苦之。请案。上曰："此丞相事，何请。"灌夫亦持丞相阴事，为奸利，受淮南王金与语言。宾客居间，遂止，俱解。（▼）

夏，丞相取燕王女为夫人，有太后诏，召列侯宗室皆往贺。魏其侯过灌夫，欲与俱。夫谢曰："夫数以酒失得过丞相，丞相今者又与夫有郄。"魏其曰："事已解。"强与俱。饮酒酣，武安起为寿，坐皆避席伏。已魏其侯为寿，独故人避席耳，馀半膝席。灌夫不悦。（〇）细写。起行酒，至武安，武安膝席曰："不能满觞。"夫怒，因嘻笑曰："将军贵人也，属之！"（〇）尽也。时武安不肯。行酒次至临汝侯，临汝侯方与程不识耳语，又不避席。夫无所发怒，乃骂临汝侯曰：（〇）如此叙事，千载下何异目击！"生平毁程不识不直一钱，今日长者为寿，乃效女儿呫嗫耳语！"武安谓灌夫曰："程李俱东西宫卫尉，今众辱程将军，仲孺独不为李将军地乎？"灌夫曰："今日斩头陷匈，何知程李乎！"坐乃起更衣，稍稍去。魏其侯去，麾灌夫出。

武安遂怒曰：（○）"此吾骄灌夫罪。"乃令骑留灌夫。灌夫欲出不得。籍福起为谢，案灌夫项令谢。夫愈怒，不肯谢。（○）武安乃麾骑缚夫置传舍，召长史曰："今日召宗室，有诏。"劾灌夫骂坐不敬，系居室。遂按其前事，遣吏分曹逐捕诸灌氏支属，皆得弃市罪。魏其侯大愧，（○）为资使宾客请，莫能解。武安吏皆为耳目，诸灌氏皆亡匿，夫系，遂不得告言武安阴事。

　　魏其锐身为救灌夫。（○）夫人谏魏其曰："灌将军得罪丞相，与太后家忤，（▼）宁可救邪？"魏其侯曰："侯自我得之，自我捐之，无所恨。且终不令灌仲孺独死，婴独生。"（○）乃匿其家，窃出上书。立召入，具言灌夫醉饱事，不足诛。上然之，赐魏其食，曰："东朝廷辩之。"

　　魏其之东朝，盛推（▼）灌夫之善，言其醉饱得过，乃丞相以他事诬罪之。武安又盛毁（▼）灌夫所为横恣，罪逆不道。魏其度不可奈何，因言丞相短。拙。武安曰："天下幸而安乐无事，蚡得为肺腑，所好音乐狗马田宅。蚡所爱倡优巧匠之属，不如魏其、灌夫日夜招聚天下豪杰壮士与论议，刁恶之至，所谓辩有口也。腹诽而心谤，不仰视天而俯画地，辟倪两宫间，幸天下有变，而欲有大功。臣乃不知魏其等所为。"（○）于是上问朝臣："两人孰是？"御史大夫韩安国曰："魏其言灌夫父死事，身荷戟驰入不测之吴军，身被数十创，名冠三军，此天下壮士，非有大恶，争杯酒，不足引他过以诛也。魏其言是也。丞相亦言灌夫通奸猾，侵细民，家累巨万，横恣颍川，凌轹宗室，侵犯骨肉，此所谓'枝大于本，胫大于股，不折必披'，丞相言亦是。唯明主裁之。"主爵都尉汲黯是魏其。（○）内史郑当时是魏其，后不敢坚对。（○）馀皆莫敢对。上怒内史曰："公平生数言魏其、武安长短，今日廷论，局趣效辕下驹，吾并斩若属矣。"即罢起入，上食太后。太后亦已使人候伺，具以告太后。太后怒，不食，曰："今我在也，而人皆藉吾弟，令我百岁后，皆鱼肉之矣。且帝宁能为石人邪！此特帝在，即录录，设百岁后，是属宁有可信者乎？"上谢曰："俱宗室外家，故廷辩之。不然，此一狱吏所决耳。"（○）是时郎中令石建为上分别言两人事。

武安已罢朝，出止车门，召韩御史大夫载，怒曰："与长孺共一老秃翁，何为首鼠两端？"韩御史良久谓丞相曰："君何不自喜？夫魏其毁君，君当免冠解印绶归，曰'臣以肺腑幸得待罪，固非其任，魏其言皆是'。如此，上必多君有让，不废君。魏其必内愧，杜门齰舌自杀。今人毁君，君亦毁人，譬如贾竖女子争言，何其无大体也！"（○）武安谢罪曰："争时急，不知出此。"

于是上使御史簿责魏其所言灌夫，颇不雠，欺谩。劾系都司空。孝景时，魏其常受遗诏，曰"事有不便，以便宜论上"。及系，灌夫罪至族，事日急，诸公莫敢复明言于上。魏其乃使昆弟子上书言之，幸得复召见。书奏上，而案尚书大行无遗诏。诏书独藏魏其家，家丞封。乃劾魏其矫先帝诏，罪当弃市。五年十月，悉论灌夫及家属。魏其良久乃闻，闻即恚，病痱，不食欲死。或闻上无意杀魏其，魏其复食，治病，议定不死矣。乃有蜚语为恶言闻上，故以十二月晦论弃市渭城。

其春，武安侯病，专呼服谢罪。使巫视鬼者视之，见魏其、灌夫共守，欲杀之。竟死。（○）子恬嗣。元朔三年，武安侯坐衣襜褕入宫，不敬。

淮南王安谋反觉，治。王前朝，武安侯为太尉，时迎王至霸上，谓王曰："上未有太子，大王最贤，高祖孙，即宫车晏驾，非大王立当谁哉！"淮南王大喜，厚遗金财物。上自魏其时不直武安，特为太后故耳。及闻淮南王金事，上曰："使武安侯在者，族矣。"（○）妙结。

太史公曰：魏其、武安皆以外戚重，灌夫用一时决策而名显。

魏其之举以吴楚,武安之贵在日月之际。然魏其诚不知时变,灌夫无术而不逊,两人相翼,乃成祸乱。武安负贵而好权,杯酒责望,陷彼两贤。(〇)呜呼哀哉!迁怒及人,命亦不延。众庶不载,竟被恶言。呜呼哀哉!祸所从来矣!

第五十一　李将军列传

　　李将军（○）书法与魏公子同。广者，陇西成纪人也。其先曰李信，秦时为将，逐得燕太子丹者也。（▼）李氏世将。故槐里，徙成纪。广家世世受射。（○）提"射"字，通篇眼目。孝文帝十四年，匈奴大入萧关，而广以良家子从军击胡，用善骑射，（▼）杀首虏多，为汉中郎。广从弟李蔡亦为郎，（▼）伏。皆为武骑常侍，秩八百石。尝从行，有所冲陷折关及格猛兽，而文帝曰："惜乎，子不遇时！如令子当高帝时，万户侯岂足道哉！"（○）伏数奇。

　　及孝景初立，广为陇西都尉，徙为骑郎将。吴楚军时，广为骁骑都尉，从太尉亚夫击吴楚军，取旗，显功名昌邑下。以梁王授广将军印，还，赏不行。（▼）徙为上谷太守，匈奴日以合战。典属国公孙昆邪为上泣曰："李广才气，天下无双，自负其能，数与虏敌战，恐亡之。"（○）于是乃徙为上郡太守。后广转为边郡太守，徙上郡。尝为陇西、北地、雁门、代郡、云中太守，皆以力战为名。（○）提。

　　匈奴大入上郡，（▼）叙上郡。天子使中贵人从广勒习兵击匈奴。中贵人将骑数十纵，见匈奴三人，与战。三人还射，伤中贵人，杀其骑且尽。中贵人走广。广曰："是必射雕者也。"（○）以射雕者形广之善射。广乃遂从百骑往驰三人。三人亡马步行，行数十里。广令其骑张左右翼，而广身自射彼三人者，杀其二人，生得一人，果匈奴射雕者也。（○）已缚之上马，望匈奴有数千骑，见广，以为诱骑，皆惊，上山陈。广之百骑皆大恐，欲驰还走。广曰："吾去大军数十里，今如此以百骑走，匈奴追射我立尽。今我留，匈奴必以我为大将军诱之，必不敢击我。"广令诸骑曰："前！"前未到匈奴陈二里所，止，令曰："皆下马解鞍！"（○）胆略独绝。其骑曰："虏多且近，即有急，奈何？"广曰："彼虏以我为走，今皆解鞍以示不走，用坚其意。"于是胡骑遂不敢击。有白马将出护其兵,<u>李广上马与十馀骑奔,射杀胡白马将,而复还至其骑中,解鞍,令士皆纵马卧。</u>(○)是时会暮,胡兵终怪之,不敢击。夜半时,胡兵亦以为汉有伏军于旁欲夜取之,胡皆引兵而去。平旦,李广乃归其大军。大军不知广所之,故弗从。

居久之,孝景崩,武帝立,左右以为广名将也,于是广以上郡太守为未央卫尉,<u>而程不识亦为长乐卫尉。</u>(○)插入。天孙织锦。程不识故与李广俱以边太守将军屯。及出击胡,<u>而广</u>(○)行无部伍行陈,就善水草屯,舍止,人人自便,不击刀斗以自卫,莫府省约文书籍事,然亦远斥候,未尝遇害。<u>程不识</u>(○)借客形主。正部曲行伍营陈,击刀斗,士吏治军簿至明,军不得休息,然亦未尝遇害。不识曰:"李广军极简易,然虏卒犯之,无以禁也;而其士卒亦佚乐,咸乐为之死。我军虽烦扰,然虏亦不得犯我。"是时汉边郡李广、程不识皆为名将,然匈奴畏李广之略,士卒亦多乐从李广而苦程不识。(○)程不识孝景时以数直谏为太中大夫。为人廉,谨于文法。了程案。

后汉以马邑城诱单于,使大军伏马邑旁谷,而广为骁骑将军,领属护军将军。是时单于觉之,<u>去,汉军皆无功。</u>(▼)其后四岁,广以卫尉为将军,出雁门击匈奴。匈奴兵多,破败广军,生得广。以兵多出广。单于素闻广贤,令曰:"得李广必生致之。"胡骑得广,<u>广时伤病,置广两马间,络而盛卧广。行十馀里,广详死,睨其旁有一胡儿骑善马,广暂腾而上胡儿马,因推堕儿,取其弓,鞭马南驰数十里,复得其馀军,因引而入塞。匈奴捕者骑数百追之,广行取胡儿弓,射杀追骑,以故得脱。</u>(○)于是至汉,汉下广吏。吏当广所失亡多,为虏所生得,<u>当斩,赎为庶人。</u>(▼)

顷之,家居数岁。广家与故颍阴侯孙屏野居蓝田南山中射猎。尝夜从一骑出,从人田间饮。还至霸陵亭,霸陵尉醉,呵止广。广骑曰:"故李将军。"尉曰:"<u>今将军尚不得夜行,何乃故也!</u>"(○)

止广宿亭下。居无何，匈奴入杀辽西太守，败韩将军，后韩将军徙右北平。于是天子乃召拜广为右北平太守。广即请霸陵尉与俱，至军而斩之。

广居右北平，（▼）出右北平。匈奴闻之，号曰"汉之飞将军"，（○）避之数岁，不敢入右北平。

广出猎，见草中石，以为虎而射之，中石没镞，视之石也。因复更射之，终不能复入石矣。（○）广所居郡闻有虎，尝自射之。及居右北平射虎，虎腾伤广，广亦竟射杀之。（○）因石中射虎事并及其生平，文法错综奇横。

广廉，得赏赐辄分其麾下，饮食与士共之。终广之身，为二千石四十馀年，家无馀财，终不言家产事。广为人长，猿臂，其善射亦天性也，虽其子孙他人学者，莫能及广。（○）广讷口少言，与人居则画地为军陈，射阔狭以饮。专以射为戏，竟死。（○）广之将兵，乏绝之处，见水，士卒不尽饮，广不近水，士卒不尽食，广不尝食。宽缓不苛，士以此爱乐为用。其射，见敌急，非在数十步之内，度不中不发，发即应弦而倒。用此，其将兵数困辱，其射猛兽亦为所伤云。（○）

居顷之，石建卒，于是上召广代建为郎中令。元朔六年，广复为后将军，从大将军军出定襄，击匈奴。诸将多中首虏率，以功为侯者，而广军无功。后三岁，广以郎中令将四千骑出右北平，博望侯张骞将万骑与广俱，异道。行可数百里，匈奴左贤王将四万骑围广，广军士皆恐，广乃使其子敢往驰之。敢独与数十骑驰，直贯胡骑，出其左右而还，（○）告广曰："胡虏易与耳。"军士乃安。广为圜陈外乡，胡急击之，矢下如雨。汉兵死者过半，汉矢且尽。广乃令士持满毋发，而广身自以大黄（○）弩名。射其裨将，杀数人，胡虏益解。（○）会日暮，吏士皆无人色，而广意气自如，益治军。军中自是服其勇也。（○）明日，复力战，而博望侯军亦至，匈奴军乃解去。

汉军罢，弗能追。是时广军几没，罢归。汉法，博望侯留迟后期，当死，赎为庶人。广军功自如，无赏。（▼）

　　初，广之从弟李蔡（▼）与广俱事孝文帝。运应。景帝时，蔡积功劳至二千石。孝武帝时，至代相。以元朔五年为轻车将军，从大将军击右贤王，有功中率，封为乐安侯。（▼）元狩二年中，代公孙弘为丞相。（▼）蔡为人在下中，名声出广下甚远，以蔡形广，曲为数奇二字洗发。然广不得爵邑，官不过九卿，而蔡为列侯，位至三公。诸广之军吏及士卒或取封侯。（〇）广尝与望气王朔燕语，曰："自汉击匈奴而广未尝不在其中，而诸部校尉以下，才能不及中人，然以击胡军功取侯者数十人，而广不为后人，然无尺寸之功以得封邑者，何也？岂吾相不当侯邪？且固命也？"（〇）历述生平，字字凄婉。朔曰："将军自念，岂尝有所恨乎？"广曰："吾尝为陇西守，羌尝反，吾诱而降，降者八百馀人，吾诈而同日杀之。至今大恨独此耳。"朔曰："祸莫大于杀已降，此乃将军所以不得侯者也。"（〇）

　　后二岁，大将军、骠骑将军大出击匈奴，广数自请行。天子以为老，弗许；（〇）良久乃许之，以为前将军。是岁，元狩四年也。（▼）

　　广既从大将军青击匈奴，既出塞，青捕虏知单于所居，乃自以精兵走之，而令广并于右将军军，出东道。东道少回远，以道远出广。而大军行水草少，其势不屯行。难屯兵。广自请曰："臣部为前将军，今大将军乃徙令臣出东道，且臣结发而与匈奴战，今乃一得当单于，臣愿居前，先死单于。"（〇）大将军青亦阴受上诫，以为李广老，数奇，（〇）全文归宿在此二字。毋令当单于，恐不得所欲。而是时公孙敖新失侯，为中将军从大将军，大将军亦欲使敖与俱当单于，故徙前将军广。广时知之，固自辞于大将军。大将军不听，令长史封书与广之莫府，曰："急诣部，如书。"广不谢大将军而起行，意甚愠怒而就部，引兵与右将军食其合军出东道。军亡导，或失道，后大将军。大将军与单于接战，单于遁走，弗能得而还。南绝幕，遇前将军、右将军。广已见大将军，还入军。大将军使长史持糒醪遗广，因问广、食其失道状，青欲上书报天子军曲折。广未对，大将军使长史急责广之幕府对簿。广曰："诸校尉无罪，乃我自失道。吾今自上簿。"

至莫府，广谓其麾下曰："广结发与匈奴大小七十馀战，今幸从大将军出接单于兵，而大将军又徙广部行回远，而又迷失道，岂非天哉！且广年六十馀矣，悲壮。终不能复对刀笔之吏。"遂引刀自刭。广军士大夫一军皆哭。百姓闻之，知与不知，无老壮皆为垂涕。（〇）而右将军独下吏，当死，赎为庶人。

广子三人，曰当户、椒、敢，为郎。天子与韩嫣戏，嫣少不逊，当户击嫣，嫣走。（▼）于是天子以为勇。当户早死，拜椒为代郡太守，皆先广死。当户有遗腹子名陵。广死军时，敢从骠骑将军。广死明年，李蔡以丞相坐侵孝景园墙地，结李蔡。当下吏治，蔡亦自杀，不对狱，国除。（〇）李敢以校尉从骠骑将军击胡左贤王，力战，夺左贤王鼓旗，斩首多，赐爵关内侯，（▼）食邑二百户，代广为郎中令。顷之，怨大将军青之恨其父，乃击伤大将军，大将军匿讳之。居无何，敢从上雍，至甘泉宫猎。骠骑将军去病与青有亲，射杀敢。去病时方贵幸，上讳云鹿触杀之。居岁馀，去病死。而敢有女为太子中人，爱幸，敢男禹有宠于太子，然好利，李氏陵迟衰微矣。（〇）

李陵既壮，（〇）选为建章监，监诸骑。善射，爱士卒。（〇）天子以为李氏世将，而使将八百骑。尝深入匈奴二千馀里，过居延视地形，无所见虏而还。拜为骑都尉，将丹阳楚人五千人，教射酒泉、张掖以屯卫胡。

数岁，天汉二年秋，贰师将军李广利将三万骑击匈奴右贤王于祁连天山，而使陵将其射士步兵五千人出居延北可千馀里，欲以分匈奴兵，毋令专走贰师也。陵既至期还，而单于以兵八万围击陵军。陵军五千人，兵矢既尽，士死者过半，而所杀伤匈奴亦万余人。（▼）言简而意见。且引且战，连斗八日，还未到居延百馀里，匈奴遮狭绝道，陵食乏而救兵不到，虏急击招降陵。陵曰："无面目报陛下。"遂降匈奴。其兵尽没，馀亡散得归汉者四百人。

单于既得陵，素闻其家声，及战又壮，乃以其女妻陵而贵之。汉闻，族陵母妻子。<u>自是之后，李氏名败，而陇西之士居门下者皆用为耻焉</u>。（〇）英雄泣下。

太史公曰：传曰"其身正，不令而行；其身不正，虽令不从"。其李将军之谓也？余睹李将军悛悛如鄙人，口不能道辞。及死之日，天下知与不知，皆为尽哀。<u>彼其忠实心诚信于士大夫也</u>？（〇）谚曰"桃李不言，下自成蹊"。此言虽小，可以谕大也。

【总评】以如此名将，值用武之时，不获封侯，又不幸妒贤嫉能之臣，陷之死地。"数奇"二字，一篇之骨也。写名将，须眉毕现；写数奇，双泪欲倾。史笔传神，至此而极。

第五十二　司马相如列传

司马相如者，蜀郡成都人也，字长卿。少时好读书，学击剑，故其亲名之曰犬子。相如既学，慕蔺相如之为人，更名相如。以赀为郎，事孝景帝，为武骑常侍，非其好也。会景帝不好辞赋，与武帝反。是时梁孝王来朝，从游说之士齐人邹阳、淮阴枚乘、吴庄忌夫子之徒，相如见而说之，因病免，客游梁。梁孝王令与诸生同舍，相如得与诸生游士居数岁，乃著《子虚》之赋。（〇）伏。

会梁孝王卒，相如归，而家贫，无以自业。素与临邛令王吉相善，吉曰："长卿久宦游不遂，而来过我。"于是相如往，舍都亭。临邛令缪为恭敬，日往朝相如。相如初尚见之，后称病，使从者谢吉，吉愈益谨肃。（〇）临邛中多富人，而卓王孙家僮八百人，程郑亦数百人，二人乃相谓曰："令有贵客，为具召之。"并召令。令既至，卓氏客以百数。至日中，谒司马长卿，长卿谢病不能往，临邛令不敢尝食，自往迎相如。相如不得已，强往，一坐尽倾。酒酣，（〇）临邛令前奏琴曰："窃闻长卿好之，愿以自娱。"相如辞谢，为鼓一再行。是时卓王孙有女文君新寡，好音，故相如缪与令相重，注明。而以琴心挑之。相如之临邛，从车骑，雍容闲雅甚都；相如亦复藉此。及饮卓氏，弄琴，文君窃从户窥之，心悦而好之，恐不得当也。（〇）既罢，相如乃使人重赐文君侍者通殷勤。文君夜亡奔相如，相如乃与驰归成都。家居徒四壁立。（〇）卓王孙大怒曰："女至不材，我不忍杀，不分一钱也。"人或谓王孙，王孙终不听。文君久之不乐，曰："长卿第俱如临邛，从昆弟假贷犹足为生，何至自苦如此！"相如与俱之临邛，尽卖其车骑，买一酒舍酤酒，而令文君当垆。（〇）妙计。相如身自着犊鼻裈，与保庸杂作，涤器于市中。卓王孙闻而耻之，为杜门不出。（〇）昆弟诸公更谓王孙曰："有一男两女，所不足者非财也。

今文君已失身于司马长卿，长卿故倦游，虽贫，其人材足依也，（〇）且又令客，独奈何相辱如此！"卓王孙不得已，（〇）分予文君僮百人，钱百万，及其嫁时衣被财物。文君乃与相如归成都，买田宅，为富人。（〇）

居久之，蜀人杨得意为狗监，侍上。上读《子虚赋》而善之，曰："朕独不得与此人同时哉！"（〇）得意曰："臣邑人司马相如自言为此赋。"上惊，（〇）乃召问相如。相如曰："有是。然此乃诸侯之事，未足观也。请为天子游猎赋，赋成奏之。"上许，令尚书给笔札。相如以"子虚"，赋序。虚言也，为楚称；"乌有先生"者，乌有此事也，为齐难；"无是公"者，无是人也，明天子之义。故空藉此三人为辞，以推天子诸侯之苑囿。其卒章归之于节俭，因以风谏。（〇）奏之天子，天子大说。

赋奏，天子以为郎。无是公言天子上林广大，（〇）赋评。山谷水泉万物，及子虚言楚云梦所有甚众，侈靡过其实，且非义理所尚，故删取其要，归正道而论之。（〇）

相如为郎数岁，会唐蒙使略通夜郎西僰中，发巴蜀吏卒千人，郡又多为发转漕万馀人，用兴法诛其渠帅，巴蜀民大惊恐。上闻之，乃使相如责唐蒙，因喻告巴蜀民以非上意。

相如还报。唐蒙已略通夜郎，因通西南夷道，发巴、蜀、广汉卒，作者数万人。治道二岁，道不成，士卒多物故，费以巨万计。蜀民及汉用事者多言其不便。是时邛笮之君长闻南夷与汉通，得赏赐多，多欲愿为内臣妾，请吏，比南夷。天子问相如，相如曰："邛、笮、冉、駹者近蜀，道亦易通，秦时尝通为郡县，至汉兴而罢。今诚复通，为置郡县，愈于南夷。"天子以为然，乃拜相如为中郎将，建节往使。副使王然于、壶充国、吕越人驰四乘之传，因巴蜀吏币物以赂西夷。至蜀，蜀太守以下郊迎，县令负弩矢先驱，蜀人以为宠。于是卓王孙、临邛诸公皆因门下献牛酒以交驩。卓王孙喟然而叹，自以

<u>得使女尚司马长卿晚，而厚分与其女财，与男等同。</u>（〇）曲折，与前文相映。世态炎凉，描写几无馀地。司马长卿便略定西夷，邛、筰、冉、駹、斯榆之君皆请为内臣。除边关，关益斥，西至沫、若水，南至牂柯为徼，通零关道，桥孙水以通邛都。还报天子，天子大说。

<u>相如使时，</u>（▼）蜀长老多言通西南夷不为用，唯大臣亦以为然。相如欲谏，业已建之，不敢，乃著书，籍以蜀父老为辞，而己诘难之，以风天子，且因宣其使指，令百姓知天子之意。

其后人有上书言相如使时受金，失官。居岁馀，复召为郎。

相如口吃而善著书。常有消渴疾。与卓氏婚，饶于财。<u>其进仕宦，未尝肯与公卿国家之事，称病间居，不慕官爵。</u>（〇）常从上至长杨猎，是时天子方好自击熊罴，驰逐野兽，相如上疏谏之。

上善之。还过宜春宫，相如奏赋以哀二世行失也。

相如拜为孝文园令。天子既美子虚之事，相如见上好仙道，因曰："上林之事未足美也，尚有靡者。臣尝为《大人赋》，未就，请具而奏。"相如以为列仙之传居山泽间，<u>形容甚臞，此非帝王之仙意也，</u>（〇）乃遂就《大人赋》。

相如既奏《大人之颂》，天子大说，<u>飘飘有凌云之气，似游天地之间意。</u>（〇）

相如既病免，家居茂陵。天子曰："司马相如病甚，可往从悉取其书；若不然，后失之矣。"使所忠往，而相如已死，家无书。问其妻，对曰："<u>长卿固未尝有书也。时时著书，人又取去，即空居。</u>（〇）长卿未死时，为一卷书，曰有使者来求书，奏之。无他书。"其遗札书言封禅事，奏所忠。忠奏其书，天子异之。

司马相如既卒五岁，天子始祭后土。八年而遂先礼中岳，封于太山，至梁父禅肃然。

相如他所著，若《遗平陵侯书》、《与五公子相难》、《草木书》<u>篇不采，采其尤著公卿者云。</u>（〇）

太史公曰：《春秋》推见至隐，《易》本隐之以显，《大雅》言王公大人而德逮黎庶，《小雅》讥小己之得失，其流及上。所以言虽外殊，其合德一也。相如虽多虚辞滥说，然其要归引之节俭，此与《诗》之风谏何异。（○）余采其语可论者著于篇。

【总评】太史公作长卿传，只着力叙文君一事，盖深愤王孙俗人始终异态，殆与《国策》序苏季子妻嫂同。孟坚亦得此意以序朱买臣，先后一轨也。读者不解其用心，辄以此传为怜才好色之祖，不亦谬乎？

第五十三　儒林列传 序

　　太史公曰：余读功令，提。至于广厉学官之路，未尝不废书而叹也。叹六艺废而兴之难也。曰："嗟乎！夫周室衰而《关雎》作，幽厉微而礼乐坏，诸侯恣行，政由强国。故孔子闵王路废而邪道兴，于是论次《诗》、《书》，修起《礼》、《乐》。儒学之祖。适齐闻《韶》，三月不知肉味。自卫返鲁，然后乐正，《雅》、《颂》各得其所。世以混浊莫能用，是以仲尼干七十馀君无所遇，曰"苟有用我者，期月而已矣"。西狩获麟，曰"吾道穷矣"。故因史记作《春秋》，以当王法，以辞微而指博，后世学者多录焉。已上六艺本原。

　　自孔子卒后，七十子之徒散游诸侯，大者为师傅卿相，小者友教士大夫，或隐而不见。故子路居卫，子张居陈，澹台子羽居楚，子夏居西河，子贡终于齐。如田子方、段干木、吴起、禽滑釐之属，皆受业于子夏之伦，为王者师。<u>是时独魏文侯好学。</u>由七十子转入孟、荀，忽用错综之笔。<u>后陵迟以至于始皇，天下并争于战国，儒术既绌焉，然齐鲁之间，学者独不废也。</u>（○）倒契转。于威、宣之际，孟子、荀卿之列，<u>咸遵夫子之业而润色之，以学显于当世。</u>（○）

　　及至秦之季世，焚《诗》、《书》，坑术士，六艺从此缺焉。陈涉之王也，而鲁诸儒持孔氏之礼器往归陈王。于是孔甲为陈涉博士，卒与涉俱死。<u>陈涉起匹夫，</u>叙事中夹入议论感慨。<u>驱瓦合适戍，旬月以王楚，不满半岁竟灭亡，其事至微浅，</u>然而缙绅先生之徒负孔子礼器往委质为臣者，何也？以秦焚其业，积怨而发愤于陈王也。（○）

　　及高皇帝诛项籍，举兵围鲁，鲁中诸儒尚讲诵习礼乐，弦歌之音不绝，岂非圣人之遗化，好礼乐之国哉？故孔子在陈，曰"归与归与！吾党之小子狂简，斐然成章，不知所以裁之"。<u>夫齐鲁之间于文学，自古以来，其天性也。</u>（○）故<u>汉兴，</u>（▼）然后诸儒始得脩其经蓺，讲习大射乡饮之礼。叔孙通作汉礼仪，因为太常，诸生弟子共定者，咸为选首，于是喟然叹兴于学。然尚有干戈，平定四海，亦未暇遑庠序之事也。（〇）孝惠、吕后时，公卿皆武力有功之臣。孝文时颇徵用，然孝文帝本好刑名之言。及至孝景，不任儒者，而窦太后又好黄老之术，故诸博士具官待问，未有进者。

及今上即位，（▼）赵绾、王臧之属明儒学，而上亦乡之，于是招方正贤良文学之士。自是之后，言《诗》，（〇）于鲁则申培公，于齐则辕固生，于燕则韩太傅。言《尚书》，（〇）自济南伏生。言《礼》，（〇）自鲁高堂生。名何。言《易》，（〇）自菑川田生。言《春秋》，（〇）于齐鲁自胡毋生，于赵自董仲舒。及窦太后崩，武安侯田蚡为丞相，绌黄老、刑名百家之言，延文学儒者数百人，而公孙弘以《春秋》白衣为天子三公，封以平津侯。天下之学士靡然乡风矣。（〇）

公孙弘为学官，悼道之郁滞，乃请曰：“丞相御史言：制曰'盖闻导民以礼，风之以乐。婚姻者，居屋之大伦也。今礼废乐崩，朕甚愍焉。故详延天下方正博闻之士，咸登诸朝。其令礼官劝学，讲议洽闻兴礼，以为天下先。太常议，与博士弟子，崇乡里之化，以广贤材焉'。谨与太常臧、博士平等议曰：闻三代之道，乡里有教，夏曰校，殷曰序，周曰庠。其劝善也，显之朝廷；其惩恶也，加之刑罚。故教化之行也，建首善自京师始，由内及外。（〇）今陛下昭至德，开大明，配天地，本人伦，劝学修礼，崇化厉贤，以风四方，太平之原也。古者政教未洽，不备其礼，请因旧官而兴焉。为博士官置弟子五十人，复其身。太常择民年十八已上，仪状端正者，补博士弟子。郡国县道邑有好文学，敬长上，肃政教，顺乡里，出入不悖所闻者，令相长丞上属所二千石，县令、侯相、县长丞。二千石谨察可者，太守、诸王相。当与计偕，诣太常，得受业如弟子。与计吏俱。一岁皆辄试，能通一艺以上，补文学掌故缺；其高弟可以为郎中者，太常籍奏。即有秀才异等，辄以名闻。其不事学若下材及不能通一艺，辄罢之，而请诸不称者罚。上严加考试，其得者即令及第出身之类。臣谨案诏书律令下者，明天人分际，通古今之义，<u>文章尔雅，训辞深厚，恩施甚美。小吏浅闻，不能究宣，无以明布谕下。</u>（〇）治礼次治掌故，以文学礼义为官，迁留滞。言文学出身者不能即得官，故令补京外吏也。请选择其秩比二百石以上，及吏百石通一蓺以上，补左右内史、大行卒史；比百石已下，补郡太守卒史：皆各二人，边郡一人。汉仪：弟子射策，甲科百人，补郎中；乙科二，有入补太子舍人，皆秩比二百石，次郡因学秩百石也。先用诵多者，若不足，乃择掌故补中二千石属，文学掌故补郡属，备员。请著<u>功令</u>。应。佗如律令。"制曰："可。"<u>自此以来，则公卿大夫士吏斌斌多文学之士矣</u>。（〇）

　　【总评】千百年文学废兴，悉备于此。至其叙述六经，推崇孔孟，亦复不遗馀力。读此而犹谓太史公专尚黄老，岂非眊耶？

第五十四　酷吏列传 序 赞

　　孔子曰："导之以政，齐之以刑，民免而无耻。导之以德，齐之以礼，有耻且格。"老氏称："上德不德，是以有德；下德不失德，是以无德。法令滋章，盗贼多有。"太史公曰：信哉是言也！<u>法令者治之具，而非制治清浊之源也。昔天下之网尝密矣，然奸伪萌起，其极也，上下相遁，至于不振。</u>当是之时，吏治若救火扬沸，非武健严酷，恶能胜其任而愉快乎！言道德者，溺其职矣。（○）故曰"听讼，吾犹人也，必也使无讼乎"。"下士闻道大笑之"。非虚言也。汉兴，破觚而为圜，斫雕而为朴，<u>网漏于吞舟之鱼，而吏治烝烝，不至于奸，黎民艾安。由是观之，在彼不在此。</u>（○）此是黄老之效。

　　太史公曰：自郅都、杜周十人者，此皆以酷烈为声。然郅都伉直，引是非，争天下大体。人有所褒，不独著其恶。张汤以知阴阳，人主与俱上下，时数辩当否，国家赖其便。赵禹时据法守正。杜周从谀，以少言为重。自张汤死后，网密，多诋严，官事浸以耗废。<u>九卿碌碌奉其官，救过不赡，何暇论绳墨之外乎！</u>（○）慨叹。然此十人中，其廉者足以为仪表，其污者足以为戒，方略教导，<u>禁奸止邪</u>，一切亦皆彬彬质有其文武焉。虽惨酷，斯称其位矣。（○）至若（▼）蜀守冯当暴挫，（▼）广汉李贞擅磔人，（▼）东郡弥仆锯项，（▼）天水骆璧推咸，（▼）河东褚广妄杀，（▼）京兆无忌、冯翊殷周蝮鸷，（▼）水衡阎奉朴击卖请，（▼）何足数哉！何足数哉！

　　【总评】法密则奸伪愈多，奸伪愈多而法愈不得不重。人知法之足以胜奸伪，而不知奸伪之起盖法密使然也，篇首揭出制治清浊之源，归注尚德不任刑，意自是绝顶议论。

第五十五　游侠列传

　　韩子曰："儒以文乱法，而侠以武犯禁。"主客只提，一篇议论。张今。二者皆讥，而学士多称于世云。（〇）至如以术取宰相卿大夫，辅翼其世主，功名俱著于《春秋》，固无可言者。及若季次、原宪，闾巷人也，读书怀独行君子之德，义不苟合当世，当世亦笑之。故季次、原宪终身空室蓬户，褐衣疏食不厌。死而已四百馀年，而弟子志之不倦。今游侠，其行虽不轨于正义，（〇）亦不全护游侠。然其言必信，其行必果，已诺必诚，不爱其躯，赴士之厄困，既已存亡死生矣，而不矜其能，羞伐其德，盖亦有足多者焉。（〇）总契任侠好处。

　　且缓急，人之所时有也。（〇）作传本意。太史公曰：昔者虞舜窘于井廪，伊尹负于鼎俎，傅说匿于傅险，吕尚困于棘津，夷吾桎梏，百里饭牛，仲尼畏匡，菜色陈、蔡。此皆学士所谓有道仁人也，犹然遭此灾，况以中材而涉乱世之末流乎？其遇害何可胜道哉！（〇）唏嘘感慨。

　　鄙人有言曰："何知仁义，已飨其利者为有德。"故伯夷丑周，饿死首阳山，而文武不以其故贬王；跖、蹻暴戾，其徒诵义无穷。满口愤激。由此观之，"窃钩者诛，窃国者侯，侯之门仁义存"，非虚言也。

　　今拘学或抱咫尺之义，抑儒。久孤于世，岂若卑论侪俗，与世沈浮而取荣名哉！而布衣之徒，伸侠。设取予然诺，千里诵义，为死不顾世，此亦有所长，非苟而已也。故士穷窘而得委命，此岂非人之所谓贤豪间者邪？诚使乡曲之侠，转折夭矫。予季次、原宪比权量力，效功于当世，伸儒。不同日而论矣。要以功见言信，侠客之义又何可少哉！（〇）伸侠。

　　古布衣之侠，靡得而闻已。近世延陵、孟尝、春申、平原、信陵之徒，皆因王者亲属，藉于有土卿相之富厚，招天下贤者，显名诸侯，不可谓不贤者矣。比如顺风而呼，声非加疾，其势急也。至如闾巷之侠，修行砥名，声施于天下，莫不称贤，是为难耳。然儒、墨皆排摈不载。（〇）自秦以前，匹夫之侠，湮灭不见，余甚恨之。以余所闻，汉兴有朱家、田仲、王公、剧孟、郭解之徒，虽时扞当世之文罔，然其私义廉絜退让，有足称者。名不虚立，士不虚附。至如朋党宗强比周，设财役贫，豪暴侵凌孤弱，恣欲自快，游侠亦丑之。余悲世俗不察其意，而猥以朱家、郭解等令与暴豪之徒同类而共笑之也。（〇）

鲁朱家者，与高祖同时。鲁人皆以儒教，而朱家用侠闻。（〇）仍是儒、侠并起，用笔之妙一至于此。所藏活豪士以百数，其馀庸人不可胜言。（〇）然终不伐其能，歆其德，诸所尝施，唯恐见之。振人不赡，先从贫贱始。（〇）家无馀财，衣不完采，食不重味，乘不过軥牛。专趋人之急，甚己之私。略处有法。既阴脱季布将军之厄，及布尊贵，终身不见也。自关以东，莫不延颈愿交焉。（〇）

楚田仲以侠闻，喜剑，父事朱家，自以为行弗及。（〇）镕成一片。田仲已死，（▼）而雒阳有剧孟。周人以商贾为资，而剧孟以任侠显诸侯。（〇）吴楚反时，条侯为太尉，乘传车将至河南，得剧孟，喜曰："吴楚举大事而不求孟，吾知其无能为已矣。"天下骚动，带议论。宰相得之若得一敌国云。剧孟行大类朱家，（〇）而好博，多少年之戏。然剧孟母死，自远方送丧盖千乘。及剧孟死，家无馀十金之财。而符离人王孟亦以侠称江淮之间。（〇）

是时济南瞯氏、陈周庸亦以豪闻，景帝闻之，使使尽诛此属。其后代诸白、梁韩无辟、阳翟薛兄、陕韩孺纷纷复出焉。

郭解，轵人也，字翁伯，善相人者许负外孙也。（▼）解父以任侠，孝文时诛死。解为人短小精悍，不饮酒。少时阴贼，慨不快意，身所杀甚众。以躯借交报仇，（〇）叙解特详。藏命作奸剽攻，休乃铸钱掘冢，固不可胜数。适有天幸，窘急常得脱，若遇赦。及解年长，更折节为俭，以德报怨，厚施而薄望。然其自喜为侠益甚。既已振人之命，不矜其功，其阴贼著于心，卒发于睚眦如故云。而少年慕其行，亦辄为报仇，不使知也。（○）已上是总写，是虚契<u>解姊子负解之势，</u>（▼）已下逐件实叙。与人饮，使之嚼。非其任，强必灌之。人怒，拔刀刺杀解姊子，亡去。解姊怒曰："以翁伯之义，人杀吾子，贼不得。"弃其尸于道，弗葬，欲以辱解。解使人微知贼处。贼窘自归，具以实告解。解曰："公杀之固当，吾儿不直。"遂去其贼，罪其姊子，乃收而葬之。诸公闻之，皆多解之义，益附焉。（○）

解出入，人皆避之。<u>有一人独箕倨视之，</u>（▼）解遣人问其名姓。客欲杀之。解曰："居邑屋至不见敬，是吾德不脩也，彼何罪！"乃阴属尉史曰："是人，吾所急也，应<u>'以德报怨'</u>。至践更时脱之。"每至践更，数过，吏弗求。怪之，问其故，乃解使脱之。箕踞者乃肉袒谢罪。<u>少年闻之，愈益慕解之行。</u>（○）

雒阳人有相仇者，邑中贤豪居间者以十数，终不听。客乃见郭解。解夜见仇家，仇家曲听解。解乃谓仇家曰："吾闻雒阳诸公在此间，多不听者。今子幸而听解，<u>解奈何乃从他县夺人邑中贤大夫权乎！</u>"（○）此侠而不伐处。乃夜去，不使人知，曰："且无用，待我去，应<u>'不矜其功'。</u>令雒阳豪居其间，乃听之。"

解执恭敬，不敢乘车入其县廷。应<u>'折节'</u>。之旁郡国，为人请求事，事可出，出之；不可者，各厌其意，应<u>'厚施薄望'</u>。然后乃敢尝酒食。<u>诸公以故严重之，争为用。</u>（○）邑中少年及旁近县贤豪，夜半过门常十馀车，请得解客舍养之。

及徙豪富茂陵也，解家贫，不中訾，吏恐，不敢不徙。卫将军为言："郭解家贫不中徙。"上曰："布衣权至使将军为言，此其家不贫。"解家遂徙。诸公送者出千馀万。（○）轵人杨季主子为县掾，举徙解。<u>解兄子断杨掾头。由此杨氏与郭氏为仇。</u>（▼）

解入关，<u>关中贤豪知与不知，闻其声，争交欢解。</u>解为人短小，不饮酒，出未尝有骑。（○）应"为俭"。已又杀杨季主。（▼）接上。杨季主家上书，人又杀之阙下。（▼）上闻，乃下吏捕解。解亡，置其母家室夏阳，身至临晋。临晋籍少公素不知解，解冒，因求出关。籍少公已出解，解转入太原，所过辄告主人家。吏逐之，迹至籍少公。少公自杀，口绝。（○）久之，乃得解。穷治所犯，为解所杀，皆在赦前。轵有儒生（○）不接而接。侍使者坐，客誉郭解，生曰："郭解专以奸犯公法，何谓贤！"解客闻，杀此生，断其舌。吏以此责解，解实不知杀者。杀者亦竟绝，莫知为谁。（○）吏奏解无罪。御史大夫公孙弘议曰：（○）犯禁、乱法，两种人并作一处。"解布衣为任侠行权，以睚眦杀人，解虽弗知，此罪甚于解杀之。（○）当大逆无道。"遂族郭解翁伯。

　　自是之后，为侠者极众，敖而无足数者。（○）倨也。然关中长安樊仲子，槐里赵王孙，长陵高公子，西河郭公仲，太原卤公孺，临淮儿长卿，东阳田君孺，虽为侠而逡逡有退让君子之风。（○）至若（▼）北道姚氏，西道诸杜，南道仇景，东道赵他、羽公子，南阳赵调之徒，此盗跖居民间者耳，曷足道哉！此乃乡者朱家之羞也。（○）结句与叙遥应。

　　太史公曰：吾视郭解，状貌不及中人，言语不足采者。传中独详翁伯赞语，亦专论翁伯。然天下无贤与不肖，知与不知，皆慕其声，言侠者皆引以为名。谚曰："人貌荣名，岂有既乎！"於戏，惜哉！（○）

第五十六　货殖列传

　　《老子》曰：引《老子》，以正论起。"至治之极，邻国相望，鸡狗之声相闻，民各甘其食，美其服，安其俗，乐其业，至老死不相往来。"必用此为务，挽近世涂民耳目，则几无行矣。

　　太史公曰：夫神农以前，吾不知已。至若《诗》、《书》所述虞夏以来，耳目欲极声色之好，此货殖之由说，挽近世最痛心。口欲穷刍豢之味，身安逸乐，而心夸矜势能之荣。使俗之渐民久矣，虽户说以眇论，终不能化。见老子所称，言虽美而无当。故善者因之，其次利道之，绝顶议论。其次教诲之，其次整齐之，最下者与之争。（○）分明打诮汉武。

　　夫山西饶略举方物。材、竹、谷、纑、旄、玉石；山东多鱼、盐、漆、丝、声色；江南（▼）出楠、梓、姜、桂、金、锡、连、丹沙、犀、玳瑁、珠玑、齿革；龙门、碣石（▼）北多马、牛、羊、旃裘、筋角；铜、铁则千里往往山出棋置：此其大较也。（▼）皆中国人民所喜好，谣俗被服饮食奉生送死之具也。故待农而食之，虞而出之，工而成之，商而通之。此宁有政教发徵期会哉？人各任其能，竭其力，以得所欲。故物贱之徵贵，贵之徵贱，各劝其业，乐其事，若水之趋下，日夜无休时，不召而自来，不求而民出之。岂非道之所符，善者因之以此。而自然之验邪？（○）

　　《周书》曰："农不出则乏其食，工不出则乏其事，商不出则三宝绝，虞不出则财匮少。"财匮少而山泽不辟矣。此四者，民所衣食之原也。原大则饶，原小则鲜。上则富国，提。下则富家。贫富之道，莫之夺予，而巧者有馀，拙者不足。（○）富国者，太公竟为货殖之祖。余察太史公之位置品题，其在因与利导教诲之间欤？故太公望封于营丘，地潟卤，人民寡，于是太公劝其女功，极技巧，通鱼盐，则人物归之，缯至而辐凑。故齐冠带衣履天下，海岱之间敛袂而往朝焉。其后齐中衰，管子修之，设轻重九府，则桓公以霸，九合诸侯，一匡天下；而管氏亦有三归，位在陪臣，富于列国之君。富国富家，一举两得。是以齐富强至于威、宣也。

故曰："仓廪实而知礼节，衣食足而知荣辱。"礼生于有而废于无。故君子富，好行其德；小人富，以适其力。渊深而鱼生之，山深而兽往之，人富而仁义附焉。（〇）富者得势益彰，失势则客无所之，以而不乐。夷狄益甚。谚曰："千金之子，不死于市。"此非空言也。大发感慨。故曰："天下熙熙，皆为利来；天下壤壤，皆为利往。"夫千乘之王，万家之侯，百室之君，尚犹患贫，而况匹夫编户之民乎！（〇）

昔者越王句践困于会稽之上，乃用范蠡、计然。计然曰："知斗则修备，时用则知物，二者形则万货之情可得而观已。故岁在金，穰；水，毁；木，饥；火，旱。旱则资舟，水则资车，物之理也。计其未然。六岁穰，六岁旱，十二岁一大饥。夫粜，二十病农，贱。九十病末。贵。末病则财不出，农病则草不辟矣。上不过八十，不极贵。下不减三十，不极贱。则农末俱利，平粜齐物，关市不乏，治国之道也。积著之理，务完物，无息币。以物相贸易，腐败而食之货勿留，无敢居贵。论其有馀不足，则知贵贱。贵上极则反贱，贱下极则反贵。贵出如粪土，贱取如珠玉。财币欲其行如流水。"（〇）从大道寒暑虚盈陪出。修之十年，国富，厚赂战士，士赴矢石，如渴得饮，遂报强吴，观兵中国，称号"五霸"。

范蠡既雪会稽之耻，乃喟然而叹曰："计然之策七，越用其五而得意。既已施于国，吾欲用之家。"（〇）家国至兼而分。乃乘扁舟浮于江湖，变名易姓，适齐为鸱夷子皮，之陶为朱公。朱公以为陶天下之中，诸侯四通，货物所交易也。乃治产积居。与时逐（〇）货殖本领。而不责于人。故善治生者，能择人而任时。十九年之中三致千金，再分散与贫交疏昆弟。此所谓富好行其德者也。（〇）偶然照应都带诙谐。

后年衰老而听子孙，子孙修业而息之，遂至巨万。故言富者皆称陶朱公。(○)

子赣既学于仲尼，退而仕于卫，废著鬻财于曹、鲁之间，居也。七十子之徒，赐最为饶益。原宪不厌糟糠，匿于穷巷。子贡结驷连骑，束帛之币以聘享诸侯，所至，国君无不分庭与之抗礼。夫使孔子名布扬于天下者，子贡先后之也。此所谓得势而益彰者乎？(○)应得有意无意，故妙，唐宋人便有迹可求。

白圭，周人也。当魏文侯时，李克务尽地力，而白圭乐观时变，故人弃我取，人取我与。(○)太公以治周之道治齐，管子循之。齐带女工山海，大约不离虞衡泉府，《周礼》所载者是。子贡饶益，时其馀者，鸱夷、子皮，功成身退。一典所寓，其智巧，所致千金自娱，亦以白污，俱被子长罗织入《货殖》，非本质也。白圭如是当家，故曰"言治生者，祖白圭矣"。夫岁孰取谷，予之丝漆；茧出取帛絮，予之食。太阴在卯，穰；明岁衰恶。至午，旱；明岁美。至酉，穰；明岁衰恶。至子，大旱；明岁美，有水。至卯，积著率岁倍。欲长钱，取下谷；长石斗，取上种。能薄饮食，忍嗜欲，节衣服，与用事僮仆同苦乐，趋时若猛兽挚鸟之发。故曰："吾治生产，犹伊尹、吕尚之谋，孙吴用兵，商鞅行法是也。是故其智不足与权变，勇不足以决断，仁不能以取予，强不能有所守，虽欲学吾术，终不告之矣。"盖天下言治生祖白圭。白圭其有所试矣，能试有所长，非苟而已也。(○)诙谐。

猗顿用盬盐起。而邯郸郭纵以铁冶成业，与王者埒富。前详叙，此用简笔。

乌氏倮畜牧，及众，斥卖，求奇缯物，间献遗戎王。戎王什倍其偿，与之畜，畜至用谷量马牛。秦始皇帝令倮比封君，以时与列臣朝请。(○)秦始是汉武影神。而巴蜀寡妇清，其先得丹穴，而擅其利数世，家亦不訾。清，寡妇也，能守其业，用财自卫，不见侵犯。秦皇帝以为贞妇而客之，为筑女怀清台。夫倮鄙人牧长，清穷乡寡妇，礼抗万乘，名显天下，岂非以富邪？（○）感慨宕逸。

汉兴，以下先将天下风俗、土宜物产写一图经，其文奇变，独绝千古。海内为一，开关梁，弛山泽之禁，是以富商大贾周流天下，交易之物莫不通，得其所欲，而徙豪杰诸侯强族于京师。

<u>关中</u>（▼）首关中，犹《禹贡》首冀州也。<u>自汧、雍以东至河、华，膏壤沃野千里</u>，关中主干，分四支。<u>自虞夏之贡以为上田，而公刘适邠，大王、王季在岐，文王作丰，武王治镐，故其民犹有先王之遗风，好稼穑，殖五谷，地重，重为邪</u>。（○）及秦文、德、缪居雍，隙陇蜀之货物而多贾。献公徙栎邑，栎邑北却戎翟，东通三晋，<u>亦多大贾</u>。（○）孝、昭治咸阳，因以汉都，长安诸陵，四方辐凑并至而会，<u>地小人众，故其民益玩巧而事末也</u>。（○）南则巴蜀。（△）巴蜀亦沃野，地饶卮、姜、丹沙、石、铜、铁、竹、木之器。南御滇僰，僰僮。西近邛笮，笮马、旄牛。然四塞，栈道千里，无所不通，唯褒斜绾毂其口，以所多易所鲜。（○）天水、陇西、北地、上郡（△）与关中同俗，然西有羌中之利，北有戎翟之畜，畜牧为天下饶。然地亦穷险，唯京师要其道。<u>故关中之地，于天下三分之一，而人众不过什三；然量其富，什居其六</u>。（○）束。

昔唐人都河东（△），殷人都河内，（△）周人都河南。（△）次三河，尊王者之都也。<u>夫三河在天下之中，若鼎足，王者所更居也</u>，（○）三河为干，而赵、中山、郑、卫、燕、齐、邹、鲁、梁、宋属之，凡七支。建国各数百餘岁，土地小狭，民人众，都国诸侯所聚会，<u>故其俗纤俭习事</u>。（○）杨、平阳陈（△）<u>西贾</u>（▼）秦、翟，<u>北贾</u>（▼）种、代。种、代，石北也，地边胡，数被寇。人民矜懻忮，好气，任侠为奸，<u>不事农商</u>。（○）然迫近北夷，师旅亟往，中国委输时有奇羡。其民羯羠不均，自全晋之时固已患其僄悍，而武灵王益厉之，<u>其谣俗犹有赵之风也</u>。（○）故杨、平阳陈掾其间，得所欲。温、轵（△）<u>西贾</u>（▼）上党，<u>北贾</u>（▼）赵中山。赵、中山。中山地薄人众，犹

有沙丘纣淫地馀民，<u>民俗懁急，仰机利而食。</u>（〇）写俗恶如画。<u>丈夫相聚游戏，悲歌慷慨，起则相随椎剽，休则掘冢作巧奸冶，多美物，为倡优。女子则鼓鸣瑟，跕屣，游媚贵富，入后宫，遍诸侯。</u>（〇）

　　<u>然邯郸亦漳、河之间一都会也。</u>（〇）著都会，犹《周礼》之表里也。北通燕、涿，南有郑、卫。开郑、卫、燕。郑、卫俗与赵相类，然近梁、鲁，<u>微重而矜节</u>。（〇）濮上之邑徙野王，野王好气任侠，卫之风也。

　　<u>夫燕亦勃、碣之间一都会也。</u>（〇）徙绝。<u>南通（▼）齐、赵，东北（▼）边胡。</u>上谷至辽东，地踔远，人民希，数被寇，大与赵、代俗相类，而民雕捍少虑，有鱼盐枣栗之饶。北邻乌桓、夫馀，东绾秽貉、朝鲜、真番之利。

　　<u>洛阳</u>（△）<u>东贾（▼）齐、鲁，南贾（▼）梁、楚。</u>河南开四国。<u>故泰山之阳则鲁，其阴则齐。</u>（〇）伏楚在此后，却另叙。

　　齐带山海，膏壤千里，宜桑麻，人民多文采布帛鱼盐。<u>临菑亦海岱之间一都会也。其俗宽缓阔达，而足智，好议论，地重，难动摇，怯于众斗，勇于持刺，故多劫人者，大国之风也。</u>（〇）其中具五民。

　　<u>而邹、鲁滨洙、泗，犹有周公遗风，俗好儒，备于礼，故其民龊龊。颇有桑麻之业，无林泽之饶。</u>（〇）地小人众，俭啬，畏罪远邪。<u>及其衰，好贾趋利，甚于周人。</u>（〇）

　　夫自鸿沟以东，芒、砀以北，属巨野，<u>此梁、宋也。陶、睢阳亦一都会也。</u>（〇）昔尧作于成阳，舜渔于雷泽，汤止于亳。<u>其俗犹有先王遗风，重厚多君子，好稼穑，虽无山川之饶，能恶衣食，致其蓄藏。</u>（〇）

　　<u>越、楚</u>（△）<u>则有三俗。</u>（〇）越、楚为干，分三支。夫自淮北沛、陈、汝南、<u>南郡，此西楚也。</u>（〇）其俗剽轻，易发怒，地薄，寡于积聚。江陵故郢都，西通巫、巴，东有云梦之饶。陈在楚夏之交，通鱼盐之货，其民多贾。徐、僮、取虑，皆地名。则清刻，矜己诺。

彭城以东，东海、吴、广陵，此东楚也。（〇）其俗类徐、僮。
朐、缯以北，俗则齐。浙江南则越。夫吴自阖庐、春申、王濞三人招
致天下之喜游子弟，东有海盐之饶，章山之铜，三江、五湖之利，亦
江东一都会也。（〇）

衡山、江西湖广。九江、江南、豫章、长沙，是南楚也，（〇）其
俗大类西楚。郢之后徙寿春，亦一都会也。（〇）而合肥受南北潮，
皮革、鲍、木输会也。与闽中、干越杂俗，故南楚好辞，巧说少信。
江南卑湿，丈夫早夭。多竹木。豫章出黄金，长沙出连、锡，然堇堇
物之所有，取之不足以更费。九疑、苍梧以南至儋耳者，与江南大同
俗，而杨越多焉。番禺亦其一都会也，（〇）广东。珠玑、犀、玳瑁、
果、布之凑。

颍川、南阳，（△）夏人之居也。（〇）颍川、南阳另叙，重复夏先王也。
夏人政尚忠朴，犹有先王之遗风。颍川敦愿。秦末世，迁不轨之民于南
阳。南阳西通武关、郧关，东南受汉、江、淮。宛亦一都会也。（〇）俗
杂好事，业多贾。其任侠，交通颍川，故至今谓之"夏人"。

夫天下物所鲜所多，人民谣俗，山东食海盐，山西食盐卤，岭
南、沙北固往往出盐，大体如此矣。（〇）此是腰锁，盐铁居万货之重，
产盐盖产其重者。

总之，楚越（▼）重说。之地，地广人希，饭稻羹鱼，或火耕而
水耨，果隋蠃蛤，不待贾而足，地势饶食，无饥馑之患，以故呰窳
偷生，无积聚而多贫。是故江淮以南，无冻饿之人，亦无千金之家。
沂、泗水以北，宜五谷桑麻六畜，地小人众，数被水旱之害，民好畜
藏，故秦、夏、梁、鲁好农而重民。三河、宛、陈（▼）亦然，加以
商贾。齐、赵（▼）设智巧，仰机利。燕、代（▼）田畜而事蚕。

由此观之，（△）此下论人情。嬉笑怒骂，痛哭流涕，无所不有，千古绝
调也。贤人深谋于廊庙，论议朝廷，守信死节隐居岩穴之士设为名高
者安归乎？归于富厚也。（〇）是以（△）廉吏久，久更富，廉贾归

富。富者，人之情性，所不学而俱欲者也。故壮士在军，攻城先登，陷阵却敌，斩将搴旗，前蒙矢石，不避汤火之难者，为重赏使也。其在闾巷少年，攻剽椎埋，劫人作奸，掘冢铸币，任侠并兼，借交报仇，篡逐幽隐，不避法禁，走死地如骛者，其实皆为财用耳（○）。今夫（△）又似另起，文法错综。赵女郑姬，设形容，揳鸣琴，揄长袂，蹑利屣，目挑心招，出不远千里，不择老少者，奔富厚也。（○）随笔滚出，俱成实境。游闲公子，饰冠剑，连车骑，亦为富贵容也。弋射渔猎，犯晨夜，冒霜雪，驰坑谷，不避猛兽之害，为得味也。博戏驰逐，斗鸡走狗，作色相矜，必争胜者，重失负也。医方诸食技术之人，焦神极能，为重糈也。吏士舞文弄法，刻章伪书，不避刀锯之诛者，没于赂遗也。农工商贾畜长，固求富益货也。此有知尽能索耳，终不馀力而让财矣。（○）徒然截住，笔力高妙。

谚曰："百里不贩樵，千里不贩籴。"居之一岁，种之以谷；十岁，树之以木；百岁，来之以德。德者，人物之谓也。今有无秩禄之奉，爵邑之入，而乐与之比者，命曰"素封"。此下因诠释"素封"而详言之。封者食租税，岁率户二百。千户之君则二十万，朝觐聘享出其中。细算得妙。庶民农工商贾，率亦岁万息二千，百万之家则二十万，而更徭租赋出其中。衣食之欲，恣所好美矣。故曰陆地牧马二百蹄，奇文。牛蹄角千，千足羊，泽中千足彘，水居千石鱼陂，山居千章之材。算山泽水陆所入。安邑千树枣；燕、秦千树栗；蜀、汉、江陵千树橘；淮北、常山已南，河济之间千树萩；陈、夏千亩漆；齐、鲁千亩桑麻；渭川千亩竹；及名国万家之城，带郭千亩亩钟之田，若千亩卮茜，千畦姜韭：此其人皆与千户侯等（○）诮。然是富给之资也，不窥市井，不行异邑，坐而待收，身有处士之义而取给焉。若至家贫亲老，北门之诗，贤者不免。妻子软弱，岁时无以祭祀进醵，饮食被服不足以自通，如此不惭耻，则无所比矣。是以无财作力，少有斗智，既饶争时，此其大经也。（○）今治生不待危身取给，则贤人勉焉。是

故本富为上，末富次之，奸富最下。无岩处奇士之行，而长贫贱，好语仁义，亦足羞也。(○)

凡编户之民，富相什则卑下之，伯则畏惮之，千则役，万则仆，物之理也。夫用贫求富，农不如工，工不如商，刺绣文不如倚市门，_{诮骂二世。}此言末业，贫者之资也。通邑大都，酤一岁千酿，(○)_{奇文。}醯酱千瓨，浆千甔，(○)_{算市肆所出。}屠牛羊彘千皮，贩谷粜千钟，薪藁千车，船长千丈，木千章，竹竿万个，(○)其轺车百乘，牛车千两，(○)木器髹者千枚，(○)铜器千钧，(○)素木铁器若卮茜千石，(○)马蹄躈千，牛千足，(○)羊彘千双，僮手指千，筋角丹沙千斤，其帛絮细布千钧，文采千匹，榻布皮革千石，漆千斗，(○)蘖麹盐豉千荅，鲐鮆千斤，鲰千石，鲍千钧，枣栗千石者三之，(○)狐貂裘千皮，羔羊裘千石，旃席千具，佗果菜千钟，子贷金钱千贯，节驵会，贪贾三之，廉贾五之，此亦比千乘之家，其大率也。(○)佗杂业不中什二，则非吾财也。

请略道当世千里之中，贤人所以富者，令后世得以观择焉。(△)_{提。}蜀卓氏之先，_{以地次序}赵人也，用铁冶富。_{前汉兴，以下都用新，新发。抒其胸中所欲言。}秦破赵，迁卓氏。卓氏见虏略，独夫妻推辇，_{此下叙事前整后碎，都以意驾驭。}行诣迁处。诸迁虏少有馀财，争与吏，求近处，处葭萌。唯卓氏曰："此地狭薄。吾闻汶山之下，沃野，下有蹲鸱，至死不饥。民工于市，易贾。"乃求远迁。致之临邛，大喜，即铁山鼓铸，运筹策，倾滇蜀之民，富至僮千人。田池射猎之乐，拟于人君。(○)

程郑，山东迁虏也，亦冶铸，贾椎髻之民，富埒卓氏，俱居临邛。

宛孔氏之先，梁人也，用铁冶为业。秦伐魏，迁孔氏南阳。大鼓铸，规陂池，连车骑，游诸侯，因通商贾之利，有游闲公子之赐与名。然其赢得过当，愈于纤啬，家致富数千金，故南阳行贾尽法孔氏之雍容。(○)

鲁人俗俭啬，而曹邴氏尤甚，以铁冶起，富至巨万。然家自父兄子孙约，俯有拾，仰有取，贳贷行贾遍郡国。邹、鲁以其故多去文学而趋利者，以曹邴氏也。

<u>齐俗贱奴虏，而刀间独爱贵之。</u>桀黠奴，（〇）人之所患也，唯刀间收取，使之逐渔盐商贾之利，或连车骑，交守相，然愈益任之。终得其力，起富数千万。故曰"宁爵毋刀"，言其能使豪奴自饶而尽其力。

周人既纤，而师史尤甚，转毂以百数，贾郡国，无所不至。洛阳街居在齐秦楚赵之中，贫人学事富家，相矜以久贾，数过邑不入门，设任此等，故师史能致七千万。

宣曲任氏之先，为督道仓吏。秦之败也，豪杰皆争取金玉，而任氏独窖仓粟。叙诸起家处，多用"独"字，唯字见其智，出众人上也，此字最着精神。楚汉相距荥阳也，民不得耕种，米石至万，而豪杰金玉尽归任氏，任氏以此起富。富人争奢侈，而任氏折节为俭，力田畜。田畜人争取贱贾，任氏独取贵善。富者数世。然任公家约，非田畜所出弗衣食，公事不毕则身不得饮酒食肉。<u>以此为闾里率，故富而主上重之</u>。（〇）

塞之斥也，唯桥姚已致马千匹，牛倍之，羊万头，粟以万钟计。吴楚七国兵起时，长安中列侯封君行从军旅，赍贷子钱，子钱家以为侯邑国在关东，关东成败未决，莫肯与。唯无盐氏出<u>捐千金贷，其息什之</u>。（〇）三月，吴楚平，一岁之中，<u>则无盐氏之息什倍</u>，（〇）用此富埒关中。

关中富商大贾，大抵尽诸田，田啬、田兰。韦家栗氏，安陵、杜杜氏，系姓。亦巨万。

此其章章尤异者也。皆非有爵邑奉禄弄法犯奸而富，尽椎埋去就，与时俯仰，获其赢利，<u>以末致财，用本守之，以武一切，用文持之，变化有概，故足术也</u>。（〇）若至（▼）力农畜，工虞商贾，为权利以成富,大者倾郡,(▼)中者倾县,下者倾乡里者,不可胜数。

夫纤啬筋力,治生之正道也,而富者必用奇胜。(〇)前叙程章诸人,各伏"奇"、"胜"二字。此段零零碎碎,如散珠集锦,满案盈筐,文趣至此殆尽。田农,掘业,而秦扬以盖一州。掘冢,奸事也,而田叔以起。博戏,恶业也,而桓发用富。行贾,丈夫贱行也,而雍乐成以饶。贩脂,辱处也,而雍伯千金。卖浆,小业也,而张氏千万。洒削,薄技也,而郅氏鼎食。胃脯,简微耳,浊氏连骑。马医,浅方,张里击钟。此皆诚壹之所致。(〇)讽谐。

由是观之,富无经业,则货无常主,能者辐凑,不肖者瓦解。即巧者有馀,拙者不足意。千金之家比一都之君,巨万者乃与王者同乐。已入仙岛。岂所谓"素封"者邪?非也?(〇)照应神妙,结法蜿蜒。

【总评】《货殖传》,太史公发愤之所为作也。《平准书》专讥主上,《货殖》则讥一世矣。班掾所讥,毋乃见其表而不见其里乎?

第五十七　太史公自序

小序不载

昔在颛顼，命南正重以司天，北正黎以司地。唐虞之际，绍重黎之后，使复典之，至于夏商，故重黎氏世序天地。（〇）其在周，程伯休甫其后也。当周宣王时，失其守而为司马氏。（△）司马氏世典周史。（〇）惠襄之间，司马氏去周适晋。（△）晋中军随会奔秦，而司马氏入少梁。（△）

自司马氏去周适晋，分散，或在卫，或在赵，或在秦。（〇）其在卫者，（△）相中山。在赵者，（△）以传剑论显，蒯聩其后也。在秦者（△）名错，与张仪争论，于是惠王使错将伐蜀，遂拔，因而守之。错孙靳，（▼）事武安君白起。书绩。而少梁更名曰夏阳。靳与武安君坑赵长平军，还而与之俱赐死杜邮，葬于华池。书葬。靳孙昌，（〇）昌为秦主铁官，书官。当始皇之时。插。蒯聩玄孙卬为武信君将而徇朝歌。诸侯之相王，王卬于殷。汉之伐楚，卬归汉，以其地为河内郡。昌生无泽，（▼）接。无泽为汉市长。书官。无泽生喜，（▼）喜为五大夫，官。卒，皆葬高门。书葬。喜生谈，（▼）谈为太史公。（〇）

太史公学天官（〇）于唐都，受《易》（〇）于杨何，习道论（〇）于黄子。太史公仕于建元元封之间，愍学者之不达其意而师悖，乃论六家之要指曰：（〇）

《易·大传》："天下一致而百虑，同归而殊途。"夫阴阳、儒、墨、名、法、道德，此务为治者也，直所从言之异路，有省不省耳。尝窃观阴阳之术，大祥而众忌讳，使人拘而多所畏；然其序四时之大顺，不可失也。儒者博而寡要，劳而少功，是以其事难尽从；然其序君臣父子之礼，列夫妇长幼之别，不可易也。

<u>墨者</u>（▼）俭而难遵，是以其事不可遍循；然其强本节用，不可废也。<u>法家</u>（▼）严而少恩；然其正君臣上下之分，不可改矣。<u>名家</u>（▼）使人俭而善失真；然其正名实，不可不察也。道家使人精神专一，动合无形，赡足万物。汉初，学者目击高、文用黄老之效，故伸道而绌儒。使其生于魏晋以后，见何、邓、王、衍诸人以清言乱天下，则亦畏之若鸟啄烫毒，不敢出口矣。然而论六家者，谈也，非迁也。其为术也，因阴阳之大顺，采儒墨之善，撮名法之要，与时迁移，应物变化，立俗施事，无所不宜，指约而易操，事少而功多。儒者则不然。以为人主天下之仪表也，主倡而臣和，主先而臣随。如此则主劳而臣逸。至于大道之要，去健羡，绌聪明，释此而任术。夫神大用则竭，形大劳则敝。形神骚动，欲与天地长久，非所闻也。

太史公既掌天官，不治民。<u>有子曰迁</u>。（▼）
<u>迁生龙门，耕牧河山之阳。年十岁则诵古文</u>。（○）历叙生乎奇杰之气，千古如见，却字字尔雅。<u>二十而南游江、淮，上会稽，探禹穴，窥九疑，浮于沅、湘；北涉汶、泗，讲业齐、鲁之都，观孔子之遗风，乡射邹、峄；厄困鄱、薛、彭城，过梁、楚以归</u>。（○）于是迁仕为郎中，奉使西征巴、蜀以南，南略邛、筰、昆明，还报命。

<u>是岁</u>（○）天子始建汉家之封，而太史公留滞周南，不得与从事，故发愤且卒。<u>而子迁适使反，见父于河洛之间。太史公执迁手而泣曰</u>："余先周室之太史也。（○）自上世尝显功名于虞夏，典天官事。后世中衰，绝于予乎？汝复为太史，则续吾祖矣。今天子接千岁之统，封泰山，而余不得从行，是命也夫，命也夫！余死，汝必为太史；<u>为太史，无忘吾所欲论著矣</u>。（○）且夫孝始于事亲，中于事君，终于立身。扬名于后世，以显父母，此孝之大者。<u>夫天下称诵周公，言其能论歌文武之德，宣周邵之风，达太王王季之思虑，爰及公</u>

刘，以尊后稷也。（〇）幽厉之后，王道缺，礼乐衰，孔子（〇）脩旧起废，论《诗》、《书》，作《春秋》，则学者至今则之。自获麟以来四百有馀岁，而诸侯相兼，史记放绝。今汉兴，海内一统，明主贤君忠臣死义之士，余为太史而弗论载，废天下之史文，余甚惧焉，汝其念哉！"迁俯首流涕曰："小子不敏，请悉论先人所次旧闻，弗敢阙。"（〇）一部《史记》成于仁孝。

卒三岁而迁为太史令，（▼）䌷史记石室金匮之书。五年而当太初元年，十一月甲子朔旦冬至，天历始改，建于明堂，诸神受纪。

太史公曰："先人有言（▼）'自周公卒五百岁而有孔子。孔子卒后至于今五百岁，而能绍明世，正《易经》，继《春秋》，本《诗》、《书》、《礼》、《乐》之际？'意在斯乎！意在斯乎！小子何敢让焉。"只在网罗散佚，收拾遗文，上窥比圣人，与道统本无涉也。疑若无可讥焉，然亦休矣。故杨子云贵其不知尽而况，一笔一削，欲抗衡《春秋》者乎？

上大夫壶遂曰："昔孔子何为而作《春秋》哉？"太史公曰："余闻董生曰：（▼）'周道衰废，孔子为鲁司寇，诸侯害之，大夫壅之。孔子知言之不用，道之不行也，是非二百四十二年之中，以为天下仪表，贬天子，退诸侯，讨大夫，以达王事而已矣。'子曰：'我欲载之空言，不如见之于行事之深切著明也。'夫《春秋》，上明三王之道，下辨人事之纪，别嫌疑，明是非，定犹豫，善善恶恶，贤贤贱不肖，（〇）是不可不知《春秋》之案。存亡国，继绝世，补敝起废，王道（〇）之大者也。《易》著天地阴阳四时五行，故长于变；《礼》经纪人伦，故长于行；《书》记先王之事，故长于政；《诗》记山川豀谷禽兽草木牝牡雌雄，故长于风；《乐》乐所以立，故长于和；《春秋》辩是非，故长于治人。（〇）此段惟本《庄子》而言六经之长最确，其高下参差尤助行文笔阵。是故《礼》以节人，《乐》以发和，《书》以道事，《诗》以达意，《易》以道化，《春秋》以道义。拨乱世反之正，莫近于《春秋》。（〇）一笔归上。《春秋》文成数万，其指数千。万物之散聚皆在《春秋》。<u>《春秋》之中</u>，(▼)引入深处。弑君三十六，亡国五十二，诸侯奔走不得保其社稷者不可胜数。察其所以，皆失其本己。故《易》曰'失之豪厘，差以千里'。故曰'臣弑君，子弑父，非一旦一夕之故也，其渐久矣。'<u>故有国者不可以不知《春秋》，前有谗而弗见，后有贼而不知。</u>(○)拨乱反正，发得极，映照"别嫌疑，明是非"数句。<u>为人臣者不可以不知《春秋》，守经事而不知其宜，遭变事而不知其权。</u>(○)为人君父而不通于《春秋》之义者，必蒙首恶之名。为人臣子而不通于《春秋》之义者，必陷篡弑之诛，死罪之名。<u>其实皆以为善，为之不知其义，被之空言而不敢辞。</u>(○)夫不通礼义之旨，至于君不君，臣不臣，父不父，子不子。夫君不君则犯，臣不臣则诛，父不父则无道，子不子则不孝。此四行者，天下之大过也。以天下之大过予之，则受而弗敢辞。故《春秋》者，礼义之大宗也。(○)论《春秋》结穴在"礼仪"二字。夫礼禁未然之前，法施已然之后；法之所为用者易见，而礼之所为禁者难知。"

壶遂曰："孔子之时，上无明君，下不得任用，故作《春秋》，垂空文以断礼义，当一王之法。今夫子上遇明天子，下得守职，万事既具，咸各序其宜，夫子所论，欲以何明？"

太史公曰："唯唯，否否，不然。余闻之先人曰：(▼)'伏羲至纯厚，作《易》八卦。尧舜之盛，《尚书》载之，礼乐作焉。汤武之隆，诗人歌之。《春秋》采善贬恶，推三代之德，褒周室，非独刺讥而已也。'(○)仍用诸家解围。汉兴以来，至明天子，获符瑞，封禅，改正朔，易服色，受命于穆清，泽流罔极，海外殊俗，重译款塞，请来献见者，不可胜道。<u>臣下百官力诵圣德，犹不能宣尽其意。</u>(○)且士贤能而不用，有国者之耻，主上明圣而德不布闻，有司之过也。<u>且余尝掌其官，废明圣盛德不载，灭功臣世家贤大夫之业不述，堕先人所言，罪莫大焉。余所谓述故事，整齐其世传，非所谓作也，而君比之于《春秋》，谬矣。</u>"(○)意在乎斯，开口便自任；只结处一退让，是救法。

  <u>于是论次其文。七年而太史公遭李陵之祸，幽于缧绁。</u>（▼）<u>乃喟然而叹曰："是余之罪也夫！是余之罪也夫！身毁不用矣。"</u>退而深惟曰："夫《诗》、《书》隐约者，欲遂其志之思也。（○）昔西伯拘羑里，演《周易》；孔子厄陈蔡，作《春秋》；屈原放逐，著《离骚》；左丘失明，厥有《国语》；孙子膑脚，而论兵法；不韦迁蜀，世传《吕览》；韩非囚秦，《说难》、《孤愤》；《诗》三百篇，<u>大抵贤圣发愤之所为作也。此人皆意有所郁结，不得通其道也，故述往事，思来者。</u>"于是卒述陶唐以来，至于麟止，自黄帝始。（○）

  【总评】谱司马千馀年家世，不过数百字，而系派井然。耕牧壮游，磊落奇遇，想见其为人，至如父子执手，泣涕以史相付受，何其重也！草创未就，横被腐刑，故其文章多愤懑无聊不平之辞，后之读者未尝不掩卷太息也。